主编　赵东海

编委　包庆德　陈　智　陈亚明　段海宝　方国根
　　　　郭晓丽　李之美　乔还田　任玉凤　王金柱
　　　　许占君　张吉维

内蒙古哲学社会科学丛书

魏晋玄学道德哲学研究

尚建飞 著

人民出版社

总　序

陈田长

　　1957 年，新中国在少数民族地区创建第一所综合大学——内蒙古大学，时任国务院副总理、内蒙古自治区人民政府主席乌兰夫任首任校长，北京大学等十余所名校的学界精英响应国家号召，从四面八方，汇聚于斯，博学鸿儒，思敏文华。建校之初，内蒙古大学就特别重视哲学课程建设和教学实践。1971 年在"文革"期间恢复招生时，内蒙古大学文理科各开设一个专业，文科只开设了哲学专业。1978 年 12 月经内蒙古自治区人民政府批准，教育部备案，内蒙古大学成立哲学系，2008 年 2 月成立了哲学学院。期间，1979 年开设哲学专业研究生班，1980 年开设哲学专业本科班，1981 年面向蒙古族学生开设蒙哲专业本科班，1998 年设立科技哲学专业硕士点，2002 年设立马克思主义哲学硕士点，2010 年设立哲学一级学科硕士点。佛学大家杜继文先生、哲学家冯友兰亲炙弟子郝逸今先生等名师先后在此任教讲学，躬耕学术。五十载风雨兼程，传道授业，拓荒耕耘，孜孜求索，追随先哲脚步，融汇草原民族和地区特色，内蒙古大学哲学学科形成了敦品砺学、笃实践行、开放包容的优良学术传统，为国家和自治区培育了一大批知识积淀厚、理论素养高、思辨能力强的各民族优秀人才，为中西哲学在边疆民族地区的传播发展作出了突出贡献。

　　新时期，内蒙古大学在国家"211 工程"、省部共建和中西部高校综合实力提升计划的支持下，各项事业蓬勃发展。内蒙古大学哲学学科也迎来新的发展局面，在马克思主义哲学与社会发展研究、中国哲学与传统文化的现代性研究、西方哲学知识论及其逻辑研究、北方民族哲学与宗教文化研究、生态哲学研究和技术哲学与地方性知识研究等领域取得了一系列成果。通过挖掘原典，会通现实，审视科学，彰显人文，使内蒙古大学的哲学研究既有思辨理论历史渊源的生长点，又具时代精神现实指向的创新点，为哲学学术发展作出了自己的贡献。

　　本丛书是哲学学科教师近年来学术研究成果的一次汇集，内容涉及马克思主义哲学、中国哲学、外国哲学、伦理学、逻辑学、宗教文化、科技哲学研究等诸多领域，体现了内蒙古大学哲学学科教师继承传统、反思现实、批判创新的深入思考，是内蒙古大学哲学人思想的一次系统阐发，读来受益良多。

　　哲学是人类的诉求和创造。具有两千多年发展历史的哲学对人类文明的发展具有不可替代的作用，在整个人类文化体系中占有至关重要的地位。哲学提供给人类自我发现、自我批判、自我超越的力量，启蒙时代，教化人心，反思当下，放眼未来。正如马克思所言，哲学作为时代精神的精华，乃优秀民族一刻也不能离开的理论思维。每一时代的个体心灵都受到哲学的影响，每一时代都在书写影响下一历史进程的哲学。哲学在中国的发展不仅深刻影响着中国社会的历史进程，改变和丰富了中国文化的构成与内涵，也促进了中国人思维方式的变革。作为引领未来时代知识体系和精神航标的哲学社会科学，在认识世界、传承文明、创新理论、咨政育人、服务社会等方面都发挥着不可替代的作用。哲学更为大学提供思想的源泉、反思的利器、批判的激情、践行义理的逻辑、慎思明辨的气质、入世而不为俗世所累的定力。无论是"象牙塔"还是"服务器"，从人才培养到学术研究，潜移默化、润物无声中，高屋建瓴的哲学在大学都发挥着不可或缺的根本作用，哲学与具体科学的互动共生促进着大学人才培养和学术研究的升华。

北宋理学大家张载所教"为天地立心、为生民立命，为往圣继绝学，为万世开太平"，诚乃学术大道，更堪称哲学人的座右铭。哲学当直面现实，返本开新，然思想繁复，创新维艰，前程远大而任重道远。我们共同期许，当代内大哲人，在关切当今内蒙古、当今中国和当今世界中，师古圣先贤，隔世俗浮华，甘于寂寞拓荒，在独立精神和自由思想中，冷峻而庄严求索，传承精神火炬，开创美好未来。

（作者系内蒙古大学校长）

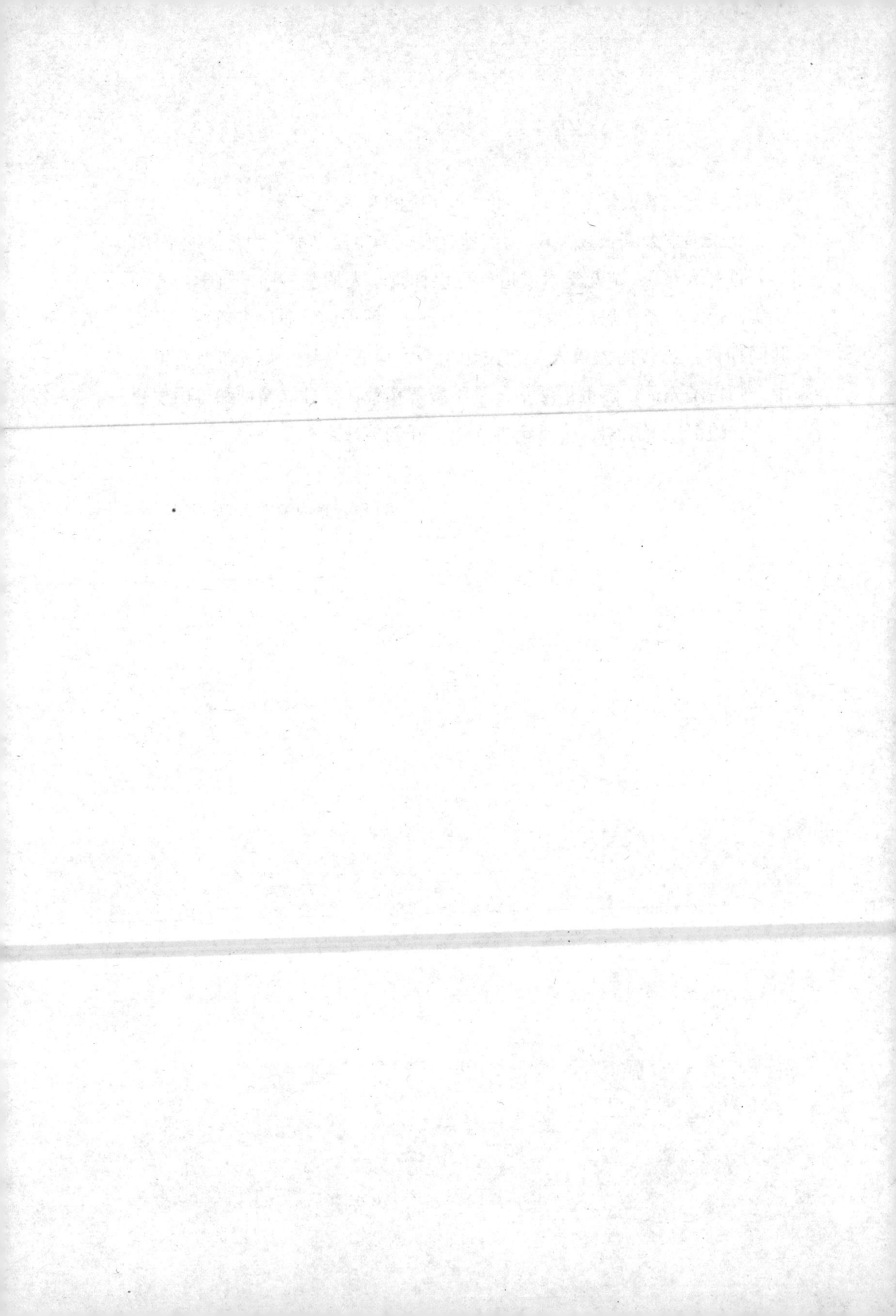

目　录

序

杨国荣

魏晋时期，以名教的式微、社会的动荡失序为历史背景，价值系统的重建逐渐成为时代的问题。从先秦开始，儒家便更多地注重人道原则和人文价值，与此相应，儒学始终将化"自然"为"当然"放在首位，这种价值取向无疑有其历史的意义。然而，随着儒学的正统化，体现人文价值的"当然"逐渐衍化为名教，并趋于外在化、形式化，从而开始失去其实际的约束力。与规范约束的松弛相联系，注重实利的倾向开始滋长，这种状况在东汉末年以后愈益严重，从曹操的求贤令中，便不难看到这一点："或堪为将守，负污辱之名，见笑之行；或不仁不孝，而有治国用兵之术。其各举所知勿有所遗。"（《举贤勿拘品行令》）在这里，功利、实用的追求，已被置于价值原则之上。如何克服以上偏向？这一问题构成了魏晋价值体系重建的重要方面。

从伦理学的层面看，在名教的形式下，"当然"之则的外在化，同时意味着将道德的形式之维推向极端；推重实利，则趋向于片面地消解普遍道德规范的制约。这里无疑涉及"当然"之则的合理定位问题。具体而言，问题在于如何既避免普遍规范流于外在形式，又避免对普遍规范本身的简单拒斥。在玄学之中，以上问题的处理，与"当然"和"自然"之辨存在着理论的联系。通过强调化当然为自然，玄学中的一些人物试图将普遍的道德规范或原则内化于主体，使之与主体的深层意识融合为一，从而成为人的第二天性（自然）。这种"自然"不同于出于本能的自发：作为"当然"的转化形态，"自然"已成为德行的内在本原。以化"当然"为"自然"为前提，"当然"之则的外在性似乎也得到了某种扬弃。

魏晋时期关于"当然"与"自然"等辨析诚然也存在某种偏向，如由于突出"自然"，魏晋的一些哲学家往往表现出忽视"当然"的倾向，在"越名教而任自然"的提法中，便可注意到这一点，而以仁义规定天性、以安名分为任自然等，则蕴涵着"自然"的某种变形。然而，在"当然"与"自然"之辨的形式下，魏晋哲学家对道德规范或道德原则的普遍形式与现实作用方式之间的关系，毕竟做了不同方面的考察，这种考察对于在道德系统中如何既避免普遍规范的外在化、形式化，又避免消解普遍规范本身，无疑提供了有意义的思考。

从魏晋玄学的研究状况看，相对而言，已有的研究往往比较多地从本体论等层面加以考察，对其内在伦理思想的分析则较为薄弱。尚建飞博士的《魏晋玄学道德哲学研究》一书在这方面无疑迈出了值得注意的一步。该书系作者在博士论文的基础上修改而成，全书具体地考察了汉末及汉魏之际名教衍化所蕴涵的形式主义及功利主义趋向，分析了玄学在克服这种趋向方面所作的理论努力，指出了玄学通过沟通自然之性与道德原则而为后者寻找形上根据、由此建立社会之序的伦理进路，并肯定玄学的这一基本立场使"自然之性"中所蕴涵的个体性原则、自愿原则受到空前重视。与此同时，作者也指出了玄学在重建价值秩序的过程中所暴露的内在理论缺陷，包括未能对广义的价值与道德价值作清晰的界定、淡化了人伦规范的必要性，等等。全书资料翔实，考察细致，注意从不同的维度考察有关问题，并分析其中蕴涵的内在意义，对所讨论的某些问题的分疏，具有一定的新意，表现了作者已具有一定的独立研究的能力。尽管作者对魏晋玄学在伦理学上得失的论述，还可进一步从理论上加以深化，关于相关论题的阐释，也可以更深入的方式展开，但本书从伦理学的层面对魏晋玄学所作的研究，对于拓展魏晋玄学的研究，无疑具有积极的意义。

导　　论

一、魏晋玄学主题研究现状概述

　　玄学作为魏晋时期所独有的思想文化现象，不仅批判地继承了两汉经学的学术成果，而且也是其后儒、释、道三教合流的开端。从魏文帝黄初元年（公元220年）至宋武帝永初元年（公元420年）的两百多年间，一流的思想家直面当时混乱、动荡的社会环境，先是援道入儒，而后又融会玄佛，其共同的目标是为了给苦难的现实人生提供意义之源，从而试图构建起适合人的本性（自然之性）的价值秩序。虽然，玄学家们的沉思和探索最终因过于注重天性的完美和精神境界而为现实所否定，但他们以其开阔的视野、精深的思辨和特立独行的人格形象，在中国思想文化发展史上留下了无法磨灭的印迹，使后世常常被其风度、气质所折服，并产生无限向往之情。然而，在肯定魏晋玄学的学术成就和精神境界的同时，现代以前的学者也指出其有清谈误国之弊。步入现代之后的中国学人用融贯古今中西的广阔视野，对玄学的精神实质、基本的致思取向展开了全新的评价。大体上来讲，现当代学界认为玄学的主题涉及以下几个方面：本体论或形而上学、价值论（包括伦理学、政治哲学和美学）、宗教哲学（道教、佛教）。

（一）玄学与本体论

众所周知，玄学思潮是通过诠释《老子》、《庄子》和《周易》等经典而得以展开的。正如颜之推所言，玄学家们"直取其清谈雅论，剖玄析微，宾主往复，娱心悦耳"①。也就是说，玄学家们不仅在理论上热衷于形而上的沉思，同时也使得辨名析理成为其日常生活的主要内容。因此，无论是从理论根源，还是就其在世方式而言，玄学的中心议题在很大程度上都与本体之学有着内在的关联，但现当代的学者对于玄学本体论的理解却各有不同。

从 20 世纪 30 年代开始，学者们以西方思想文化为参照系对玄学本体论进行了逐步深入的剖析。容肇祖用自然主义来诠释玄学的宇宙论、人生哲学与政治学说，但只是简要地梳理了玄学发展的脉络。② 其后，刘大杰将玄学的整体特征概括为浪漫主义。他指出："魏晋的学术思想，是汉代经学的反动，是紊乱时代的反映，是老庄哲学的复活，他们研究学问的态度，是怀疑的、解放的，他们的人生是浪漫的、放任的，这种精神，我们可以称为浪漫主义的精神。"③ 所谓的浪漫主义便是解放和自由精神，它是魏晋学术研究、文艺创作、伦理道德的共同特征。在 1949 年之前，汤用彤最早用本体论来理解魏晋玄学的主题，并且这一观点也成为随后玄学哲学研究的理论前提。汤先生在 1938 年至 1947 年期间，发表了 8 篇关于玄学的论文。这些文章与一篇讲演记录稿被合成文集，于 1957 年由人民出版社出版，现已编入由河北人民出版社出版

---

① 王利器：《颜氏家训集解》，中华书局 2002 年版，第 187 页。
② 参见容肇祖：《魏晋的自然主义》，东方出版社 1996 年版。
③ 刘大杰：《魏晋思想论》，上海古籍出版社 1998 年版，第 40 页。

的《汤用彤全集》第四卷。汤先生在《魏晋玄学流别略论》一文中指出，玄学有别于汉代哲学，"已不复拘拘于宇宙运行之外用，进而论天地万物之本体。……脱离汉代宇宙论（cosmology or cosmogony）而留连于本本之真（ontology or theory of being）"；"夫玄学者，乃本体之学，为本末有无之辨"。① 汤先生的这一观点不仅开启了玄学研究的新视野，而且依据本体论又厘清了玄学的发展历程（即正始、元康、永嘉和东晋等四个发展阶段）。20 世纪 60 年代，牟宗三深化了玄学本体论研究。牟宗三认为，魏晋时期所弘扬的玄理是先秦道家的玄理。玄理即形而上学或本体论，但道家和玄学的本体论"实只是圣证之主观性所达至之境界之客观姿态，而不真是分解撑架地在客观真实方面真有如此之'实有'，真作如此之'实有'之肯定。故不是积极的本体论，而是'境界形态'之本体论，此只是消极的，亦曰主观的本体论"②。

新中国成立至改革开放之间的三十多年里，用马克思主义哲学解读玄学成了大陆学者们的一种政治任务。虽然阶级分析法有助于澄清玄学的社会历史背景，但在玄学本体论研究领域中却并未出现经典之作。直至 20 世纪 80 年代中期，冯友兰以其对西方本体论哲学的精确把握和中国哲学的深厚功力，使学界对玄学本体论的理解达到全新的高度。他指出，玄学的方法是"辨名析理"，即"就一个名词分析它所表示的理，它所表示的理就是它的内涵"③。因此，作为玄学主题的本体论其实质是讨论共相与殊相、一般和特殊的关系问题。时至今日，仍有学者沿着本体论这一线索，通过分析有无概念的深层意义来理解玄学的中心议题。④ 然而，进入 21 世纪之后，有一些学者开始反思用本体论解读玄学的传统方式所存在的问题。许抗生先生指出："除了何晏、王弼

---

① 汤用彤：《汤用彤全集》第四卷，河北人民出版社 2000 年版，第 41—50 页。
② 牟宗三：《才性与玄理》，广西师范大学出版社 2006 年版，第 226—227 页。
③ 冯友兰：《中国哲学史新编》（中卷），人民出版社 2003 年版，第 405 页。
④ 参见康中乾：《有无之辨》，人民出版社 2004 年版。

主张'以无为本、以有为末'的宇宙本体论外，玄学家嵇康、阮籍并不讨论有无与本末问题，向秀、郭象更是主反本体论的。因此，用宇宙本体论来概括玄学哲学的基本特征似有缺陷。我们认为玄学哲学的普遍共性，并不是宇宙本体论，而确切地说，应是讨论宇宙万物的自然本性论问题，王弼'明自然之性'，郭象讲'自足其性'，阮籍谈'明于天人之理，达于自然之分'，皆是围绕着探讨自然本性而展开自己哲学的论说的。至于王弼玄学哲学的基本特征，则仍是可以用宇宙本体论'以无为本、以有为末'的思想来概括的。"[①] 许先生的这一观点可谓是空谷足音，为当今魏晋玄学研究开辟了一条新的路径。

（二）玄学与价值论

玄学家不仅通过注解《老子》、《庄子》、《周易》等经典来确立其本体论，同时对传统的仁义、礼乐和"六经"等传统观念进行了批判，所以，西晋末年的放诞之风与这种致思取向也不无关系。由此我们就不难理解范宁为何会指责王弼、何晏"二人之罪，深于桀纣"（《晋书·范宁传》）。但范宁的批评正好说明，玄学家在考察、分析以儒家为核心的传统价值观念（名教）的同时，也力图在自然原则的基础之上重建新的价值体系。并且，这种努力对当时的士人产生了巨大的影响。正如汤用彤在将玄学定义为本体之学的同时，又揭示出，"魏晋时代'一般思想'的中心问题为：'理想的圣人之人格究竟应该怎样？'"[②] 汤先生对玄学的创造性诠释表明，玄学不仅是探求有无本末之理的本体论，而且也与现实人生的意义问题即价值论具有十分密切的关联。

唐长孺先生认为："魏晋玄学家所讨论的问题是针对着东汉名教之

---

① 许抗生：《关于玄学哲学基本特征的再研讨》，《中国哲学史》2000 年第 1 期。

② 汤用彤：《汤用彤全集》第四卷，河北人民出版社 2000 年版，第 105 页。

治的，因此玄学的理论乃是东汉政治理论的继承与批判，其最后目标在于建立一种更适合的政治理论，使统治者有所遵循以巩固其政权"①。他根据玄学家与现实政治的关系而将其分为两派：一是调和有无，亦即调和名教与自然的正统玄学家；一是贵无贱有，反抗虚伪名教的别派玄学家。余敦康先生则指出，玄学的主题是自然与名教的关系：道家所推崇的自然，是指不以人的意志为转移的必然之理；儒家所主张的名教则用来表示受人的意志支配的应然之理。并且，"玄学家是带着自己对历史和现实的真切的感受全身心地投入这场讨论的，他们围绕着这个问题所发表的各种看法，与其说是对纯粹思辨哲学的一种冷静的思考，毋宁说是对合理的社会存在的一种热情的追求"②。李泽厚先生从美学史的角度提出，玄学的"无"或"无为"是立足于无限与有限的关系和人生的意义之上，试图"对人格理想作一种本体论的解释或建构，超越有限而达到无限——自由"③。杨国荣先生从本体论与价值论相统一的角度提出，玄学的主题大致可以理解为名教与自然之辨，是人道（人文）原则与自然原则的关系。它在某种意义上表现为天人之辨的历史延续和展开。从整体上看，"尽管先秦道家的观念得到了某种复兴，但玄学的主流乃上承了儒学的传统"④。此外，玄学价值体系的基本特征表现在崇尚自然、肯定个体原则、注重力命之辨，这些理论上的创新都使玄学能取代两汉经学而成为一代显学。

---

① 唐长孺：《魏晋南北朝史论丛》，三联书店 1978 年版，第 289 页。
② 余敦康：《魏晋玄学史》，北京大学出版社 2004 年版，"序"。
③ 李泽厚、刘纲纪：《中国美学史》（魏晋南北朝编），安徽文艺出版社 1999 年版，第 104 页。
④ 杨国荣：《善的历程》，上海人民出版社 2006 年版，第 174 页。

（三）玄学与宗教

佛教在两汉之际传入之后，经过儒家、道家和神仙方术等中国本土观念的诠释，其基本的概念术语、形而上学思想和价值取向逐渐为中国士人所理解。并且，在玄学日趋衰落的东晋，佛学成了中国思想界的主导力量。与此同时，中国本土宗教——道教在回应社会危机的过程中，由葛洪构建起了一个贯通仙凡、融会儒道、内外双修、兼综修身与治国的宏大的思想体系。虽然玄学的产生与佛道并没有直接的因果关联，但在其随后的发展过程中却无法忽视后者的存在。

从整体上来看，玄学思想的主流并不以超脱生死轮回或长生久视为其终极目标。它只是想凭借形而上层面的沉思来论证如何成就德性、构建现实社会的和谐有序。然而，不可否认的是，玄学家当中确实有人认同佛道的学说，如阮籍、嵇康就以神仙为人格理想，这显然是受道教的影响；张湛所主张的至虚论与佛教有一定的关联。就玄学得以兴起的历史文化根源而言，汤用彤指出，玄学的生成有两个主要的因素：一是研究《周易》、《太玄》而发展出的一种"天道观"；二是当时偏于人事政治方面的思想，如现存刘劭《人物志》一类那时所谓"形名"派的理论，并融合三国时流行的名家之学。因此，玄学的长生与佛学无关，它是中国先秦两汉以来本土固有学术的自然演进。① 与汤用彤的观点相反，吕澂则认为，玄学创始人王弼的思想可能受般若学说的影响。他的依据是，支谦于公元222年至241年间译出《大明度经》，在这个时期之后正是王、何新义开始大行其道。因此，玄学与佛学两种思想发生交流，即玄学受般若学的影响并不是不可能的。② 此外，作为本土宗教的道教，虽然形成于东汉末年，以追求长生和社会的太平为宗旨，并成为指导汉

① 参见汤用彤：《汤用彤全集》第四卷，河北人民出版社2000年版，第103—113页。
② 参见吕澂：《中国佛学源流略讲》，中华书局2002年版，第33页。

末农民起义的纲领而在当时广为流传，但它并未对玄学主流产生实质性的影响。

纵观现当代学者对魏晋玄学主题所进行的研究历程，真可谓是名家辈出、成果丰硕。经过七十余年的考察、分析，玄学的基本精神由各个领域的深入探索而逐渐得以彰显。毋庸置疑，各种观点皆持之有故、言之成理，并自成一家之言。然而，就玄学作为完整的理论形态和思潮而言，它不仅倾心于有无、本末的本体论，而且也关注道德、政治等现实问题。从词源的角度来看，"玄"的基本含义是："幽远也，黑而有赤色者为玄，象幽而入覆之也。"① 即"玄"是指一种颜色，它不属于青、赤、黄、白、黑五种基本色调之一，是由青赤或赤黑调和而成。同时，"玄"也可以用来描述深奥、幽远的事物。在玄学的话语体系中，"玄"主要被用作形容词，如玄德、玄合、玄同、玄冥等术语中的"玄"是表示超越经验领域之后所具有的品格或境界。此外，"玄"又指那些探讨性与天道的经典——《老子》、《庄子》、《周易》。虽然"玄"在不同的语境中被赋予了众多的内涵，但它总是没有背离其超越性的特征。然而，我们却不能因为玄学的形上学取向就忽略其对社会人生的关注。事实上，玄学是由性与天道的层面来确立价值理想，并且在批判形式化伦理与功利主义所造成的危害的同时，又主张通过回归本性的虚静、和谐有序来重建社会秩序。因此，从融合本体论与价值论的维度来看，玄学既是关于存在之根据和法则的形上学，同时又是追寻社会人生意义的理论。而且，玄学也可以被理解为，魏晋时期的名士为了克服形式化伦理和功利主义的流弊，采用《老子》、《庄子》、《周易》等经典中关于性与天道资源来重建社会的价值秩序的思想运动。

---

① （汉）许慎：《说文解字》，中华书局 1996 年版，第 84 页。

二、玄学与道德哲学

玄学家们生活在中国历史上以战乱频仍、群雄割据而著称的三国魏晋时代，而且社会的分崩离析也正折射出了当时的价值体系所蕴涵的危机。所以，玄学作为一种能够绵延两百多年的思想运动，其首先要面对的问题就是如何重建价值秩序、为恢复整个社会和谐统一提供理论依据。与两汉的正统儒学不同，玄学在拒斥天人合一的神学目的论的同时，通过汲取《老子》、《庄子》、《周易》等传统经典中的性与天道思想，从形而上的层面来发掘出价值之源。用这种价值观作为逻辑起点，玄学不仅揭示了形式化伦理和功利取向的弊端，而且又主张凭借回归本性的虚静、和谐统一来化解个体的生存困境与社会的动荡不安。由此可见，玄学的主题不是仅仅限定于探讨有无、本末的思辨领域，而是与现实人生有着内在的关联。就玄学从形而上的维度来理解善何以必要、如何实现善而言，其显然已经涉及了道德价值、德性与规范、个体的幸福以及社会的治理等众多道德哲学中的基本问题。因此，只有在沟通形上与形下、理论与实践的道德哲学这一视域中，玄学思想的深度与广度才能得以全面的展示。然而，为了深入理解玄学的道德哲学思想，我们有必要先对道德哲学的结构及其功能进行一番考察、分析。

（一）道德哲学与人性的自我实现

道德哲学或伦理学① 作为专门探索人生意义、价值的理论，不仅要

---

① 由于道德哲学与伦理学都以至善作为自己的研究对象，所以二者在日常语言的层面上往往被当作同义词或近义词来使用。但它们对至善的理解方式又使二者有所区别，即道德侧重善的理想，伦理则关注善的现实。（参见杨国荣：《伦理与存在——

解答什么是人所应该追求的目标或至善，而且必须指出实现这一目标或至善的有效路径、程序和条件。[①] 在前现代的语境当中，道德哲学的基本问题是行为者的品质或美德，其表达式是"我应该成就什么或成为什么样的人"。进入现代以来，道德哲学的关注焦点由行为者的品质转化为判断行为正当与否的规范，而与之相应的表达式就是"我应该做什么"。尽管古今中外的哲学家在理解道德的方式上存在着差异，但他们却并未偏离"如何实现人的存在价值"这一主题。或者依据人之善与人之功能的原初关联，道德哲学所要解决的问题就是"人性的自我实现如何可能"。从西方思想文化史的演进历程来看，道德哲学或伦理学的最初含义是指探讨人性的实现或转化的一门学问。正如麦金太尔所言，亚里士多德的伦理学蕴涵着三个方面的要素：偶然所是的人、伦理学的训诫以及实现其目的而可能所是的人。并且，伦理学是一门能够使人们理解他们是如何从前一状态转化到后一状态的科学。[②] 对于先秦时期的中国思想家们而言，如孟子、荀子以及老子和庄子等，都以人性的实现、转化或回归作为自己解决社会人生问题的理论基础。就其自身的内在结果而言，道德哲学首先内涵了面向未来之应然的向度，因此它显然涉及了善的理想。但由于它始终是以人的言行及其生存状态作为自己的关注焦点，所以道德哲学又蕴涵了现实之善的维度。由此也可以说，道德哲学的基本问题可以被归结为善何以必要和善如何可能两个方面，同时又涉及天性、德性、行为规范、幸福等众多元素。此外，我们似乎可以根据不同的价值取向和实现途径来对道德哲学进行分类：就道德价值的确

道德哲学研究》，上海人民出版社 2002 年版，第 1—4 页）在本文中，道德哲学兼有善的理想与现实两个方面的内容。

① 在西方现代伦理思想史上，包尔生曾对伦理学或道德哲学的实质及其结构进行了经典性的表述："伦理学的职能是双重的：一是决定人生的目的或至善；一是指出实现这一目的的方式或手段。"（参见《伦理学体系》，中国社会科学出版社 1988 年版，第 10 页）

② 参见麦金太尔：《追寻美德》，宋继杰译，译林出版社 2006 年版，第 67 页。

立方式而言，义务论或理想主义是以理性、社会性作为自己的理论根据，而目的论或现实主义则强调感性、个体的重要性；[①] 从道德价值的实现方式来看，规范论注重行为规范、义务，而德性论则追求人格的完善和境界的提升。当然，这种区分是相对而言的，现实历史当中的道德学说往往是兼有以上各个方面的内容，只不过在立论和实践方式上所存在的差异才使它们呈现出多元化的发展态势。

在实质的层面上，道德或伦理虽然是以善作为自己的研究对象，但其基本内涵又与广义的"好"有所不同，因为它所追寻的是人自身的存在价值。回溯人类文明史，我们发现，从轴心时代开始就有众多的伟大思想家已经注意到伦理道德与人的存在之间的原初关联性。苏格拉底认为，所谓"认识你自己"就是揭示人的心灵的原则——德性；柏拉图指出，正义者比非正义者幸福；而亚里士多德则直接用符合德性的心灵活动来规定善或幸福的本质。与古希腊哲学家通过理性理解伦理道德的进路有所不同，先秦时期的儒家与道家则是从探讨人与自然界的关系来凸显伦理道德的理论基础。孔子在评论隐士的处世态度时提出："鸟兽不可与同群，吾非斯人之徒与而谁与？"（《论语·微子》）也就是说，人类与动物之间存在着本质性的差异，而且，作为肯定人（个体、群体）的存在价值的仁道正是调节、构建人伦关系的基本原则。继孔子之后，孟子用恻隐之心、羞恶之心、恭敬（或辞让）之心、是非之心等先天的道德意识来说明人之所以为人的人性论依据；而荀子则强调："人有气、有生、有知亦且有义，故最为天下贵"（《荀子·王制》），即人比水火、草木、禽兽更为尊贵的原因就在于，人能自觉地使用礼仪（奠基于宗法等级之上的行为规范体系）教化天性中的邪恶。有别于儒家凭借天人相分

---

① 义务论（deontology）和目的论（teleology）是区分伦理学类型的两个基本概念，而这种划分则主要依据其"价值的所在地"：义务论指出履行一个行动本身就具有内在的价值，目的论则认为价值的所在地是行动的后果或结果。（参见徐向东主编：《美德伦理与道德要求》，江苏人民出版社2007年版，第3—4页）

以确立道德原则的立场，道家主张："人法地，地法天，天法道，道法自然。"（《老子》第二十五章）在道家看来，人是天地万物中的一员，所以，只有遵循天道或宇宙法则才能使人类进入本真的生存状态。并且，在去除了名利、一己之私的遮蔽之后，人是可以获得"天地与我并生，而万物与我为一"的逍遥之境。尽管东西方由于历史文化背景的不同而各自在论证伦理道德的方式上呈现出差异，然而，就它们都用伦理道德来肯定人的存在价值而言，二者可谓是殊途同归。

由于人的存在是一个具体的共相，因此，侧重人性的不同方面便奠定了不同的价值取向和关于善的理解的多样性。毋庸置疑，人作为天地万物中的一员，满足基本的生理需求是个体生存和种族延续的前提。因此，人类与自然界、自我与他人之间就形成了征服与被征服、利用与被利用的关系。但是，如果片面地强调这一生存论事实，那么人生的意义将会等同于对名誉、财富和社会地位等外在对象的占有。道德哲学中的功利主义流派正是立足于这种价值观之上的学说。[①] 但是，个体的最大幸福或快乐总量的最大化，不仅使人的存在价值的整体性被弱化，而且也会由此引发人我之间的紧张、冲突。此外，即使是最大多数人的最大幸福同样也将导致对少数人群的不公平对待。罗尔斯的公平的正义理论显然是有鉴于此，但两个正义理论得以实现的前提（无知之幕后的理性行为者）却多少有些理想主义的色彩，从而招致了功利主义、社群主义的批评。事实上，功利主义提出物质需求对人的存在的重要性也并非一无是处，其自身的弊端毋宁说是它将人的感性需求等同于人性的本质，并把人的生理本能反应（如快乐）确定为至善本身。

虽然功利主义的价值原则在人类社会生活中扮演着重要的角色，或

---

① 虽然密尔在《功利主义》中区分"高级愉快"与"低级愉快"，但这种区分只不过是类似于"内在利益"与"外在利益"的区分，即他仍然无法理解实践自身所具有的优秀、卓越。（参见麦金太尔：《追寻美德》，宋继杰译，译林出版社 2006 年版，第 251—252 页）

者说在大多数情况下居于主导地位，但它从未成为主宰历史文化的唯一的道德价值类型。对于那些坚持人自身即是目的的道义论者来讲，用征服、占有外在对象或满足生理欲望来揭示人生意义的观点，不仅使人无法区别于其他物种，而且也将造成对至善的误解。道义论者认为，人之所以为人的根源就在于其有理性，而且遵循理性中固有的法则的能力便确定了人在宇宙中的地位。在西方哲学史上，苏格拉底最早指出，只有通过理解心灵中的原则方能领会"认识你自己"这句箴言的深意。而近代西方哲学的集大成者康德则主张，情感、欲望服从纯粹理性的绝对命令这一事实恰好证实了人具有高于禽兽的自由道德本性。无独有偶，先秦儒家从其创始人孔子开始，以宗族血亲为本位，将"爱人"的核心价值展开为尽心、知性、知天、仁政(孟子)和化性起伪、以礼法治国(荀子)两个主要方面，而且由此也构建起了主导中国思想文化长达两千多年的价值体系的基本框架。在儒家之外，与之分庭抗礼的道家一方面指出过度追求五音、五色、五味、难得之货等享乐生活会残害人的天性；另一方面又指出，只有在天、地、道、人的整体性存在中，人才能实现个体的身心健康与社会的和谐有序。虽然道家对形式化的人伦规范所引发的强制、功利取向多有微词，但它并不否认人的存在价值。事实上，道家的经典——《老子》、《庄子》一再告诫人们，人生意义的实现并不在于占有外在对象的多少，而是体现在回归天地万物的整体性存在和依据天道立身处世的生存状态之中。在拒斥极端功利主义的立场上，道家同道义论者具有相似之处：至善的实现并不能等同于征服自然界、掌控他人的活动，而在于道德意识（实践理性）或天性的全面展现，因此二者都可以划归道德理性主义的领域。但二者无疑都存在着弊端：强调理性至上和突出人伦规范固然可以使人区别于动物、捍卫人的尊严，但这同时也淡化了情感、欲望等非理性因素或生理需求的重要性。至于道家崇尚天性的纯白无邪的观点，显然是有见于工具理性所造成的强制和人性的异化现象，然而由此却转向否认人文价值的另一个极端，并将使人无法进行有效的自我认同。

尽管古今中外的思想家们和各种历史文化传统对道德价值或善的理解呈现出多元化的态势，但"道德或善何以必要"往往同"人的存在何以可能"具有密切的关联，即道德或善的实质是对人的存在价值的肯定。具体来看，无论是立足于现实的功利主义，还是执著于天赋能力之实现的理想主义，都是以人的存在的某一侧面作为各自理论的基本前提，从而对人自身及其价值理想作出了片面的解释。因此，合理的道德价值理论应该奠定在存在的具体性或整体性之上，兼顾人的感性生命与社会历史规定，坚信人完全可以凭借自身的能力以实现身心和谐、人我相互尊重和秩序井然的生存状态。然而，从善的理想与现实相统一的角度来看，道德价值的论证虽然可以明确人生理想、确定评判善恶的标准，但这种探索仍然停留在思辨的知其善的领域。所以，唯有在通过外化为具体的行为规则、成就人的德性和移风易俗的过程中，方能真实地确证人生的目标和道德价值的意义。

在展示善的理想的有效性方面，道德规范因其直接参与到人的日常生活的各个方面而备受关注。道德规范作为一种引导人的行为的形式化系统，它的本质是所谓的"当然"，即只有具有正面价值的（善的）行为才是应当作的，而具有负面价值的（恶的）行为应当避免或被禁止，但道德规范在发挥上述的功能时是以价值的认定作为自己的前提。[1] 从日常生活的层面来看，道德规范首先涉及个体言行举止的限度。荀子曾指出："凡用血气、志意、知虑，由礼则治通，不由礼则勃乱提慢；食饮、衣服、居处、动静，由礼则知节，不由礼则触陷生疾；容貌、态度、进退、趋行，由礼则雅，不由礼则夷固僻违，庸众而野。"（《荀子·修身》）也就是说，人的行为在"礼"（兼有道德、政治、风俗等多方面的内容）的调节下，不仅可以节制自己的欲望、有条理地表达思

① 参见杨国荣：《伦理与存在——道德哲学研究》，上海人民出版社2002年版，第174页。

想，从而避免生理失调、思维紊乱，而且也能够以合理的方式与他人交往，表现出典雅和高贵的气质。此外，就人我关系而言，"礼"通过明确社会成员的责任、义务而起到抑制利益纠纷、增强社会凝聚力的作用，其现实的依据就在于："人生而有欲，欲而不得，则不能无求，求而无度量分界，则不能不争。争则乱，乱则穷。先王恶其乱也，故制礼义以分之，以养人之欲，给人之求。"（《荀子·礼论》）人如果无限制地追求各自利益的最大化，那么必然会导致紧张的人际关系。并且，在相互的争斗中，人们在消耗资源同时又无法进行正常的生产活动，这必将使整个社会的生活资源趋于枯竭。抛开荀子的圣人制礼义的观点，他其实是强调道德规范在维持社会的公平正义方面的重要性。尽管道德规范可以赋予个人与整个社会以秩序，但对其过分地推崇将会有可能使其演变为钳制人思想和牟取私利的工具。如上所述，道德规范体现着善的理想向人所发出的命令，其自身只具有外在的工具价值。然而，在道德实践中，人往往由于注重对规范的服从而忽略了目的本身。在此值得一提的是康德的道德哲学，他认为："只有为有理性的东西所独具的，对规律的表象自身才能构成我们称之为道德的，超乎其他善的善。"[①] 为了突出道德的普遍必然性，康德不仅否认了爱好、情感欲望对于确立道德价值的合理性，甚至把道德律令等同于道德价值。虽然康德坚持人的存在即是目的，但这仍然是以出自理性的先天原则为自己的逻辑起点。在被动地遵循道德规范的强制下，人往往会拘泥于繁文缛节而遗忘自身的存在价值，同时又用获取、占有外在对象的方式来弥补因意义的缺失所造成的空虚。

与道德规范侧重行为的善与恶、正当与错误等外在标准不同，道德领域中的德性或美德则是从人格、共同体和传统等内在维度来确保人的存在价值的实现。作为一种实有的品质，德性与人的自然本性（本能或

---

① 康德：《道德形而上学原理》，苗力田译，上海人民出版社 2002 年版，第 17 页。

欲望、激情）之间存在着本质性的差异。人能区别于其他物种的根源就在于，他可以凭借自身所独有的理性来自愿地选择符合其物种特性的行为方式和生活类型。而且，在提升自我境界和治理社会的过程中，人通过使其日益趋于完善而确证自己的本质。然而，德性的实践性特征并不意味着要抑制或否定人的生理需求、无视他人或群体的价值。事实上，生理需求和各种共同体（如家庭、城镇、国家等）是人得以生存的基本前提，并且，只有在此基础之上人方能追求自己的至善理想。因此，德性的具体内容涉及人的存在的整体性：一方面，"德性在意向、情感等方面展现为确然的定势，同时又蕴涵了理性辨析、认知的能力及道德认识的内容，从而形成一种相互关联的结构"①；另一方面，个体总是特定社会关系中的成员，其所属的共同体的内在利益必然优先于个体自身的利益。儒家用成己、成物来作为理想人格的本质规定，这一观点显然有见于德性的社会性的维度。无独有偶，作为西方道德传统中最重要的美德："公正自身是一种完全的德性，它不是未加划分的，而是对待他人的。"② 由于公正具有显著的整体性、利他性，所以亚里士多德认为它是评判人是否有德性的根本尺度。除了实践性、社会性和整体性等特征之外，德性还通过维系历史文化传统而使人变得更为优秀、卓越。传统不仅可以有助于理解我们当下的行为、生活，而且"对传统的充分领会是在对未来可能性的把握中显示自身的，并且正是过去使这些未来可能性有益于现在"③。虽然麦金太尔在对亚里士多德传统德性伦理思想的诠释中突出德性的历史性含义而显得颇有新意，但这只是相对于西方现当代道德现状来说的。儒家从创始之初就主张慎终追远、祖述尧舜、宪章文武是成就德性的必要条件，只不过因其过于强调或美化传统而缺乏面向未来的向度。综上所述，我们似乎可以将德性从总体上划分为四种类

---

① 参见杨国荣：《伦理与存在——道德哲学研究》，上海人民出版社 2002 年版，第 146 页。

② 苗力田主编：《亚里士多德全集》第八卷，中国人民大学出版社 1992 年版，第 96 页。

③ 麦金太尔：《追寻美德》，宋继杰译，译林出版社 2006 年版，第 283 页。

型：从人的存在方式来看，节制、勇敢、理智、谦卑等品质主要是与个体自身相关的私德，而仁爱、公正、忠诚则是用来处理人我、个体与社会关系的公德；此外，就德性的实现途径而言，理智德性强调通过对价值原则的理解和具体情境的分析可以准确把握至善的理想，而伦理德性则关注通过有效地引导情感、欲望来指导人的行为。

通过考察分析道德规范与德性对于实现善的理想的意义和作用，我们发现，尽管规范注重"应当做什么"、德性追问"应当成就什么"，二者呈现出不同的思考和实践方式，但它们又都以解答"善如何可能"作为最终目标。并且，道德规范与德性在道德实践中皆有优势和弊端：前者虽然可以使善与恶、正当与错误的评判以及奖惩获得明确的标准，但无法穷尽一切可能的境遇；后者虽然兼顾普遍的原则与个体的特殊遭遇，但又具有相对性且难于培养。① 其实，道德规范与德性各自的不足正说明，合理的道德实践既需要规范的引导、强制，同时又需要以德性为其提供内在的担保。从逻辑的层面来看，德性的条目不仅展示了各种品质的类型，而且是道德判断的标准和道德行为所要遵循的规则；道德规范既规定了人言行的善恶，同时又显示了人格、境界的高尚和卑劣。此外，在道德实践中，德性的培养必须在规范的指导下才会具有可操作性，而规范则通过德性来确证其有效性。儒家主张通过洒扫应对、养生送死等行为规范来提升自我修养，但又指出："人而不仁，如礼何？人而不仁，如乐何？"（《论语·八佾》）即内在的仁德是礼乐等规范系统得以有效运行的前提。而亚里士多德则认为，法律是道德教育的必要条件，甚至用合法来界定作为整体性德性的公正。儒家与亚里士多德所代表的道德传统对人类社会历史的影响一再证明，只有整合了规范与德性

---

① 亚里士多德尽管指出德性是对中道的契合，但又认为中道是无法明确规定的。因此，他说德性的培养"是种需要技巧与熟练的事业"，并且只能通过回避极端、警惕享乐来养成。参见苗力田主编：《亚里士多德全集》第八卷，中国人民大学出版社1992年版，第41页。

的道德实践才是实现善的理想的合理选择。

作为融贯自洽的理论体系，道德哲学必然要以幸福（或善的生活）的实现为自己的目标，因为只有凭借后者才能使善的理想具体化于人生的方方面面而得以全面真实的展现。然而，由于价值取向的多样性造成了人们对幸福的不同理解。崇尚理性、义务的道义论者认为，人生的意义就体现在对理性原则、道德规范的践行之中；而关注感性和行为后果的功利主义者则主张，只有生理需求的满足和对财富、名誉的占有才能证明人的优越。事实上，从人的存在的整体性、统一性角度来看，人的存在不仅包括理性与非理性等方面，而且也具有个体性和社会性的多重向度。因此，人自身的存在价值的实现呈现出整体性的特征，即"善并不是由单一理念而形成的共同名称"①。然而，在人的众多属性当中，理性凭借其可以揭示世界的本原和遵循原则的能力而显示了人的优秀和卓越。在思想文化的历史中，儒家所追求的"孔颜之乐"其实就是对道德原则的认知与实践，而亚里士多德则直接用人的德性（理性）作为善的本质规定。虽然二者都以理想主义的价值取向而著称于世，但孔子又承认饮食男女的合理性，亚里士多德也强调外在善（财富、地位、相貌等）的必要性。他们显然是有见于人自身和生活资料的生产与再生产构成了人得以生存的现实依据。就人的社会性而言，人对至善的追求不仅需要自身的努力，而且必须借助他人的帮助与评价（特别是来自亲友方面的意见）。亚里士多德曾指出，朋友之所以是幸福的必要条件就在于："处于不幸中的人需要一些做好事的人，而在幸运中的人，又需要有人接受他们的好处。"② 也就是说，亲友一方面可以补足自己的缺陷；另一方面，他们在接受来自你的帮助的同时，也证实了你的存在价值。此外，从历史性的角度来看，个体既要经历从生到死的过程，同时也是某一特

① 苗力田主编：《亚里士多德全集》第八卷，中国人民大学出版社1992年版，第11页。
② 同上书，第205页。

定的历史文化传统的成员。所以，人首先要凭借自己所处的现实背景才可以筹划其未来，并且只有概观整个人生所遭遇的一切方能判断其是否幸福。通过以上的分析，我们发现幸福涉及理想信念、生活条件和历史文化背景等多方面因素，但这些因素在实现幸福的过程中所扮演的角色却不尽相同。生存条件和历史文化背景是幸福得以可能的充分条件，然而拥有富裕的生活和良好的传统却并不能保证人的全部潜能都能得以实现。与影响幸福的外部因素有所不同，以理性为其本质规定的德性却能依靠自身就使人区别于其他物种，而且又能显示人所特有的优秀、卓越。正如康德所言："道德学根本就不是关于我们如何谋得幸福的学说，而是关于我们应当如何配当幸福的学说。"①即体现了人的存在价值的规范与德性不仅因其自身就值得人去追寻，而且它们又是拥有善的生活或幸福的前提。

（二）玄学道德哲学的基本特征

尽管夏侯玄、何晏等早期的玄学家已经开始对汉魏之际的官方道德哲学展开了批判，并且提出了"天地万物皆以无为为本"的观点，但只有在王弼关于《老子》、《周易》、《论语》等经典的注解中，才系统地阐述了玄学道德哲学的基本观点。王弼在《老子注》中明确指出，"论太始之源以明自然之性，演幽冥之极以定惑罔之迷"②，即探讨存在的根据及其法则是为了追问社会人生的意义。所以"自然之性"不仅是指未经贪欲、功利取向和世俗礼法所扭曲的天性，同时它也是人应该追求的最终目的。但是，由于玄学家们各自依据的经典、理论旨趣和现实处境的有所不同，所以他们对"自然之性"作出了极具个性化的理解。而且，

---

① 康德：《实践理性批判》，韩水法译，商务印书馆 2001 年版，第 142 页。
② 楼宇烈：《王弼集校释》，中华书局 1980 年版，第 196 页。

以"自然之性"作为逻辑起点，玄学家们从多重向度上展开了对道德的根源、道德原则、天性与人伦规范、人格理想和善的生活等诸多实践问题的思考、论证。

通过汲取《老子》、《周易》中的形而上学思想和辨析名称，王弼认为，"自然"在存在论上优先于"道"，它是"无"本身。并且，在兼综先秦、两汉道家人性论思想的基础上，王弼进一步指出人的本性同于超善恶、绝对虚静的"自然之性"。此外，就人性的具体应用而言，情欲作为主体之间或主体与外物之间相互感应的必然结果，是无法完全回避的事实。与王弼侧重解决社会问题的理论旨趣有所不同，阮籍、嵇康则更加关注个体的生存境遇。他们从元气衍生万物的宇宙生成论的立场出发，提出整个世界的原初或理想状态就体现在和谐有序的形神协调、万物一体之中。而且，在论证了自然之理的普遍有效性之后，他们明确地提出意足、自然一体的价值理想。特别值得注意的是，他们都用乐论来展示自己对这一价值的理想。在肯定"乐"可以沟通天道与人道、理想与现实的同时，他们也指出，乐只不过是天性的表达方式，因此，就不能执著于这种形式而遗忘其根源。在阮籍、嵇康所开创的竹林玄学的影响下，西晋时期的士人们养成了纵情恣欲、藐视礼法的放诞之风。面对玄学末流对道德和政治秩序的冲击，乐广、裴頠等人立足于现实人伦对其进行了批判。这也促使向秀、郭象在认可《庄子》齐是非、一生死思想的同时，又要承认现实等级地位差异的合理性。在向秀、郭象看来，天地万物与社会人生都是自然而然地产生，并非由所谓的超验实体决定、支配。因此，如果每个人都能安于各自的"性分"，那么他们便可以获得逍遥之境。西晋覆灭之后，偏安于东南一隅的东晋士人们对人生世事的无常深有感触，而以张湛为代表的玄学家，一方面接受《周易》永恒变易观念，另一方面又赞同杨朱纵欲和佛家缘起性空学说。由此就将人当作宇宙中随生随灭的尘埃，在消解形神、生死、彼此和德福之间的差异之后，同时也否认任何价值、意义的存在。

玄学虽然猛烈地抨击贪欲、功利取向，并指出它们是造成生存困境的罪魁祸首，但同时也暴露了其在价值观方面的不足。首先，玄学家们对于一切以牟取私利、名誉和权力为目的的行为均持批评的态度。他们认为，功利主义的危害主要表现在以下两个方面：从个体的角度来看，名利、喜怒、声色、滋味等过度的感官享乐会妨害人的身心健康，所以只有消除它们对人的误导才可以达到养生的目的。此外，就主体间的交往和社会的风尚而言，当人们将自身的现实利益奉为处世的唯一准则时，不仅会造成思不出位、上下攀比和互相操纵的恶果，而且也会引发整个社会的信任危机。玄学家们对现实人生的反思固然揭示了"最大利益净余额"这一原则的缺陷，然而他们却忽略了"不损害一人地增进利益总量"原则所具有的正面价值，由此就对功利主义作出了片面的解释。① 在拒斥流俗价值取向的同时，玄学家们又从形上学的层面回答了"善何以必要"这一伦理学元理论难题，即人的尊严和人性的自我实现必须依赖天性中固有的法则。然而，玄学的这一价值观却混淆了非道德价值与道德价值之间的区分，即人与天地万物的自然之性的实现都可以称为善。或者说，人与天地万物在存在论上的地位是相同的，因此，评价好坏的标准也是相同的。② 此外，玄学的价值理论之所以无法在社会

---

① 关于功利主义的标准、原则的论述，参见王海明：《伦理学原理》，北京大学出版社2006年版，第149—151页。

② 在伦理学中，通常是从两个角度来区分道德价值与非道德价值：首先，从对象来看，可以称为道德上善或恶的事物是个人、集团、品格、情感、动机和意向，简单地说，就是个人、集团和个性成分。一方面，所有的事物都可以称作非道德意义上的善或恶，例如汽车和油画这类有形物体，再如快乐、痛苦、知识和自由的经验及民主的政权形式等无形的东西。另一方面，除非我们指的是追求这些事物在道德上是正当的或不正当的，否则，它们中的大多数就不能被称为道德上的善或恶。其次，从判断的根据或理由来看，当我们对行为或个人作出道德上的善恶判断时，通常就是根据表现出来的动机、意向、品质或品格而进行的。当我们进行非道德判断时，则是基于完全不同的根据和理由，而且它们在各种场合的应用又是多种多样的，例如，我们的判断是根据行为的内在价值、工具价值或是美学价值等。（参见弗兰克纳：《伦理学》，三联书店1987年版，第128—129页）

人生领域中被执行、落实，其根源就在于它贬低了手段、工具对于实现目的的重要性。因为，"只有根据使之成为现实的那些条件，才能将某物预料或预见为目的或结果。除非考虑使之成为现实的手段，哪怕只考虑一点儿，否则就根本不可能拥有一个所期待的结果，也根本不可能有任何行动计划的结果"①。事实上，在南北对峙、内外交困的魏晋时代，采取唯才是举以鼓励耕战是大势所趋，而且仁义礼法的范导也是整合社会秩序所应该优先考虑的策略。

立足于性与天道的基础之上，玄学家们首先分析了人伦规范对于实现价值理想的效用。在玄学的思想体系中，仁义礼乐作为外在的规范系统，并非出自人的天性，或至少不是人性的本质规定，因此它们具有形式化的特征。并且，人如果沉沦于仁义礼法所限定的领域，那么将会迷失自己的本性、激发彼此之间的操纵欲和败坏整个社会的风气。就"六经"与仁义的起源来看，它们是在"至人不存，大道陵迟"之后，即产生于原初的和谐遭到破坏的特定背景之中，是分化的世界所独有的文化现象。此外，士人们之所以要研习"六经"、顺从仁义，其理由就在于他们是"困而后学，学以致荣，计而后习，好而习成，有似自然"②。也就是说，士人们是为生活所迫才被动地接受"六经"与仁义，并因积习而养成思维定式。反过来讲，这种思不出位的生存状态又使人囿于名利场、抑制人格的独立和创造性潜能的发挥。不仅如此，"以仁义为关键，用礼教为衿带，自枯槁于当年，求余名于后世者，是不达乎生生之趣也"③。工具化的仁义礼教只不过是获取虚名的手段，它们会否定感官享受和漠视当下的幸福。此外，当工具化的仁义礼法成为处理主体间关系的普遍规则之后，就会导致"望誉冀利以勤其行，名弥美而诚愈外，利

① 杜威：《评价理论》，冯平、余泽娜等译，上海译文出版社 2007 年版，第 41 页。
② 戴明扬：《嵇康集校注》，人民文学出版社 1962 年版，第 260 页。
③ 杨伯俊：《列子集释》，中华书局 1979 年版，第 216 页。

弥重而心愈竞。父子兄弟，怀情失直。孝不任诚，慈不任实"①。即在功利的竞技场之中，人与人之间往往会由于争夺利益而相互残害、操纵，纵使父子兄弟间也无法真诚相待。与贵无论玄学不同，向秀、郭象则是从现实人生的角度来理解仁义礼法。他们认为，"夫仁义者，人之性也。人性有变，古今不同也"②。仁义的确是人性的一种表现方式，但并不是其唯一选择和终极目标。它们是在特定的社会历史背景下的行为规范和评价标准。尽管贵无论与崇有论从各个侧面披露仁义礼法所存在的问题，然而二者却并未由此就彻底否定了规范对社会人生的意义。王弼的"崇本举末"思想则体现了玄学对于外在规范系统的一般态度："夫载之以大道，镇之以无名，则物无所尚，志无所营。各任其贞事，用其诚，则仁德厚焉，行义正焉，礼敬清焉。"③也就是说，只有在以出自天性的固有法则——道的指引下，才能真正避免贪欲和功利取向的诱导，从而使仁义礼法发挥其应有的功能，即人的言行是出于自发、自愿，并用真诚的态度来关爱和尊重他人、履行各自的职责。不难看出，玄学关于德性的理解、修养方式和评价标准都是以性与天道为理论前提的，它使自发、自愿原则被提到了道德实践的核心地位。但是，玄学所认可的只是广义的德性而非伦理德性④，这就有可能淡化人文价值在道德哲学中的重要性。事实上，真实的伦理德性应该是人伦规范的内化，后者的普遍性内涵也可以确保道德理想在实践当中不被忽视，而玄学单纯强调德性优先于规范的观点就为道德相对主义和虚无主义大开了方便之门，西晋时期的放诞之风和东晋的至虚论也恰好证实玄学道德哲

---

① 楼宇烈：《王弼集校释》，中华书局 1980 年版，第 199 页。
② 郭庆藩：《庄子集释》，中华书局 1961 年版，第 519 页。
③ 楼宇烈：《王弼集校释》，中华书局 1980 年版，第 95 页。
④ 从本源上来看，广义的德性并不局限于道德领域：亚里士多德认为，德性泛指使事物优秀、卓越的品质；而先秦道家则用"德"来表示"道"在具体事物身上的体现，它构成了万物。与广义的德性有所不同，伦理德性是指通过践行道德规范所获得的稳定的品质、精神境界。

学的缺陷。

　　道德的善总是通过规范与德性之间的交互作用以实现个体自身的价值和幸福为其直接目标的。玄学家也是在确立价值理想、自然原则之后，依据其对于性与天道的解释来设想人格理想和幸福的基本含义。在玄学的视域中，理想人格是指能够超脱世俗的局限、遵循天性中固有法则的圣人、君子或大人先生，而一般的民众则是凭借前者的引导才会进入适合本性的生存状态。就理想人格的内在品质而言，他必须回归本性的虚静，超越是非、分化，并且以因顺他者为自己的本分。从其现实的影响和地位来看，他或者是由于"则天成化，道同自然"而可以指引整个社会实现和谐有序的圣人，或者是自得、意足的君子、大人先生。然而，无论是王弼、阮籍、嵇康，还是向秀、郭象，他们相信具有完满品质的人应该获得君主的尊位，或是超脱了世俗的分化、紧张而享有形神协调、人我和谐的"富贵"，即德性与幸福之间是一一对应的。但玄学主流却用清心寡欲、推崇精神上的宁静与平和来规定幸福，这种观点事实上贬低了感性需求（情感、物欲、名利），并使幸福因失去了现实的依托而呈现出片面、抽象的特点。此外，在缺乏必要的人伦规范的约束、范导之后，人就会流于相对主义和虚无主义的生存方式。西晋中期的放诞之风所造成的负面影响迫使向秀、郭象不得不关注仁义礼法和感性需求的重要性，然而他们又不想由此放弃对逍遥之境的向往，所以只能通过承认现实的一切皆出于天性来调和二者。因此，以现实的多样性和命定性为逻辑起点，向秀和郭象提出了人各有性、性各有极、自足其性的德福理论。也就是说，个体的幸福（逍遥）是由其性分决定，而圣人所独有的完美禀赋是他可以享有异于常人的"无待逍遥"，即不仅能够化解生死、是非、人我之间的紧张，而且也可以引导常人实现"有待逍遥"。虽然向秀、郭象的这种足性逍遥思想达到了其调和理想与现实之间的对峙的目的，但它同时也混淆了道德理想与世俗享乐，是以相对主义作为代价来掩饰其理论内部的不一致的。并且，独化论中命定论也会取消伦理道德的可能。实际上，东晋的张湛就是依据独化自生来兼取佛学的缘起性空理论，从而提出"自然生耳，自然泰耳，未必由仁德与智力。……自然死耳，自然穷耳，未必由凶虐与愚弱"①。即人的生命只不过是阴阳二气自然演化、和合的产物，因此，并不是恒定不变的。而且，吉、凶、祸、福也是由气化过程所预先决定的，所以它们与人的德性、智力之间没有必然的联系。

就玄学的价值理想而言，它既主张消解生活世界中的分化、对立，同时更希望通过回归天性来整合社会秩序。依据自然原则，天性的实现必须排除人为因素的干扰，"故绝司察，潜聪明，去劝进，剪华誉，弃巧用，贱宝货。唯在使民爱欲不生，不在攻其为邪也。故见素以绝圣智，寡私欲以弃巧利，皆崇本以息末之谓也"②。也就是说，摆脱贪欲的诱导、他人与外在规范的约束、国家对个体的强制才是保全天性的必要条件。这也正是玄学对"无为"的基本规定，是自然原则在社会人生领域中的应用。玄学有见于片面强化仁义礼法所导致的集权专制和价值一元论，主张用"无为而治"的理念以抑制、平息社会的混乱无序。从整体上来看，玄学所谓的"无为"主要是针对君主的奢侈和残暴，同时也是为了说明，只有奠定在本性的虚静、和谐的基础上才能证明君主拥有最高权力的合法性；否则，除了会引发社会的动荡之外，暴政还必将由此而被颠覆。在实践的层面上，政治权力总是要通过制度的设立与实施来治理社会秩序。玄学家们认为，政治制度是以范导民众回归天性为鹄的，并且也会随着社会历史背景的转换而革故鼎新。因此，玄学是在不否认体制化组织的前提下，又以不损害天性作为其被合理应用的限定性条件：礼乐刑政都是由与道同体的圣人所制定；与礼的外在强制相比，乐的调和功能显得更为重要，因为后者可以化解内外的分化、紧张；君

---

① 杨伯峻：《列子集释》，中华书局 1979 年版，第 202 页。
② 楼宇烈：《王弼集校释》，中华书局 1980 年版，第 198 页。

臣上下之间的相互协作也是有赖于"率性而动"才得以实现的，即君上无为而臣下各司其职。凭借其"无为而治"的理念和天性范导制度的构思，玄学家们指出，理想社会是一种没有纷争与对抗但又等级分明、每个人都能从事适合其天性的职业的生存状态。

通过对玄学政治思想的考察，我们发现，它固然已经注意到礼法刑政所施加在人身上的种种限制，而且具有明显的反抗内外强制的自由思想因素；然而，由于玄学所追求的理想政治只能给予人以消极自由①，同时也因忽略了生活和劳动资源、行政制度对政治实践的必要性而架空了自由。因此，玄学的这种以规避现实冲突为宗旨的政治哲学，不仅会抑制人的创造性潜能的发挥，而且其对理想社会的抽象理解也无法回应现实的挑战。

通过考察玄学得以产生的社会历史背景、分析其理论旨趣和论证过程，我们发现，玄学的目标并非是为了颠覆传统的价值评判、行为规范体系，而是试图从自然之性和天道层面来为道德奠定形上学基础。具体来看，尽管自然之性的自主性、统一性可以作为道德自律的逻辑起点，然而，由于自然之性是一种独立于情感、欲望和群体性的原初禀赋，所以它无法解决道德实践领域中的虚无主义和相对主义的挑战。尽管玄学自身的演进历程证明其关于道德的论证以失败告终，但它主张道德根源于人的天性的观点却肯定了人的存在价值，而且也使自主、自愿原则的实践价值得到了极大的重视。此外，玄学道德哲学的衰落同时也为佛道宗教伦理的兴起创造了有利背景。尽管佛道伦理为苦难的东晋社会提供了一种彼岸生存目标，但二者所追求的出世理想与儒家人文价值之间的

---

① 消极自由是相对于积极自由而言的政治哲学范畴，二者的区分由以赛亚·柏林首先提出。消极自由是"免于……"的自由，而积极自由则是"去做……"的自由。柏林认为，积极自由有可能导致专制和价值一元论，但消极自由却因维护个人的基本权利而更符合人性的需要。（参见以赛亚·柏林：《自由论》，胡传胜译，译林出版社2005年版）

张力表明，克服虚无主义、相对主义仍然是一场未完成的过程。这也成为其后的中国哲学家无法回避的难题，同时也为构建更为完备的道德哲学体系提供了启示。

第一章　汉魏之际的主流道德哲学思想论略

从其所处的社会历史背景来看，魏晋玄学对人生意义的沉思是为了回应汉魏之际的价值危机，即试图从自然之性或人的本性的层面重构整个社会人生的道德、政治秩序。对于玄学的实践取向，现代研究魏晋玄学的大家如汤用彤先生早就指出，"魏晋时期'一般思想'的中心问题为：'理想的圣人之人格究竟应该怎样？'"也就是说，关注人生理想是魏晋时期思想界的基本特征。而唐长孺先生则从社会政治的角度提出，玄学是汉末清议运动的延续，只不过玄学家是以形上学作为其考察、分析问题的视域。前辈大师们的观点固然可以给我们很多启发，但本体论或政治学的解释模式却有可能使玄学的价值取向陷入晦暗之中。因为人生意义的确立和社会问题的消解尽管需要形上学的支撑、实际效果的验证，然而只有通过对现实社会、人生问题的理性反思方能具体展示一种学说的全幅图景。就其所面对的主流价值观和道德规范体系而言，玄学不仅要回答两汉正统儒学所建立起的三纲五常的合理性根据是什么，而且也必须有力地回击世俗功利主义对人性的误解。因此，为了深入理解魏晋玄学的问题意识，我们有必要对两汉正统儒学的道德观念以及魏初功利主义思想进行一番梳理。

第一节　三纲五常与形式化伦理

在中国伦理思想史上，两汉儒家经历了董仲舒和《白虎通》的系统论证，并且因其适合汉王朝大一统的需要而被确立为官方的意识形态。就其道德哲学的基本原则而言，汉儒（尤其是董仲舒）以儒家的仁爱思想为核心价值，在兼取阴阳五行、墨家和法家等众多流派的基础上，建构起了三纲五常这一行为规范和评价体系。然而，由于三纲五常思想主张道德原则或善来源于有意志、有目的的神学之天，而且众人（即一般的百姓）只有通过圣人、王者的教化，遵循五常（道德规范），方能符合天意、实现人生的目的。所以，无论是道德价值理论，还是道德实践的方式、手段，三纲五常思想无不体现出了显著的形式化伦理的特征。①

---

① 在西方哲学史上，形式化伦理思想在康德那里得到了经典性的表述：在价值原则方面，康德认为，只有出自纯粹理性的善良意志才是无条件善的东西；在实践的层面上，只有出自责任的（善良意志的体现）行为才具有道德价值。但康德始终坚持，道德原则、责任义务的"约束性的根据既不能在人类本性中寻找，也不能在他所处的世界环境中寻找，而是完全要先天地在纯粹理性的概念中去寻找"。（参见康德：《道德形而上学原理》，苗力田译，上海人民出版社 2002 年版，第 3 页）从而显示出有别于神学目的论的、崇尚理性的自由主义特征。尽管形式化伦理的基本特征是，强调道德原则的普遍必然性、贬低情感和感官欲望等经验内容的价值，并且在实践中注重道德规范体系的强制性。然而，就其具体形态来看，形式化伦理又可以被区分为两种类型：自律性形式化伦理主张道德起源于实践理性或善良意志的自我立法，希望以此为人的尊严提供理论依据。而他律性的形式化伦理则认为，道德是天意或超验实体给人颁布的绝对命令。此外，后一种伦理思想指出，人只有遵循这些命令才会确保自身的利益（主要是类、群体的利益），所以它同时也蕴涵着功利主义的价值取向。

一、天意与三纲

作为汉代思想特性的塑造者，董仲舒对于道德的探寻是为了解决社会政治问题，即制定出一套能够有效地维系国家之长治久安的理论体系。董仲舒认为，天子权威的神圣性和大一统的治理模式是理想社会得以实现的必要条件，其理由就在于它们是天道或天意的体现。在董仲舒看来，天以人类社会的和谐有序为其最终目的。而且，凭借天与人之间的相互感应以及三纲的尊卑等级、人性中的贪仁之性等现象都足以证明二者的基本结构、运行法则是同一的。此外，在论证道德教化比功利取向和刑法之治更为合理的过程中，董仲舒不仅明确提出阳尊阴卑是道德的根本法则，而且从天人合一的形上学层面揭示了道德价值或善来源于超验的天意。

董仲舒所处的时代是经过推行与民休息政策长达七十余年之后，西汉王朝的国力日趋强大，汉武帝励精图治以期长治久安的盛世。面对汉武帝"欲闻大道之要，至论之极"的策问，董仲舒首先比较了道德教化和刑法之治的优劣。上古的尧舜禹等圣王是实行道德教化的典范，当时社会的特征是："众圣辅德，贤能佐职，教化大行，天下和洽，万民皆安仁乐谊，各得其宜，动作应礼，从容中道。"[①] 王者不仅拥有崇高的德性和众多贤能之人的辅佐，而且在他的引导下，天下太平，万民都从事着适合各自本性的事务，这使他们的行为以自愿、自然的方式合乎人伦规范。然而，秦朝的统治者却"憎帝王之道，以贪狼为俗，非有文德以教训于天下，诛名而不察实，为善者不必免而犯恶者未必刑也"[②]。也就是说，秦朝的统治一方面否认了道德教化在政治实践中的价值，另一方面又以极端功利的态度和严酷的律法来操纵臣民。这种统治方式的直接

---

① （汉）班固：《汉书》，中华书局 2000 年版，第 2508 页。
② 同上书，第 2510 页。

后果是使名实不符、是非颠倒，其间接的影响则是导致君主与大臣、民众之间的紧张对立，并且最终使整个社会陷入混乱无序之中。

如果说道德教化的社会整合功能是其得以产生的内在依据，那么它使人类比其他生物更为尊贵的事实则为其奠定了形上学的根基。在董仲舒看来，"人受命于天，固超然异于群生，入有父子兄弟之亲，出有君臣上下之谊，会聚相遇，则有耆老长幼之施，粲然有文以相接，驩然有恩以相爱，此人之所以贵也"①。人类与其他生物的不同之处就在于，其中的每个成员都扮演着特定的社会角色，同时凭借履行各自的职责义务而使彼此之间相互亲爱、尊重。因此，人伦关系及其规则体系展现了一种特殊的价值取向，即人以自身为目的、具有比其他物种更高的存在价值。但不可否认的是，董仲舒并未将人自身作为道德的根源，反而认为人的尊贵和能力都只不过是天命或天道的外显。

在董仲舒的话语体系中，天尽管含有自然之天、神学之天和道德之天等三重意思②，然而它们却共同展示了本体论与价值论相统一的致思模式，即宇宙万物作为整体性存在本身便是一切价值的根源："天、地、阴、阳、木、火、土、金、水、九，与人而十者，天之数毕也。"③ 前一个"天"是指经验性的自然之天，而后一个"天"则是指象征宇宙万物之整体的超验性存在。并且，由于天地、阴阳五行是天（以下皆指宇宙万物之整体）的基本构成要素，所以它们比其他事物更为珍贵，也就是说，其他事物都是依据这十种要素而得以存在。从形式上来看，董仲舒强调人是宇宙万物之整体得以可能的前提条件，具有更高的存在价值，但事实上，人在宇宙中的地位并非取决于其自身，而在于他体现了万物之本原、百神之君的神圣意志。因此，人的尊贵只不过是一种依附于天的相对性价值。此外，对于董仲舒而言，天不仅是一个整体性的存

---

① （汉）班固：《汉书》，中华书局 2000 年版，第 2516 页。
② 金春峰：《汉代思想史》，中国社会科学出版社 1997 年版，第 143 页。
③ （清）苏舆：《春秋繁露义证》，中华书局 1996 年版，第 122 页。

在，而且其自身所固有的法则又确保它以井然有序的方式运行："天道
之大者在阴阳，阳为德，阴为刑，刑主杀而德主生，是故阳常居大夏而
以生育养长为事，阴常居大冬而积于空虚不用之处，以此见天之任德不
任刑也。天使阳出布施于上而主岁功，使阴入伏于下而时出佐阳，阳不
得阴之助，亦不能独成岁终，阳以成岁为名，此天意也。"①天道即普遍
必然的宇宙法则，它包括阴阳两种动力：象征着道德教化、生育长养的
阳居于主导性的地位，而刑罚、杀戮则被归结为阴的功能，其主要的职
责就在于辅助阳以完成一个完整的年岁。四季之中的盛夏和严冬的功能
既显示了贵阳贱阴、阳尊阴卑是天道或天意，同时也为其客观实在性和
普遍有效性提供了事实依据。除了借助动力因的论证方式之外，董仲舒
又从五行之间的生成关系来揭示天道的内容："天有五行：一曰木，二曰
火，三曰土，四曰金，五曰水。木，五行之始也；水，五行之终也；土，
五行之中也。此天次之序也。木生火，火生土，土生金，金生水，水
生木，此其父子也。……常因其父以使其子，天之道也。"②五行在《尚
书·洪范》中本来是指五种与日常生活密切相关的实用资料，而战国末
期的邹衍则用五行生克来为王朝更替提供形而上学根据。董仲舒承接了
邹衍五行生克学说，同时也赋予了木火土金水以伦理内涵，即五行之间
的相生是父子关系，并且生者对于所生者具有绝对的权威性。

　　天作为宇宙万物之整体不仅为普遍必然的道所决定，而且其存在本
身又表达了特定的意愿，但它所颁布的法令又以什么为最终目的呢？在
董仲舒看来，"天覆育万物，既化而生之，有养而成之，事功无已，终
而复始，凡举归之以奉人。察于天之意，无穷极之仁也"③。天之所以厚
爱人类的理由就在于，"以类合之，天人一也"④。就其生理结构而言，

---

① （汉）班固：《汉书》，中华书局 2000 年版，第 2502 页。
② （清）苏舆：《春秋繁露义证》，中华书局 1996 年版，第 321 页。
③ 同上书，第 329 页。
④ 同上书，第 341 页。

"人有三百六十节，偶天之数也；形体骨肉，偶地之厚也。上有耳目聪明，日月之象也；体有空窍理脉，川谷之象也；心有哀乐喜怒，神气之类也"①。也就是说，人的骨节与一年之天数相同，形体肌肤对应于天地、耳目有如日月的光明、孔窍经脉有如川谷、喜怒哀乐有如神妙之气的流行。

董仲舒对于道德法则的沉思一方面是从天人合类、由形上到形下的角度进行的，另一方面则又借助语义分析、由人性和人伦关系而天道的路径来深化这一主题。董仲舒在解释人之天性的过程中使用的方法是"随其名号以入其理"，即通过分析体现天意的名号来澄清天性的本质："性之名非生与？如其生之自然之质谓之性。"②"性"作为名起源于"生"，是指人与生俱来的特征，也就是"身"："身之名取诸天，天两有阴阳之施，身亦两有贪仁之性。天有阴阳禁，身有情欲栣，与天道一也。"③因为人的生命是由天赋予的，所以正如天道兼备阴阳两种作用，人身也兼有贪仁两种性质。并且，天禁止阴的法则在人身上则表现为节制情欲。此外从个体的角度来看，个人的天性或自然之质可以被区分为三种类型："圣人之性不可以名性，斗筲之性又不可以名性，名性者，中民之性。"④圣人之性与斗筲之性代表着无法转化的极善、极恶两端，只有中民之性具有为善为恶两种可能性。因此，圣人由于体现了天道或天意而获得了教导万民的特权，中民则只有在圣人的指引下方能成就善性。除使用语义分析的方法之外，董仲舒又以反思传统——孟子人性论来表达其对天性的理解："性有善端，动之爱父母，善于禽兽，则谓之善。此孟子之善。循三纲五纪，通八端之理，忠信而博爱，敦厚而好礼，乃可

---

① （清）苏舆：《春秋繁露义证》，中华书局 1996 年版，第 354—355 页。
② 同上书，第 291 页。
③ 同上书，第 296 页。
④ 同上书，第 211—212 页。

谓善。此圣人之善也。"① 孟子所谓的善乃是指那种儿童爱其父母的自然情感。虽然它比禽兽的无父无母要好一些，但这仍然不能被称为道德意义上的善，也就是由认识三纲五纪（道德法则及其规则体系）、尊敬同类和喜好礼节所养成的优秀品质。在此，董仲舒力图区分天性与德性，从而彰显了道德的实践性特征，并为王者的教化奠定了形上学根基。

如果说董仲舒对天性的分析是以个体为其关注的焦点，那么三纲则是由人伦关系或群体的维度来显示天道的影响力。董仲舒认为："凡物必有合。……阴者阳之合，妻者夫之合，子者父之合，臣者君之合。物莫无合，而合各有阴阳。"② 在宇宙万物所组成的存在图景中，每个个体都有其相匹配、对应的他者，所以关联性是确定个体之角色、属性的前提条件，而每类关系中都有阴阳两个方面。就人类社会而言，君臣、父子、夫妻是人伦关系的基本表现形式，其中君、父、夫代表着阳性，而臣、子、妻则体现着阴性。与天道之阳尊阴卑相对应，人伦关系的秩序就应该是："天子受命于天，诸侯受命于天子，子受命于父，臣妾受命于君，妻受命于夫。诸所受命者，其尊皆天也，虽谓受命于天亦可。"③ 天子、君、父、夫因其所具有的阳性而居于主导性的位置，相反，诸侯、臣妾、子、妻因其阴性而从属于天子、君、父、夫。天子由于直接受命于天而具有至高无上的权力；君、父、夫同样也是天的代言人，所以他们的意志对于臣妾、诸侯、子、妻也具有绝对的权威性。

概言之，从统一本体论与价值论为其反思宇宙人生问题的基本视域，董仲舒对于天人关系的沉思不仅是为了说明宇宙万物的本原和法则，而且是力图替社会人生问题之解决寻求形上学的根据。在反观秦二世而亡的前车之鉴和汉帝国大一统格局趋于稳定的背景下，董仲舒明确指出，只有以道德教化为主、兼顾礼法规范的作用，才是有效地整合社

---

① （清）苏舆：《春秋繁露义证》，中华书局 1996 年版，第 303—304 页。

② 同上书，第 350 页。

③ 同上书，第 412 页。

会秩序、实现长治久安的合理选择。尽管董仲舒仍然以儒家的仁道原则为本位，但他关于道德原则及其根源的理解却与先秦儒家有所不同。在形上学的层面上，董仲舒认为天人同类、天人之间存在着相互感应的关系，所以可以得出"道之大原出于天，天不变，道亦不变"的结论。① 也就是说，仁道（道德原则、政治理念）来源于天道（神圣意志、自然法则），因此后者的本原性和绝对权威性可以确保前者的普遍有效性。此外，就其具体内容而言，天意表现为阳尊阴卑、五行生克，与之对应的人道则是三纲、性三品和"情欲柜"。毋庸讳言，董仲舒凭借道德的社会整合功能来揭示其得以存在的必要性，另外又从天人合类的形而上层面说明普遍必然性是道德原则的根本属性。这种结合理论与现实、沟通天人的论证方式固然展现了其开阔的视野和思辨的力度，然而也使得道德呈现出他律性的特征，② 即道德原则并非来源于人自身，而是由超验的天意或天道来为其提供终极依据。

二、天命与教化、五常

道德哲学既是对人生意义或目标的理性反思，同时也更加关注如何成就德性、构建稳定的社会秩序等与日常生活密切相关的现实问题。作为中国哲学史上一位对历史文化产生深远影响的思想家，董仲舒关于道德的理解同样表现出双重性：一方面，在沉思天意的过程中说明道德原则的内容所指及其形而上学依据；另一方面又借助王者的教化和遵循五常之道的必要性来指出道德实践的条件、要素。从整体上来看，董仲舒

---

① （汉）班固：《汉书》，中华书局 2000 年版，第 2518—2519 页。
② 本文关于他律性概念的理解是依据康德的观点，即"不是意志给予自身以规律，而是对象通过和意志的关系，给予意志以规律"（参见《道德形而上学原理》，苗力田译，上海人民出版社 2002 年版，第 60—61 页）。而在中国哲学的语境中，他律性的表现方式则是，不以人的本性作为道德的根源。

认为，道德实践必须兼顾外部的社会环境与个体自身的努力："天令之谓命，命非圣人不行；质朴之谓性，性非教化不成；人欲之谓情，情非度制不节。"①圣人即王者，执行天的神圣意志而为万民的道德行为创造了外部环境，而个体自身在遵循五常之道的过程中，不仅有效地控制了情欲对自己的误导，而且使其善端可以转化为实有诸己的德性。此外，就其效果而言，道德实践最终会使个体的幸福和社会的有序化成为可能。

在董仲舒的道德哲学体系中，人禽之辨所表达的只不过是道德的应然性，而与日常生活密切相关的利害、福祸则说明道德行为的必要性。按照董仲舒的观点，作为宇宙万物之存在法则的天道其实传达了一种绝对命令，与之相违背的行为必将带来相应的惩罚："天子不能奉天之命，则废而称公，王者之后是也。公侯不能奉天子之命，则名绝而不得就位，卫侯朔是也。子不奉父命，则有伯讨之罪，卫世子蒯聩是也。臣不奉君命，虽善以叛，言晋赵鞅入于晋阳以叛是也。妾不奉君命，则媵女先至者是也。妻不奉夫之命，则绝，夫不言及是也。曰：不奉顺于天者，其罪如此。"②天子虽然是人类社会中直接禀承天意而拥有最高世俗权力的人，但他如果无视灾异所发出的谴告、不履行治理天下的职责，那么他就会被废除。同理，由于天子、父、夫都在不同的关系中代表着天的权威性，所以对于那些不接受、不尊重其意志的臣妾、子、妻，他们将因忤逆天命而受到惩罚。与不能顺从天命的情形有所不同，遵循体现天命的行为规范则会给人带来福祉："夫仁、谊、礼、知、信五常之道，王者所修饬也。五者修饬，故受天之佑而享鬼神之灵，德施于方外，延及群生也。"③符合仁、谊、礼、知、信的行为不仅使王者受到鬼神的庇护、造福苍生，而且即使是一般人也会因其德性而获得尊贵的地

---

① （汉）班固：《汉书》，中华书局 2000 年版，第 2515 页。
② （清）苏舆：《春秋繁露义证》，中华书局 1996 年版，第 412—413 页。
③ （汉）班固：《汉书》，中华书局 2000 年版，第 2505 页。

位和融洽的人际关系。

在道德实践的层面上，由于以天子或圣人拥有完美的天性，中民只有在天子或圣人的引导下方能实现其善性为理论预设，所以董仲舒认为政治环境的好坏对于人的道德水准至关重要。通过考察周秦以来的社会伦理特征，董仲舒指出："或夭或寿，或仁或鄙，陶冶而成之，不能粹美，有治乱之所生，故不齐也。"① 即人的福祸、品质首先取决于其所处的社会状况，而社会的治乱则受制于王者的品质、能力："王者，人之始也。王正则元气和顺、风雨时、景星见、黄龙下。王不正则上变天，贼气并见。"② 通过天人感应的神学目的论，董仲舒以一种夸张的形式凸显了王者所应该承担的社会职责：减轻赋税、用博爱和忠诚观念教导民众，并使他们安居乐业。这是王者禀受天命、享有至高的社会地位的前提。不可否认，天命的权威性可以抑制王权的无限膨胀，但它同时也向世俗权力提出了道德化的要求。这种泛道德的诉求不仅指向了王者，而且以制度化的方式渗透到政治的诸多方面。董仲舒认为，官吏的素质是执行王道的关键，因此完备的选官制度就显得尤为重要。对董仲舒而言，合格的官吏首先必须是贤能之士，而为了获得他们就要借助教育："故养士之大者，莫大乎太学，太学者，贤士之所关也，教化之本原也。"③ 只有在太学这种教育机构中，通过明师的指导，士人们才能得到很好的培训，从而为官吏的选拔提供充足的资源。如果说太学的职能是为官僚体系输送具有较高素质的人才，那么通过责成掌管地方大权的官吏去举荐贤士便显得更为方便快捷："使诸列侯郡守二千石，各择其吏民之贤者，岁贡各二人，以给宿卫。"④ 按照董仲舒的设想，王者的教化不仅要有高素质的官吏，而且也应该用统一的行为规范和评价机制来

---

① （汉）班固：《汉书》，中华书局 2000 年版，第 2501 页。
② （清）苏舆：《春秋繁露义证》，中华书局 1996 年版，第 101 页。
③ （汉）班固：《汉书》，中华书局 2000 年版，第 2512 页。
④ 同上书，第 2513 页。

实现。所以"不在六艺之科，孔子之术者，皆绝其道，勿使并进，邪辟之说息，然后统纪可一而法度可明，民知所从矣"①。也就是说，只有将契合天意的儒家思想确立为官方的意识形态之后，民众方能不受奇谈怪论的诱导，拥有明确的人生目标和行为规范。

　　尽管董仲舒一再强调政治在道德实践中的主导性作用，但这并不表明他忽略或否认个体努力向善的重要性。从个人的角度来看，董仲舒指出，作为一种优秀品质的"智"乃是整个道德实践过程逻辑起点："何谓智？先言而后当。凡人欲舍行为，皆以其智先规而后为之。其规是者，其所为得，其所事当，其行遂，其名荣，其身故利而无患，福及子孙，德加万民，汤武是也。其规非者，其所为不得，其所事不当，其行不遂，其名辱，害及其身，绝世无复，残类灭宗亡国是也。"②由于人是依据某种知识判断来展开自己的筹划活动的，所以，如果所选择的方向是正确的，那么他就能行为得当、实现其意愿。这不仅使其个人获得显赫的地位、名誉，而且也会造福子孙后代和其他的社会成员。相反，如果人在一种错误理论的指引下，那么一方面会使其自身身败名裂，另一方面也将给家族、国家带来灭顶之灾。因此，由于人所追寻的人生目标和行为方式的不同会导致不同的后果，这表明"智"作为判断是非、善恶的能力是道德实践的基本前提。就董仲舒而言，其所谓的道德原则包括阳尊阴卑、崇仁抑贪、大德小刑等内容，它们皆来源于天意。道德原则的这种超验性特征也决定了"智"的对象："谨案灾异以见天意。天意有欲也，有不欲也。所欲所不欲者，人内以自省，宜有惩于心；外以观其事，宜有验于国。故见天意者之于灾异也，畏之而不恶也，以为天欲振吾过，救吾失，故以此报我也。"③灾异是天以非常的现象来告诫人的方式，它促使人反省自己的行为和后果，从而因畏惧天的意志而积极

---

① （汉）班固：《汉书》，中华书局2000年版，第2523页。
② （清）苏舆：《春秋繁露义证》，中华书局1996年版，第258页。
③ 同上书，第260页。

地纠正自己的行为。

道德行为既然是以善为目的的实现活动，那么它就不仅停留在关于道德原则及其根源、行为后果等方面的认知，而且必须内化为人生存过程才能显示出真实性、有效性。在实践的层面上，董仲舒尤其注重作为行为之起点的意志或动机，并且指出判断动机正当与否的标准就是礼。从礼的结构来看，"志敬而节具，则君子予之知礼。……志为质，物为文。文著于质，质不居文，义安施质？质文两备，然后其礼成"①。礼包含恭敬的态度（志、质）和礼器仪节（物、文）两个方面，但只有前者方能代表礼的精神实质。所以，关于礼的正确理解便是正当的行为动机的本质规定。此外，就其形上学的依据而言，"礼者，继天地，体阴阳，而慎主客，序尊卑、贵贱、大小之位，而差外内、远近、新故之级者也"②。也就是说，礼是宇宙万物之存在法则的具体表现形式，其功能是明确区分人的社会地位以及人伦关系。其实，从实质的层面来看，董仲舒所谓的礼就是指，由于尊重尊卑等级、远近亲疏的人伦法则所形成的态度和意向。

智、礼是对道德原则的认知、确认，而仁、义则是从内外、人我等向度来具体说明道德原则的内容。虽然"仁义制度之数，尽取之天"③，即仁义之所以能够成为行为规范的理由就在于它们都体现了天意，但仁主要展示了博爱的精神，而义则是彰显了天意、天命对人的强制性。就个体而言，"仁者憯怛爱人，谨翕不争，好恶敦伦，无伤恶之心，无隐忌之志，无嫉妒之气，无感愁之欲，无险诐之事，无辟违之行"④。也就是说，仁是指一种与天道相契合的内在状态，它既没有伤害、嫉妒他人之心，同时也不隐讳事实、以公正的态度来指导自己的言行，并追求和

① （清）苏舆：《春秋繁露义证》，中华书局 1996 年版，第 27 页。
② 同上书，第 275—276 页。
③ 同上书，第 351 页。
④ 同上书，第 258 页。

洽的心境。与仁的指向有所不同，"义者心之养也，利者体之养也。体
莫贵于心，故养莫重于义，义之养生人大于利"①。义是指使人的心智免
受外在的地位、财富等事物的诱导，能够坚持道德原则的品质。所以，
它可以为实现善性、遵循天意或天命提供现实的担保。除了是个体自身
修养的基本要求之外，仁义还是处理人我关系的有效方式。董仲舒指
出："仁之法在爱人，不在爱我。义之法在正我，不在正人。"②仁既然直
接体现了天意，那么它应该如上天泛爱万物那样完全以他人为目的：不
仅要关心他人的生活需求，而且要帮助他们选择正确的人生目标。义作
为天意的另一个方面，其具体内涵则是："君臣父子夫妇之义，皆取诸
阴阳之道"③。由于天道贵阳贱阴，而君、父、夫象征着阳，臣、子、妇
象征着阴，所以在卜的阴必须绝对顺从在上的阳，这同时也是天意向人
所发出的命令。

　　尽管董仲舒的五常包括仁义礼智信五个方面，但他却很少从正面论
述信的特征。不过根据《说文解字》的观点，信与诚互训是汉代的基本
观念。④ 因此，信似乎可以被理解为人的本真的存在状态，也就是将天
性转化为德性之后所拥有的人生境界。在此首先值得注意的是，董仲舒
指出道德实践的过程性："言出于己，不可塞也；行发于身，不可掩也；
言行，治之大者，君子所以动天地也，故尽小者大，慎微者著。"⑤言
语、行为都是内在品质的显现方式，而正大光明的品格和治理国家、感
动天地的壮举也是以平凡的言行为起点，并经过修养工夫才最终得以实
现。其次，从德性、理想人格的内在结构来看，"明于天性，知自贵于
物；知自贵于物，然后知仁谊；知仁谊，然后重礼节；重礼节，然后安

---

①　（清）苏舆：《春秋繁露义证》，中华书局 1996 年，第 263 页。
②　同上书，第 250 页。
③　同上书，第 251 页。
④　《说文解字》："信，诚也。"又说"诚，信也"。
⑤　（汉）班固：《汉书》，中华书局 2000 年版，第 2517 页。

处善；安处善，然后乐循理；乐循理，然后谓之君子"①。人的天性中蕴涵着为善的可能性，但它只有凭借人对自身特质的理性认知，能够理解敬重正当的行为规范的必要性，并通过习惯的熏陶才能内化为稳定的品质。这种君子所具有的品格揭示了完善的道德行为不仅兼有自觉（合乎理性的规范）、自愿（出于内在的意愿）的特点，而且又表现出自然的向度，即超越了理性的强制与人为的勉强、成为人的第二天性。② 不可否认，董仲舒对德性的分析是相当清晰全面的，然而他却以天性的命定为前提："人受命于天，有善善恶恶之性，可养而不可改，可豫而不可去，若形体之肥，而不可得革也。"③ 即圣人、王者由于直接禀受了天命而本性完美，斗筲之人则是完全没有为善之可能性的恶人，只有可善可恶的中民才是君子人格理想的人选。并且，即使是中民也会因个体之间的差异而决定其所能达到善的程度有所不同。

概观董仲舒的道德哲学，其关于道德之根源、原则、行为规范和功能的论证相当的完备、缜密。从整体上来看，董仲舒有见于秦二世而亡的前车之鉴，一方面指出，以功利为价值取向的律法之治无法实现长治久安的目的；另一方面又主张以教化为主的德治才是合理的统治模式。并且，董仲舒所信奉的天意、天命又为道德、政治秩序奠定了形上学的基石。虽然董仲舒的三纲五常思想论证了王权的神圣性和道德原则的普遍必然性，同时试图凭借天意抑制王权及其私欲的无限膨胀，但它却使得符合天意、国家、群体成为道德实践的终极目标，最终忽略了个体之自主、自愿和感官欲望的存在价值。此外，就董仲舒的三纲五常思想自身而言，尽管东汉时期的《白虎通》将三纲扩充为三纲六纪（三纲：君臣、父子、夫妻，六纪：诸父、兄弟、族人、诸舅、师长、朋友），而且有

① （汉）班固：《汉书》，中华书局 2000 年版，第 2516 页。
② 参见杨国荣：《伦理与存在》，上海人民出版社 2002 年版，第 161 页。
③ （清）苏舆：《春秋繁露义证》，中华书局 1996 年版，第 34 页。

效地解决了阴阳、五行之间的平行关系所造成的理论难题，① 然而《白虎通》的观点只不过是以官方的立场重新完善、确立了三纲五常思想的普世性，并未改变其他律性、强制性的基本特征。

随着社会矛盾的不断激化和王权的衰落，在东汉末年的桓灵之世，形式化伦理的弊端就已经显露无遗："君不识是非，臣不辨黑白，取士不由于乡党，考行不本于阀阅，多助者为贤才，寡助者为不肖，序爵听无证之论，班禄采方国之谣。"② 君臣皆以满足私欲为目的，而且用功利的标尺来评价是非、黑白。这种价值取向在选官的过程中便表现为，德性与能力并不是一个人被任用的关键，而起决定性作用的是其能否得到当权者的赏识以及个人的知名度。此外，宦官的骄横跋扈更是助长了价值领域中的混乱。对此，汉末的一些有识之士和太学学生联合起来共同针砭时弊、品评人物，这就是所谓的"清议"运动。尽管有众多的名士，如"三君"、"八俊"、"八顾"，确实对当时的社会舆论产生了重大影响，但经过两次党锢之祸以后，他们试图通过道德评价来恢复社会秩序的努力也以失败告终。与士大夫阶层的改良意图有所不同，东汉末年的黄巾军提出："苍天已死，黄天当立，岁在甲子，天下大吉。"从其所依据的经典——《太平经》来看，黄巾军认为："人有三名，父、母、子。治有三名，君、臣、民，欲太平也。此三者常当腹心，不失铢分，使同一忧，合成一家，立致太平，延年不疑矣。"③ 即君、臣、民应该相互以对方为目的，并且，只有像一家人那样同忧、同乐的"太平"状态才是人所应该追求的理想。这便确立起了与三纲五常截然不同的价值原则。与此同时，东汉末年的思想家如王符、仲长统、崔寔等纷纷批判形式主义的流弊，而且一致强调与个人、社会生存密切相关的经济、财富才是立

---

① 参见徐复观:《两汉思想史》第二卷，华东师范大学出版社 2001 年版，第 237 页。

② 徐干:《中论·谴交》，参见《中国哲学史教学资料汇编》（魏晋南北朝部分），中华书局 1964 年版，第 15—16 页。

③ 王明:《太平经合校·和三气与帝王法》，中华书局 1997 年版，第 19 页。

国之本。概言之，无论是其实际效果，还是理论的影响力，由董仲舒所创立、《白虎通》加以完善的三纲五常思想，在尊卑等级森严的天道观念遭到质疑之后，它非但不能有效地限制贪欲，反而导致了整个社会将感官欲望的满足作为道德实践的基本价值取向。

第二节 《人物志》与政治的德性向度

在现当代魏晋玄学研究领域，撰写《人物志》的刘劭通常被视为玄学的先驱。这样的评价来自于《人物志》所关注的问题以及所使用的方法：首先，探讨与品评人物有关的抽象原理使《人物志》成为汉代清议向玄学清谈演变的标志；[①] 其次，《人物志》所使用的循名责实方法有助于促成玄学的"辨名析理"（即只对名词的内涵进行分析，而不管其外延）。[②] 从实质的层面来看，《人物志》中所蕴涵的问题与方法都是传统形名学（即关于选拔、考核官吏的政治学理论）的主要议题。然而，刘劭在理解政治人伦时是以融会儒道名法作为自己的基本视域，并且将德性确定为调节人类社会生活的根本因素。正是这些新的观念奠定了《人物志》玄学先驱的地位。

一、形名学与德性转向

作为汉末魏初的显学，形名学（也被称为刑名学）并不是严格意义上的语言学或逻辑学，而是一种有关政治人事的理论。[③] 形名学的主要

---

① 参见汤用彤：《汤用彤全集》第一卷，河北人民出版社 2000 年版，第 12—13 页。
② 参见冯友兰：《中国哲学史新编》中卷，人民出版社 2003 年版，第 398—399 页。
③ 汤用彤认为，汉末魏初的名士以政治人伦为核心研究对象，并且皆以综核名实为中

内容有两个方面：一是循名责实，即按照官吏的名位来要求其履行相应的职责；一是检形定名，即考察人的品行、才能以委任其特定的名位。就二者的先后顺序而言，考察、委任官吏是考核官吏的起点。但从刘劭的思想历程来看，他前期所关注的是循名责实，而后期则是以检形定名为自己政治理论的基本原则。并且，通过分析好的人类生活所必需的诸多德性，刘劭开创了魏晋政治、伦理研究的新路向。

刘劭虽然精通诸子百家、学识渊博，但他的仕途始终没有偏离考核官吏这条轨迹：建安年间（汉献帝年号，公元 196—220 年），出任考核地方官吏的"计吏"；魏明帝即位后，参与编纂《新律》，写作《律略论》；景初中（魏明帝年号，公元 237—239 年），又受诏制定《都官考课》（《三国志·刘劭传》）。在《都官考课》中，刘劭一方面用"四科"，即儒学、文史、孝悌、从政等四种标准来考核、录用官吏；另一方面又将百官、都官，即所有的官吏、公卿和内职大臣都纳入了考核的范围。刘劭本人认为："百官考课，王政之大较，然而历代弗务，是以治典阙而未补，能否混而相蒙。"（《三国志·刘劭传》）也就是说，考核官吏是政治的主要事务，而且，是否建立、完善考核制度成为选官成败的关键。《都官考课》显然秉承了形名学的政治主张：一切官吏只有凭借"实"（即自己的政绩）方能被录用或升迁，而所谓的"名"（即四科）则是考核的标准。

《都官考课》所依据的"循名责实"原则遭到了才性论者的质疑，①

_____

心议题。而汉末魏初的名实之辨或形名学主要是为了解决政治人事问题，同时又将"检形定名"作为中心理论。（参见《汤用彤全集》第一卷，河北人民出版社 2000 年版，第 9—12 页）

① 学界对才性论的主题有两种具有代表性的观点：唐长孺认为，才性论所讨论的是政治命题（参见《魏晋南北朝史论丛》，三联书店 1957 年版，第 310 页）；牟宗三则指出，才性论（特别是《人物志》）是从美学的观点来品鉴人的性情的学说（参见《才性与玄理》，广西师范大学出版社 2006 年版，第 40 页）。但概观才性论的理论和实践，其旨趣似乎同现实政治的关系更为密切。此外，就才性论者的著作而言，钟会

并且，这一事件也成为刘劭政治思想发生转变的契机。其中，才性论的精神领袖——傅嘏的评论极具代表性。他首先批评《都官考课》是本末倒置："夫建官均职，清理民物，所以立本也；循名考实，纠励成规，所以治末也。"(《三国志·傅嘏传》)沿用古代的标准考核官吏，不仅无法有效解决复杂多变的具体事务，而且也有可能忽略治理国家之根本，即选拔合格的官吏；其次，选拔官吏应该遵循严格的程序："昔先王之择才，必本行于州闾，讲道于庠序，行具而谓之贤，道修则谓之能。乡老献贤能于王，王拜受之，举其贤者，出使长之，科其能者，入使治之，此先王收才之义也"(《三国志·傅嘏传》)。选官之初要考察候选者是否品行端正、拥有良好的理论修养，在此基础之上，通过试用而后授予其中贤能之士以特定的官职。但汉末魏初的战乱使得乡举里选无法实行，所以吏部只能参考人的名声、家世来录用人才。这样做就有可能忽略候选者的真实品行与才能。在批判"循名责实"原则的同时，傅嘏也表达了自己的选官理论：检形定名，即直接就候选者的真实品行与才能（形或实）来确定所应当担任的官职（名）。

在其本传中并没有关于反驳傅嘏的记载，不过从《人物志》的内容来看，刘劭已经认可了后者的观点。以这一事件为契机，刘劭不仅转变自己的政治理论的视野与角度，而且由此也突破了形名学的藩篱，开始探讨德性对整个人类生活的影响。与其前期所持观点及才性论者观点的显著区别就在于，刘劭后期认为，最高统治者或理想的君主是选官成功与否的基点："夫圣贤之所美，莫美乎聪明。聪明之所贵，莫贵乎知人。知人诚智，则众材得其序，而庶绩之业兴矣。"[1]"聪明"即敏锐的观察

所作《四本论》已亡轶，但依据《世说新语》的注释仍然可知其大概：论"同"是以人的本质释性，以人的本质的外在表现释才；论"异"是以操行释性，以才能释才；其论"合"、"离"者亦皆以操行释性，才能释才，然后讨论两者之间的关系。（参见王仲荦：《魏晋南北朝史》，上海人民出版社1998年版，第754页）

[1] （魏）刘劭：《四部丛刊初编·人物志》，上海书店1989年版。

能力，是理想的君主或伟大的政治家所应该具备的首要德性。而且，能够准确地把握他人的真实品行与才能，即所谓的"知人"，正是这种德性的主要功能。因为只有当每个社会成员的品行与才能都得以合理的应用，整个人类社会才可能实现繁荣、兴旺。强调最高统治者的德性所蕴涵的理论意义就在于，选拔官吏不仅要求候选者有真实品行与才能，而且要求选拔官吏的人也必须有能力发现人才、合理地使用人才。因此，它超越了传统的形名学以及才性论者从单一向度来建构选官制度的方式，把主导选官活动的君主本身也纳入考核的范围。

对于刘劭而言，即使圣人或理想的君主是整个政治事务的轴心，但他仍然需要建构起完善的官僚体系来治理国家。从现实性的角度来看，治理国家是一项复杂的系统工程，所以参与政治活动的人物也是多样性的："是谓主道得而臣道序，官不易方而太平用成。"（《人物志·流业》）如果说圣人或理想的君主必须具备"知人"的能力，那么划分官吏等级次序的依据又是什么呢？在刘劭看来，治理国家所需的人才可以分为十二种：清节家、法家、术家、国体、器能、臧否、伎俩、智意、文章、口辩、雄杰。其中享有较高政治地位的都是拥有德性的人物：清节家仪容端正、品行高尚，"其功足以激浊扬清，师范僚友。其为业也无弊而常显，故为世之所贵"（《人物志·利害》）；国体类型的人才"其德足以厉风俗，其法足以正天下，其术足以谋庙胜"（《人物志·流业》）。通过区分官吏的品质以及对于社会福利的贡献程度，刘劭主张，德性优先于才能是建立官吏等级次序的基本原则。

在建构政治人物评价标准的过程中，《人物志》也表达了刘劭后期思想的全新向度，即由政治事务延伸至日常生活领域。在日常生活的层面上，《人物志》更加明确了德性的实践价值。由于选拔官吏时经常会遇到这样的情况：如何在两个能力相当的候选人中进行选择、取舍？刘劭的观点是："且两贤未别，则能让者为隽矣；争隽未别，则用力者为愆矣。"（《人物志·释争》）也就是说，在能力相同的两个候选人中，可以做到谦让者是更加优秀的人才，而争强好胜者则不能成为优先选拔的对象。而且，崇尚谦让德性的理由是双重性的：一方面，"然则交气疾争者，为易口而自毁也。并辞竞说者，为贷手以自殴"（《人物志·释争》），以胜出他人为目的的行为态度只会引发冲突、争斗，对于相关的双方都会造成伤害；另一方面，"怨在微而下之，犹可以谦德也"（《人物志·释争》），即使发生了微小的争议，但双方持谦让的态度就能够避免灾祸。谦让为主的德性不仅在政治活动中占有一席之地，同时也是个人能否拥有幸福的根本因素，"是以君子举不敢越仪准，志不敢陵轨等。内勤己以自济，外谦让以敬惧。是以怨难不在于身，而荣福通于长久也"（《人物志·释争》）。遵循既定的道德行为规范、以谦让的方式对待他人，既可以为个人赢得良好的声誉，同时也会确保其享有长远的利益。

《人物志》标志着魏初思想界开始转变探讨政治问题方式的倾向。虽然《人物志》的政治理论由才性论思想家的质疑所促成，但刘劭在回应后者的过程中开启了新的理论视域。刘劭后期的政治思想不仅把德性优先于才能确定为选官的基本原则，而且也将理想君主纳入选官理论之中。在某种程度上，圣人或理想君主甚至成为政治实践的核心议题。此外，由选官的标准向日常生活渗透的倾向表明，刘劭已经注意到德性对于整个人类生活的影响。

二、圣人的德性

既然政治的主要内容是，圣人或理想君主用其智慧选拔出具有卓越品质与才能的人物，从而构建起完备的官僚体系以维系社会秩序。那么，考察、分析圣人之所以能够"知人"的原因就成为《人物志》必须回答的问题。刘劭对此的解释是，圣人所具有的中庸之德使其有能力选拔出合格的官吏体系。作为一种完全德性，中庸蕴涵着两种卓越的品质：平淡与聪明。而且，通过揭示圣人的德性，刘劭对德性的实质、原则和类型等问题进行了系统的阐释。

对于中庸这一儒家传统术语，刘劭保留了其作为至善的基本用法，但又赋予了中庸有别于儒家传统的内涵。在形式上，刘劭对中庸的解释是，"是故兼德而至，谓之中庸。中庸也者，圣人之目也"（《人物志·九征》）。中庸首先是指兼备了所有的德性，或者说，就是德性的整体。并且，拥有中庸人格形象的只能是圣人。这与儒家传统观念并没有什么不同。然而，当刘劭从政治领域来界定中庸时，其实质就不仅仅局限于品质，"故偏至之材，以材自名。兼材之人，以德为目。兼德之人，更为美号"（《人物志·九征》）。可以处理某种特定事务只能被称为与之相应的才能，而兼有多种才能则是有德性的表现。在此，刘劭表达了一种新的德性观念：在被解释为人的优秀品质之外，德性还应该含有多种才能的维度。

就其目的而言，《人物志》最终是为了澄清选拔官吏的人必须具备何种德性。因此，刘劭认为，尽管中庸被视为德性的整体，但只有依据选拔官吏这一政治学的主题才是理解其意义的基本框架。或者说，判断德性的原则就是能否有助于选拔官吏活动的成功。在《人物志·体别》篇中，刘劭对这种观点进行了系统地阐述，"夫中庸之德，其质无名"（《人物志·体别》）。由于中庸之德融会了所有德性的优点，所以它虽是德性，但又不能用某种特殊的德性来加以定义。而且，中庸之德具有的超越性特征也使其可以包容任何种类的德性。当然，包容其他德性并不意味着中庸之德是消极、被动的处世态度，因为能够兼容他者就表明其具有与对方相同的能力，这同时也使得中庸之德可以通达或洞察各种人才。

在《人物志》的话语体系中，中庸之德所含有的包容性和洞察人物的能力又被冠以特定的称谓：平淡与聪明。而以包容性为内涵的平淡优先于聪明，"若道不平淡，与一材同用好，则一材处权，而众材失任矣"（《人物志·流业》）。也就是说，平淡的品质必须摆脱偏好所强加于自己的局限性，以各种人才自身的专长来进行鉴赏，最终能在选官的事务中持公正的态度。而且，依据平淡又可以引申出其他的优秀品质。从对待自我的角度来看，如果成为一种"名色"，即将自己限定在特定的用途，那么他就无法在复杂多变的社会事务中获得多种成就。另外，假若人不以自我为中心，那么他就会取得最大的利益，"是故君子之求胜也，以推让为利锐，以自修为棚橹。静则闭嘿泯之门，动则由恭顺之通路。是以战胜而争不形，敌服而怨不构"（《人物志·释争》）。君子追求地位、名誉、财富并不是通过战胜他人的方式，而是在谦让、礼敬他人的前提下，不断完善自我的品行而使自己合理地享有福利，同时又不会引发人我之间的紧张、冲突。

平淡所代表的德性相当于伦理德性，即在风俗、习惯的影响下形成的品质。但伦理德性要成为严格意义上的德性，或者可以确保正确的行为、生活，还必须接受聪明这种理智德性的引导。① 对于伦理德性，刘劭是以会通儒道两家的传统作为自己的基本视域。他认为，"盖人道之极，莫过爱敬"（《人物志·八观》），即人伦规范和德性的实质就是关爱、尊敬他人。无论是儒家的《孝经》、《易经》、《礼》、《乐》，还是道家的《老子》，它们的宗旨都是"爱敬"。而且，这种道德理念也可以被表述为仁义礼智或谦让、不争等多种形式。此外，这些伦理德性与聪明的关系是，"各自独行，则仁为胜。合而俱用，则明为将"（《人物志·八观》）。尽管伦理德性是为了关爱、尊敬他人，然而，只有认识自己所处的境遇、选择恰当的方式之后，人才会有可能实现这一目的。

聪明能够为人提供有效指导的理由就在于，它揭示出事物的本质，使人拥有关于对象的真理性认识。在刘劭看来，真理无外乎四种类型的知识："若夫天地气化，盈虚损益，道之理也。法制正事，事之理也。

---

① 关于伦理德性与理智德性的区分，参见亚里士多德：《亚里士多德全集》第二卷，中国人民大学出版社1992年版，第27页。

礼教宜适，义之理也。人情枢机，情之理也"（《人物志·材理》）。既有
宇宙万物起源与运行法则、处理社会事务的理论，同时也涉及关于个
人行为规范、情感的原理。对于这四种知识，人有可能掌握其中某一
种，也可能兼而有之。而且，理解这些原理必须具有超凡的辩论才能，
"必也聪能听序，思能造端，明能见机，辞能辩意，捷能摄失，守能待
攻，攻能夺守，守能易予。兼此八者，然后乃能通于天下之理"（《人物
志·材理》）。辩论既能帮助人们澄清事实的真相，而且又是认识一个人
的品质、才能的有效途径。此外，聪明也体现在如何选择正确的行为方
式之中，"夫唯知道通变者，然后能处之"（《人物志·释争》），即明白
谦让、不争才会保全自身利益，是最合理的处世态度。

通过分析圣人的中庸之德，刘劭建构起了自己的德性理论：以选官
为主题的政治实践是理解德性的基本视域，而综合儒道两家的传统则能
够制定德性的目录。作为中庸之德的主要内容，平淡与中庸成为第一层
次的德性，由此就可以推论出包容、谦让、爱敬和明理、擅长辩论等第
二层次的德性。而且，聪明所代表的理智德性使圣人有能力识别、检验
人才，从而驾驭官僚体系来处理各种社会事务，所以它们在政治实践的
层面上优先于平淡类型的伦理德性。

三、德性与选官

在《人物志》中，德性既是刘劭评判圣人或理想君主的主要依据，
同时也是其选拔官吏所遵循的基本原则。不可否认，《人物志》鉴别人
才的尺度是多元化的，德性只不过是整个评价体系中的一种因素。但
是，由于德性在考察人才方面所具有的优势，使刘劭最终将其确定为选
拔官吏的理想方式：明确人才的范围、为品评人才的提供理论依据以及
具体实施方法等。

选官可以采取多种途径，但其中有两种却具有明显的缺陷。第一

种就是使用单一的尺度来衡量人的品质、才能；或者是偏重一个人的声誉、身世以及当下的表现；或者是依据选官者自己的好恶、专长；或者是墨守成规、忽视奇尤。(《人物志·七缪》)单一的尺度最终有可能遮蔽了人的真实品质或能力。如果说单一的尺度是不可取的，那么从多重向度考察人才是否就是最好的选择？刘劭对这第二种选官理论也持怀疑态度。他认为，即使一个人在贫富、穷达不同情境中能够展现其品质、才能，但是，"所以知质，未足以知其略。且天下之人，不可得皆与游处"(《人物志·效难》)。也就是说，考察一个人的品质需要花费大量的时间，而他是否具有灵活应变的能力也只有在多种情境中才能被证实。因此，要求选官者与所有人逐一交游之后再进行品评显然是不切实际的观点。更何况，在检验人才的过程中，英年早逝、出身贵贱、社会历史背景等诸多偶然性因素也会造成阻碍。

　　经过分析一般意义上的选官理论之后，《人物志》主张德性是考察人才所必须遵循的原则。首先，德性原则可以限定人才的范围，从而使选官活动得以找到合适的起点。刘劭认为，人之所以能被划分为不同的类型就在于他们的德性各不相同：圣人的品质至善，拥有中庸之德；大雅之人兼有多种德性；小雅之人具有某一种特殊的德性。在小雅之后，所谓的"依似"、"无恒"则是无德之人，"无恒、依似，皆风人末流。末流之质，不可胜论，是以略而不概也"(《人物志·九征》)。"依似"是指其人有某种品质，却并不能表现得适度、恰当；"无恒"则根本就没有恒常的品质。尽管"依似"、"无恒"为数众多，但不能被称为人才或选官的对象。

　　德性在选官中的地位由其功能所决定，即能够增进整个社会的福利。刘劭指出，"不仁之质胜，则伎力为害器；贪悖之性胜，则强猛为祸梯"(《人物志·八观》)。如果没有德性的指引，那么聪明才智、强悍勇猛就会成为邪恶之人的工具。另外，偏激的态度虽然与德性相似，却不是正确的行为，例如"依讦似直，以讦讦善。纯宕似流，不能通道"

（《人物志·八观》）。指责别人的人显得非常正直，但他也许是在攻击善良的人；放荡之人好像很开通，但其实是无视合理的规则。与无德之人相比，拥有"爱敬"德性，"则与道德同体，动获人心，而道无不通也"（《人物志·八观》）。对人的关爱、尊敬不仅符合人类规范，而且能够感动他人使之与己和谐相处；而聪明会使人在特殊的情境中作出正确的判断。

作为选官的基本原则，德性是一切官吏都必须具备的素质。而且，选官者自身的品质更是选官的主导因素。在通常的情况下，人们都认为自己知道什么是人才。然而，事实上，"故以己观人，则以为可知也。观人之察人，则以为不识也。夫何哉？是故能识同体之善，而或失异量之美"（《人物志·接识》）。人们一般所谓的品评人才其实只是以自己的品质、才能衡量他人，而把那些与自己不同的方式视为错误的。如果选官者也持这种立场，那么将无法识别各种类型人才的卓越。因此，合格的选官者应该是，"尽有诸流，则亦能兼达众材"（《人物志·接识》）。能够懂得各种人才的专长，从而以公正的态度为治理国家选拔官吏。

在具体操作的层面上，依据德性选官也是非常的简单、实用。由于"人物之本出乎情性"（《人物志·九征》），每个人的品质、才能都是其天性的体现，并且，天性又是由元气、阴阳二气和五行所构成。所以，通过观察神色、精气、筋脉、骨骼、气色、情感、仪表、容貌、言语等九个方面的特征，一个人的本质就将显露无遗。并且，"其为人也，质素平澹，中睿外朗，筋劲植固，声清色怿，仪正容直，则九征皆至，则纯粹之德也。九征有违，则偏杂之材也"（《人物志·九征》）。人的生理、心理和言行举止都处于良好状态便具有至善德性；如果在上述九个方面有缺陷就表明其只是擅长某种事务；而兼有多种才能则是有德的基本特征。人的天性不仅可以直接显现为某种德性，而且决定了他可能拥有的德性类型。刘劭指出，"夫学，所以成材也；恕，所以推情也。偏材之性不可移转矣"（《人物志·体别》）。学习、教育虽然使人成才，认识事物的真相，但这些努力却无法改变一个人固有的天性。因此，凭借人的天性就能够推论出他的德性。

作为刘劭的后期著述，《人物志》标志着魏初政治理论开始发生转变：从理论的层面来看，曹操所制定的"唯才是举"政策存在着诸多弊端，其中最为明显的地方就是它无法确保整个社会的最大利益，而德性优先于才能的人才评价方式却直接以增进社会福利为目的。其次，对于选官实践，刘劭承认政治的首要任务就是构建完备的官僚体系，但选官不是仅仅与品评人才有关，而更应该注重选官者的德性。尤其是在探讨圣人的德性与选官标准的过程中，《人物志》一方面揭示了德性的实质与类型，另一方面也从功能、所产生的效果以及天性等多重向度上为德性原则提供了有效论证。尽管《人物志》的德性理论在很大程度上被限定在政治领域，然而，它关注圣人、综合儒道的主张却成为随后玄学的主题。

第二章　自然之性与贵无论的道德形而上学

　　汉魏之际的动荡不安与价值观念领域内的混乱不仅促使注重事功的刑名法术之学大行其道，而且也激发一些思想家通过汲取《老子》、《周易》等传统经典中的形上学因素以期为社会秩序奠定理论根基。就当时的思想资源来看，儒学虽然从汉武帝时期就已经取得了独尊的地位，但汉初以来的黄老之学却并未因此而中断，而是借助严尊、扬雄和王充等人的著述得以延续。此外，东汉末年的原始道教将老子尊为教主，并依据宗教化的道家思想发起了大规模的反抗运动，从而使道家的影响力渗透到社会生活的诸多方面。因此，有见于两汉儒学所确立起的价值体系的弊端，以夏侯玄、何晏为首的早期玄学家们，在批判形式化伦理和功利主义的同时，又明确提出道家所倡导的形上学本体才是一切价值的根源。

　　尽管何晏与年轻的王弼都主张"天地万物皆以无为本"[①]，然而他们对"无"或"无为"的理解却存在着差异。何晏所谓的"无"，是指"道"、"自然"，既赋予万物以生命，又使其得以实现自我本性的法则。与何晏

---

① （唐）房玄龄撰：《晋书·王衍传》，中华书局1974年版，第1236页。

不同，王弼所提出的"万物以自然为性"① 观点，一方面指出，自然之性（或天性）即是"无"本身，而且在本体论上优先于道（普遍必然性的法则）。其形而上学的意义就在于明确地将道德原则奠定在人的自然之性及其固有法则基础上，从而开始了由道德他律向道德自律的历程；另一方面凭借自然之性的普遍必然性，即超越了分化、纷繁复杂的现象界，因此具有绝对的完整性、自发性等特征。在揭示了道德原则的形而上学基础及其具体内容之后，王弼通过注解《老子》、《周易》和《论语》等经典，又将其贵无论思想推广到了社会人生的各个层面，这也使真正意义上的玄学道德形而上学在正始期间得以形成。②

第一节　早期贵无论的价值取向

作为魏晋玄学的开端，贵无论在最初所关注的是社会政治问题。早期的贵无论者，如夏侯玄就对曹魏初期的统治方式、官制表现出极大的不满。他认为："官才用人，国之柄也，故铨衡专于台阁，上之分也；孝行存乎闾巷，优劣任之乡人，下之叙也。夫欲清教审选，在明其分叙，不使相涉而已。"③ 选官乃是国家得以存在和正常运行的根本，所以君主必须将台阁与中正官之间的职责加以明确，使二者互不干涉，这样既能

---

① 楼宇烈：《王弼集校释》，中华书局 1980 年版，第 77 页。
② 道德形而上学（metaphysics of morals）是引用康德的术语。康德认为，伦理学是研究自由规律的学问，其经验部分是实践人学，而先天或理性的部分则是道德学或道德形而上学（即从纯粹理性中制定出道德概念和规律）。具体来讲，道德形而上学是探讨道德原则的根源、具体内容及其表达式的学问。此外，道德形而上学也是指包括法权论、德性论的完整体系，即实践理性规律的具体应用。在本文中，道德形而上学兼有研究道德原则基础及其具体应用的双重含义。
③ （晋）陈寿：《三国志》，中华书局 2006 年版，第 179 页。

避免以权谋私、党同伐异等弊端，同时也可以任用有才干的官员以达到治理国家的目的。在此值得注意的是，夏侯玄已经非常明确地提出了自然无为原则，即万物（包括人类和其他生物）都应该按照各自的本性生存，避免干预他者的本性实现活动，是维系生存秩序的前提条件。与夏侯玄主动参政的态度有所不同，何晏则对现实政治纷争所引发的危险深表忧虑："双鹤比翼游，群飞戏太清，常恐失网罗，忧祸一旦并。岂若集五湖，顺流唼浮萍，逍遥放志意，何为怵惕惊。"[①] 在钩心斗角、阴谋诡计的胁迫下，何晏希望凭借回归自然状态来消解内心的焦虑、紧张。因此，无论是改良政治的主张，还是出于自身生存的考虑，现实生活中的诸多困境都使得何晏、夏侯玄等人因无法苟同主流的价值取向而另辟蹊径。

夏侯玄与何晏尽管都推崇无形无名的道、自然，然而前者主要偏重治国策略和官制等具体的政治事务，而后者的兴趣则是通过诠释《老子》、《论语》等传统经典来展开其形而上的沉思和探索。与何晏同时期的思想家荀粲虽然未曾注解《老子》、《周易》、《庄子》，但他却能敏锐地觉察到才性论的局限性："功名者，志局之所奖也。然则志局自一物耳，固非识之所独济也。"[②] 也就是说，功名是个人在为社会、国家作出贡献之后所获得的奖赏，它只不过是人的能力在社会政治事务中的表现而已，不能将其等同于人性的完全实现。荀粲这种从非功利性的视角来审视现实问题的思路与玄学的风格非常相似，只可惜他没有因此而对性与天道进行深入的考察分析。与荀粲天才式的泛论有所不同，何晏是依据自己的从政实践和解经体会而对才性论所提倡的功利取向展开了实质性的批判。他首先比较了当时解决社会问题的几种主要方式："唯深也，故能通天下之志，夏侯太初是也。唯几也，故能成天下之务，司马子元是也。不疾而速，不行而至，吾闻其语，未见其人。"[③] 借用《周易·系

---

① （南朝·宋）刘义庆撰，刘孝标注：《世说新语》，中华书局 1954 年版，第 146 页。
② （晋）陈寿：《三国志》，中华书局 2006 年版，第 195 页。
③ （晋）陈寿：《三国志》，中华书局 2006 年版，第 178 页。

辞》中描述"圣人之道"的话语，何晏指出，夏侯玄由于擅长分析而能够通晓天下之人的意愿，司马师以其机敏可以成就事功，但他们无法达到与道合而为一的神妙境界。对于何晏崇尚玄理的旨趣，作为才性论领袖的傅嘏对其曾进行了严厉的批评："何平叔外静而内铦巧，好利，不念务本。"①在傅嘏看来，何晏表面上追求玄远，但其实质则是为了博取虚名而获得实际的功利。傅嘏的这种观点显然是将贵无论等同于形式化的功利主义取向，并未真正地领会后者的真实意图。然而，也正是通过与才性论者的正面交锋才使得何晏等人将自己的价值理想逐渐明确化。

在揭示才性论或功利主义取向的局限性的同时，何晏也从正面提出了自己的主张，即价值本体必须从形而上的性与天道的层面方能得以确立和界定。首先，何晏指出："有之为有，恃无而生。事而为事，由无以成。夫道之而无语，名之而无名，视之而无形，听之而无声，则道之全焉。"②也就是说，天地万物的生存以及日常事务的完成，都只有奠基在无形无名的"道"之上才有可能。具体来看，"夫道者惟无所有者也。自天地以来，皆有所有矣。然犹谓之道者，以其能复用无所有也。故虽处有名之域，而没其无名之象"③。"道"作为存在本身是不同于有形有名的具体事物，而且其之所以被称为"道"就在于它具有"无所有"的特性。然而，"道"的超验性却并不意味着它是处于万物之外的实体。对此，何晏是借助一些例证来加以说明的："同类无远而不相应，异类无近不相违。"④透过夏天的夜晚和冬天的阴、冬天的白昼和夏天的阳等相互感应的现象，何晏其实是想说明，"自然者，道也"，⑤即天地万物各自的原初禀赋——"自然"就是道的具体表现。从形式上来看，何

---

① （晋）陈寿：《三国志》，中华书局 2006 年版，第 374 页。

② 杨伯峻：《列子校释》，中华书局 1979 年版，第 10 页。

③ 同上书，第 121 页。

④ 同上。

⑤ 同上。

晏的这种观点似乎同两汉天人合类、阴阳五行学说没有什么区别，但它却因为消解了天人感应的目的论、阳尊阴卑和阳善阴恶等内容，与之存在着实质性的差异。此外，何晏把"道"解释为天地万物的本体论依据而非生成论上的根源，其理论意义就体现在他开启了不同于由生命起源、生理构造来构建现实秩序的新视野。

在何晏的话语体系中，道或无不仅是天地万物之整体性存在的基础，而且也是一切价值的根源："无也者，开物成务，无往而不存者也。阴阳恃以化生，万物恃以成形，贤者恃以成德，不肖恃以免身。故无之为用，无爵而贵矣。"① 道直接参与了天地万物的生成、演化过程，并且，它使阴阳具有了衍生万物的能力，同时也赋予万物实现其潜能的动力。在人类社会中，贤者正是由于凭借道才成就了自己的美德，而品质低劣的人则依靠道保全了自己的性命。因此，道所独有的属性使它有"大用"于万物，是万物得以产生和实现潜能的必要条件。此外，从其自身来看，"天道者，元亨日新之道"②。这种观点出自《易经·乾卦》卦辞："乾，元亨利贞。"乾卦《文言》的解释是："元者，善之长也；亨者，嘉之会也；利者，义之和也；贞者，事之干也。"也就是说，元亨利贞是"天"可以产生、范导、造福和成就万物的美德。何晏援引《周易》的意图是想说明，天道本身并不是某种超验实体的意志或人伦观念的表达，而是引导万物面向其诸多可能性生存的法则。

通过对天道的沉思，何晏同时也提出了自己关于人性的理解："性者，人之所受以生也。"③ 由形而上的层面来看，性与天道在本质上是同一的，即性是人存在的内在根据，而道则是天地万物之整体性存在的前

---

① （唐）房玄龄撰：《晋书·王衍传》，中华书局 1974 年版，第 1236 页。
② （晋）何晏：《论语集解》，文渊阁《四库全书》第 195 册，上海古籍出版社 2003 年版，第 571 页。
③ （晋）何晏：《论语集解》，文渊阁《四库全书》第 195 册，上海古籍出版社 2003 年版，第 571 页。

提。以性与天道作为逻辑起点，人的本性便可以获得统一性的规定。然而，当解读人性的具体内容时，何晏的人性论仍然没有摆脱两汉以降的传统，即人性当中蕴涵着分化的因素，或者说道与情之间的张力是区分人性类别的内在根源。对于何晏而言，三类人揭示了三种不同的人性：圣人无情、贤人有情任道、凡人任情。圣人的本性与天道相契合，所以就没有喜怒哀乐的变化。但贤人与凡人却无法避免情感的困扰，只不过前者可以用天道来控制自己的情感，而后者则完全受情感的支配。在此值得注意的是，何晏用天道作为区分人性的标准表明，天道在形而上的领域中优先于性；其次，人性的统一规定和多元化形态之间存在着断层。

对于何晏而言，既然人的本性是以天道作为自己的本质规定，那么人性的自我实现活动便应该是围绕着天道所指明的目标而展开。从个体的角度来看，为了成为"任道"的贤人，人首先要树立起追求"道"的志向，因为"道不可体，故志之而已"。[①] 也就是说，虽然天道是赋予人以生命力的根源，但其无形无名的特性又使人无法将它据为己有。所以，除过圣人之外，普通人只有通过向道而思的过程才能为实现自身的生存意义提供可能性。具体来讲，"志道"包含着两个方面地内容：一是"不虚心不能知道"[②]，即功名利禄会妨碍人领会天道的实质，所以拒斥享乐的生活方式便是求道的起点；一是强调"思权"的必要性："夫思者，当思其反；反是不思，所以为远；能思其反，何远之有？言权可知，惟不知思耳，思之有次序，斯可知矣"[③]。"权"是指权衡、评价活动，其恰当与否就取决于"思"，即依据天道来对实际状况作出判断的能力。如果说"志道"是以个体自身为主的生存方式，那么"仁德"

---

① （晋）何晏：《论语集解》，文渊阁《四库全书》第 195 册，上海古籍出版社 2003 年版，第 587 页。
② 同上书，第 630 页。
③ 同上书，第 612 页。

则是从人我共在的维度揭示了"任道"的另一重意蕴。何晏认为："仁者，行之盛也。"① 仁是最完美的行为方式或德性的理由就在于，其不仅体现了恭顺父兄的人伦亲情，而且表现出对他人的同情、关怀。最终，作为"任道"的结果，个人会成就一种独特的品质："以道为度，故不任意；用之则行，舍之则藏，故无专必；无可无不可，故无固行；述古而不自作，处群萃而不自异，唯道是从，故不有其身。"由于人能够完全以天道作为自己行为的准则，所以他不仅可以消除与习俗的冲突，面向诸多可能性生存，而且又因汲取传统中精粹而彰显个人的创造性。

与一般民众的"任道"实践有所不同，圣人则无须后天的努力。何晏认为，圣人所具有的"名无名，誉无誉"品格就证明其已经与道合而为一，从而摆脱了喜怒哀乐之情的干扰。相对于圣人而言，"凡人任情，喜怒违理"②。也就是说，凡人完全为情感所左右，即使像颜回这样的贤人也只能达到喜怒不违背道而已。为什么圣人能拥有与道为一的境界，而贤人、凡人却不可学、不能至呢？对此，何晏并未给予明确的解释。然而，就其否认圣人是道德实践的结果和严格区分圣凡之间的界限而言，他只有假定人的才能、品性是由各自的天赋所决定方能得出上述结论。尽管何晏的圣人观与此前的才性论者，如刘劭等人的理解具有很多的相似之处，但他侧重形而上的层面界定和评判方式却会对传统的观点造成很大的冲击："自儒者论以老子非圣人，绝礼弃学。晏说'与圣人同'，著论行于世。"③ 从战国诸子争鸣到汉魏之际，士人们普遍认为老子主张绝圣去智、批判仁义礼法的立场同孔子所创立的儒家在价值取向上存在着重大分歧。而何晏则是超越了二者在经验领域中的种种差异，

---

① （晋）何晏：《论语集解》，文渊阁《四库全书》第 195 册，上海古籍出版社 2003 年版，第 604 页。
② 同上书，第 578 页。
③ 张万起、刘尚慈：《世说新语译注》，中华书局 2003 年版，第 171 页。

指出他们都是由于与道合而为一才被尊为圣人的。何晏的圣人观深受当时思想界的认同这一现象说明，以形而上的性与天道作为基本视域，便可以为融会儒道、分析和解决社会人生问题提供可能性。

遵循天道的行为不仅可以成就个人的美德，而且也会通过君主的品质而影响到整个社会、国家的命运。何晏指出："善为国者，必先治其身。治其身者，慎其所习。所习正，则其身正，则不令而行。所习不正，则其身不正，其身不正，则虽令不从。是故为人君者，所与游，必择正人；所观览，必察正象；放郑声而弗听，远佞人而弗近，然后邪心不生，而正道可弘也。"① 善于治理国家的政治家必须注重自己的品行和生活习惯，其理由就在于，君主的美德和好的生活习惯往往是臣民们效仿的榜样，并且可以凭借自身的形象来确证制度的普遍有效性。相反，如果君主本人品行拙劣，却责令臣民们品行端正，那么必将激起后者的反抗。以上两种截然相反的后果说明，君主只有与品行端正的人交往、审慎地对待自己的言行举止，才能承担起弘扬正道的职责。从其所创作的《景福殿赋》来看，何晏所谓的正道是指："远袭阴阳之自然，近则本人物之至情。上则崇稽古之宏道，下则阐长世之善经。"② 也就是说，正道出自阴阳运行的法则和人物的本性，又是被以往的政治实践所证明的至善道理：君主不应该耽于安乐，而是要招纳忠正之士、制定完善的典章制度、杜绝积习相传的繁文缛节。并且，国家在理想化的君主的治理下最终可以实现："规矩既应乎天地，举措又顺乎四时。是以六合元亨，九有雍熙。家怀克让之风，人咏康哉之诗。莫不优游以自得，故淡泊而无所思。"③ 即人类社会的秩序完全与天道相契合，人们一方面拥有善美利物之德，另一方面又可以享有和乐安康之福。在这种生存状态中，每个人都优游自得，情怀淡泊而无邪思。

---

① 《中国哲学史教学资料汇编》（魏晋南北朝部分），中华书局1964年版，第55页。

② 陈宏天等主编：《昭明文选译注》第二册，吉林文史出版社1988年版，第619页。

③ 同上书，第624页。

在曹魏政权的初期，早期的贵无论者不仅为当时的君主所压制，而且同傅嘏、卢毓等才性论者之间的关系也颇为紧张。从价值论的角度来看，二者的对立、纷争其实体现了理想主义和功利主义两种价值取向的对峙。但最终，随着何晏依附曹爽而逐渐进入政治权力的中心，贵无论玄学思想对当时的士人们产生了重大影响。就其价值取向和实践主张而言，虽然何晏已经明确地将道、无、自然等形而上的观念确立为自己审视现实问题的基本原则，然而他同时又沿袭了天道优先于人性、人性的三重区分、忽略情感等传统观点，因而无法由人性自身来为道德原则提供普遍有效的论证。此外，在道德实践中过度强调德性的思想又表达了一种贬低仁义礼法规范系统的倾向。但另外，何晏在拒斥对天道的神学解释、用功利主义理解人性等观点的过程中，使"如何实现人的本性"这一玄学道德哲学的基本问题得到了明确的阐述，而且其依据成德实践来融合儒道的思路又对整个玄学思想运动产生了深远影响。

第二节　道法自然：自律原则的确立

王弼出身于名门望族，其祖父王粲以自己的文学成就而被誉为建安七子之一，并且曾与擅长《周易》、《太玄》的宋忠共同避难于荆州，所以其家族素有研习性与天道的传统。① 从其个人的经历来看，王弼虽然深为何晏、裴頠等人所赏识，但因为他倾心于形而上的沉思而未被曹爽重用。也正是这种仕途的失意才使得他将主要的精力投向《老子》、《周易》（只注解了六十四卦卦爻辞以及文言、彖辞、象辞等部分）和《论语》等经典，从而在诠释传统、审视社会人生问题的过程中全面、详细

---

① 　参见汤用彤：《汤用彤全集》第四卷，河北人民出版社 2000 年版，第 73 页。

地阐述了贵无论玄学的思想观念。据王葆玹先生的考证，王弼是在完成《老子注》之后才开始注解《周易》的①，其实这一次序也正对应于他的哲学体系的逻辑结构：依据《老子》中形上学思想演绎出自然之性及其法则（道），而后在注释《周易》和《论语》的实践中具体说明性与天道同现实人生的关系。

在重新诠释《老子》文本的基础之上，王弼得出了一个非常重要的实践命题："论太始之原以明自然之性，演幽冥之极以定惑妄之迷。"②即凭借追溯天地万物的统一根源来澄清自然之性（本性或天性），其目的则是为了辨明真正符合人性的生存状态和社会类型。这一命题标志着正始玄学乃至整个思想运动的价值取向、致思方式等道德哲学的元理论获得了明确的表述方式。从其对道德原则的论证过程来看，王弼首先借用区别名、称的语义分析方法，在注解"道法自然"时提出，自然之性在本体论领域中优先于道，并且由此而展开了其关于性与天道的沉思。

同其前辈何晏等人相同，王弼也是以无形无名的道、自然作为自己论证的逻辑起点。但王弼的创新之处就在于，他首先通过辨析语言的各种功能来揭示自然之性与其法则（道）之间的差异。王弼认为，语言因其用途的不同而被区分为"名"和"称"两种："名也者，定彼者也；称也者，从谓者也。名生乎彼，称出乎我。"③"名"是用来指称与主体相对的有形事物的符号，并且，"凡名生于形，未有形生于名者也。故有此名必有此形"④。也就是说，"名"同具体的形象或事物是一一对应的，而且前者总是由后者决定。与"名"相比，"称"则是表达了主体对整个世界的认识、态度，因此，它可以不被具体的物象所局限而呈现出较多的观念性。名和称尽管在功能、用法上有所不同，但它们又都是探寻

---

① 参见王葆玹：《正始玄学》，齐鲁书社 1987 年版，第 163—168 页。
② 楼宇烈：《王弼集校释》，中华书局 1980 年版，第 196 页。
③ 同上书，第 197 页。
④ 同上书，第 199 页。

世界之真相所不可或缺的条件或能力："夫不能辨名，则不可与言理；不能定名，则不可与论实也。"① 王弼在认可语言对人之在世所具有的价值意义的同时，另一方面则又指出语言自身的局限性："言者，象之蹄也；象者，意之筌也。"② 即言、象等符号固然可以展现对象及其本质，然而它们却无法取代后者的存在。从人的角度来看，人所追求的是事物本身所具有的义理，而语言符号的只不过是实现这一目标的工具而已。正如蹄、筌与兔、鱼的关系那样，语言也并不能完全等同于义理。根据其对于语言之本质的理解，王弼指出："'道'、'玄'、'深'、'大'、'微'、'远'之言，各有其义，未尽其极也。"③ 道、玄、深、大、微、远等概念虽然从不同的层面展现了存在的真理，但它们都不能穷尽后者所具有的全部意蕴。因此，对于道而言，它是"称中之大也。不若无称之大也"④。而真正的无称者乃是"自然"，因为它的特征是"无称之言，穷极之辞也"⑤。通过上述分析，王弼得出了这样一个基本观点：尽管整个形而上领域都可以用无形无名来加以界定，然而这并不表示其中的要素在地位上是平行的。事实上，作为天地万物之本性或本然存在的"自然"优先于作为本原、法则的"道"。在叹服王弼之思辨能力的同时，我们不难看出，他关于自然的理解方式表现出明显的直觉主义的特点，即语言不能完全揭示出天性的全部内容，所以对其进行论证既不需要也不可能。但这并不等于说，事物的天性无法被领会，还是可以通过各种直接和直觉的确定性来认识它们。

　　王弼不仅凭借语义分析来展开对性与天道之间关系的沉思、探索，而且还在吸收先秦两汉以来道家各派思想的基础上又赋予它们以新的内

---

① 楼宇烈：《王弼集校释》，中华书局 1980 年版，第 199 页。
② 同上书，第 609 页。
③ 同上书，第 196 页。
④ 同上书，第 64 页。
⑤ 同上书，第 65 页。

涵。从王弼之前的道家形而上学的发展历程来看，《老子》全书虽然无性字，但其中所说的德就相当于后来的性①，即形而上的本体、法则在个体身上的体现。而《庄子》则是在真正意义上开启了道家探讨性与天道的关系之先河："道者，德之钦也；生者，德之光也；性者，生之质也。"②在《庄子》看来，人性的实质就展现在前文明的、自在的本然状态中。西汉初期的《淮南子》试图用阴阳五行的宇宙生成论来说明人性："人生而静，天之性也"③，突出了人之天性由于虚静而呈现出的纯白无邪。王弼在承接、融会上述诸家之长的基础上，明确提出了"万物以自然为性"的命题，从而为其重构价值体系奠定了形而上的根基。在此首先值得一提的是，王弼理解人的本性的基本视域是"万物"，即天地万物的整体性或一切存在者的存在。而且，这个涵盖了一切存在者的世界图景是无法用语言来直接加以界定的："无称不可得而名，故曰域。道、天、地、王皆在乎无称之内。"④"域"虽然并不像具体的对象那样可以给出清晰定义，但其自身的本然自在却使它呈现出自明性的特征。从"域"的内在结构来看，人由于君王的统治而成为天地万物一体性存在的构成要素。并且，在道、天、地、王所展现的存在序列当中，用来评判它们的等级先后的标准也是依据其自身的统一性程度来划分的："用智不及无知，而形魄不及精象，精象不及无形，有仪不及无仪，故转相法也。"⑤"用智"是指区别彼此、是非的能力，"形魄"、"精象"、"有仪"等也往往被限定在具体的时空范围之内。所以它们的有限性就说明其并未达到绝对的统一性。相比之下，"道"和"自然"却凭借自身的

① 参见徐复观：《中国人性论史》（先秦篇），上海三联书店 2002 年版，第 314 页。
② （清）郭庆藩撰，王孝鱼点校：《庄子集释》，中华书局 1961 年版，第 810 页。
③ 中国社会科学院哲学研究所中国哲学史研究室编：《中国哲学史资料选编》（两汉之部上），中华书局 1982 年版，第 99 页。
④ 楼宇烈：《王弼集校释》，中华书局 1980 年版，第 64 页。
⑤ 同上书，第 65 页。

无形无相而超越分化的状态，从而可以用来揭示这种原始的统一性，并由于超越了现象界的有限性而获得普遍必然性。

然而，"道"和"自然"所显现的并非是一种抽象的存在方式，因为"法自然者，在方而法方，在圆而法圆，于自然无所违也"①。也就是说，所谓的"法自然"是指以每个个体所固有的本性作为其存在的法则。对此，王弼在注解《老子》第二十章时进行了具体的说明："夫燕雀有匹，鸠鸽有仇；寒乡之民，必知旃裘。自然已足，益之则忧。"②正如燕雀、鸠鸽各有自己的匹配、寒带的居民会穿皮衣那样，每一特定种类、时空中的存在者都有其独特的个性，同时也就体现了它们的自然之性。毋庸置疑，王弼主要是依据《老子》来展开其形上学沉思的。并且在解读道、天、地、人等四大的过程中，王弼延续了前者的传统，即兼顾本体论意义上的存在（being）和人自身之在（existence），在肯定人的存在价值的同时又抑制了人类中心论的取向。③另外，王弼对人性的理解也汲取了《庄子》之注重个体性的基本观点。④而正是这后一种传统使他可以在贯通形而上的本体与个体性存在、天道与人性的立场上，将自然之性或天性解释为多样性的统一，从而避免了早期贵无论者的抽象化和思辨性。

在王弼的话语体系中，"无"是用来特指无形无名的自然（本性或天性）和道（存在法则），其具体的表现方式则为"一"。王弼指出："万物万形，其归一也。何由致一？由于无也。由无乃一，一可谓无。已谓

---

① 楼宇烈：《王弼集校释》，中华书局 1980 年版，第 65 页。

② 同上书，第 47 页。

③ 关于《老子》的形上学思想，参见杨国荣：《庄子的思想世界》，北京大学出版社 2006 年版，第 253—260 页。

④ 关于《庄子》对王弼思想的影响，学界一般并未给予太多的关注。其实，王弼在解读《老子》第二十章和《周易·损卦》象辞时，就是引用《庄子·骈拇》中"自然已足"的观点。此外，王弼又在《周易略例·明象》中引用《庄子·外物》鱼、兔和筌、蹄来解释得意忘象、得象忘言。

之一，岂得无言乎？有言有一，非二如何？有一有二，遂生乎三。从无之有，数尽乎斯。过此以往，非道之流。"① 也就是说，天地万物之所以能够被归结为一个整体，其根源就在于它们都依据相同的本原和法则才得以产生、发展。而这个作为万物之存在根据的"无"便是统一性原理。即使在整个宇宙的生成过程中，它作为"数"（法则或道）也能保持其自身的同一性。虽然一、无具有超越时空的特征，但它们仍然内在于天地万物之中，并且"大无不可以无明，必因于有，故常于有物之极，而必明其所由之宗也"②。即"无"是不能凭借其自身而被认识的，它必须通过有形事物之"极"（极限或整体性）方能得以揭示。这种用来指示本性的"一"不仅体现在万物之整体层面，同时也内在于个体之中："一，数之始而物之极也。各是一物之生，所以为主也。"③"一"既然是最初的开端和根源，那么它也就以其完整性而成为决定个体生命的基本前提。

此外，"一"不仅是天地万物的原初、本真状态，而且也是万物所应趋向的终极目标。就其能够引导万物趋于最终的目标而言，"一"又可以被解释为支配万物由分化、对立回归统一、真实的存在状态的法则。对处于变化之中的现象界，王弼认为："夫情伪之动，非数之所求也，故合散屈伸，与体相乖。"④ 现象由于其真假变幻不定而无法用统一的法则来加以预测，而且这种存在方式本身也是同"体"（即本性）相违背的。但是，如果依据万物之本性或整体性来看："天地以本为心者也。凡动息则静，静非对动者也；语息则默，默非对语者也。然则天地虽大，富有万物，雷动风行，运化万变，寂然至无，是其本矣。"⑤ 尽管

---

① 楼宇烈：《王弼集校释》，中华书局 1980 年版，第 117 页。
② 同上书，第 548 页。
③ 同上书，第 105 页。
④ 同上书，第 597 页。
⑤ 同上书，第 336—337 页。

天地万物的品类繁多、瞬息万变，然而它们无不以趋向绝对的虚静（而不是虚无）为各自的归宿。其实，回归本性或虚静状态只不过是一种理想和应然，而在现实当中的个体往往会被他者或环境所干扰。因此，"物皆不敢妄，然后万物乃得全其性"[①]，即只有每个个体都不敢盲目行动才能确保实现其本性的理想得以可能。

对于王弼而言，体现着天地万物之本性的统一、虚静原理同样也能用来理解人存在的基本特征。就个体而言，作为其形上学思想的具体展开，王弼在解读人性的过程中也始终强调个体存在的完整性。与何晏贬低情感的态度有所不同，王弼认为，尽管人的自然之性是统一、虚静的，但在现实世界的关联整体当中，它又不可能不受他人或环境的干扰、影响。而且，即使是圣人也不能例外："夫明足以寻极幽微，而不能去其自然之性。颜子之量，孔父之所预在，然遇之不能无乐，丧之不能无哀。"[②]也就是说，像孔子那样的圣人，他一方面具有通达万物之理的智慧，另一方面仍然因遇见高足颜回而高兴，因其逝去而悲伤。这说明，喜怒哀乐等情感、欲望虽然不能完全等同于人的本性，但它们是人与外界事物打交道时必然会产生的结果。因此，就其和人性之间的原初关联性而言，情感、欲望同样是完整的人性所应有的内容。既然情感、欲望是人生在世的基本事实，那么这是否意味着人可以放纵自己呢？对此，王弼的看法是："不性其情，焉能久行其正，此是情之正也。若心好流荡失真，此是情之邪也。若以情近性，故云性其情。情近性者，何妨是有欲。若逐欲迁，故云远也；若欲而不迁，故曰近。"[③]也就是说，如果情感、欲望违背了本性，那么人的言行将不能长久地符合正道。相反，只要人能够坚持本性的统一、虚静，他就可以确保情感、欲望得到合理地应用。所以，问题的关键并不在于情感、欲望是否是人性的构成

---

① 楼宇烈：《王弼集校释》，中华书局 1980 年版，第 343 页。
② 同上书，第 640 页。
③ 同上书，第 631—632 页。

性因素，而在于它们所具有的品质——正或邪，即它们能不能为本性提供有效的指导。

人既是以个体的方式存在，同时又是国家、社会中的成员。但从形上学的角度来看："夫动不能制动，制天下之动者，贞夫一者也。故众之所以得咸存者，主必致一也；动之所以得咸运者，原必无二也。"① 天下即国家、社会，乃是众多个人维系其生存的基本前提，而能使这一共同体得以形成、延续的关键因素就在于君主的统治。尽管王弼一再声称："明侯王孤寡之义，而从道一以宣其始。"② 即诸侯、帝王等称号的本义是从道、一而来，真正的统治者就象征着天地万物的统一性。这种礼赞君王的观念同时也折射出对人的社会性的认同。此外，在人我关系方面，王弼依然坚持其整体至上的原则："故灭其私而无其身，则四海莫不瞻，远近莫不至；殊其己而有其心，则一体不能自全，肌骨不能相容。"③ 所谓"私"，是指单纯追求个体自身利益的行为方式，它不仅会激化人我之间的紧张、对立，而且又使自私之人身心受损。相对于"私"的"灭其私"并不等于无视个体的存在，而是展示了无私与自全的内在关联。在此，王弼显然是受到了道家（特别是《老子》）哲学的影响，然而他的观点与道家无私而成其私、强调个体原则之间的差异就在于，王弼主张，个体只有依存于群体、他人才能保全自我。这种立场显示出将个体存在与群体关怀统一起来的意向。④

通过兼收并蓄《老子》、《周易》的形上学思想以及辨名析理的方法论，王弼在注解《老子》的过程中指出，"自然"（本性或天性）才是真正意义上的"无"，所以它在本体论中的地位要优先于作为法则的"道"。并且，依据其对"道法自然"这一命题的重新诠释，王弼明确提出"道"

---

① 楼宇烈：《王弼集校释》，中华书局 1980 年版，第 591 页。
② 同上书，第 197 页。
③ 同上书，第 93 页。
④ 参见杨国荣：《善的历程》，上海人民出版社 2006 年版，第 177—178 页。

以人的自然之性或天性为其形而上学的基础。此外，由于自然之性不同于可以用名、称言说的分化存在状态的具体事物，所以它具有超越现象领域的普遍必然性，而内在于万物之中的自然之性以其先天性又使自主、自发的行为成为可能。然而，这种自发行为却并非是一种非理性的冲动，反而是以统一、虚静的存在状态为终极目标。与汉魏之际的主流道德哲学和早期贵无论玄学思想相比，王弼的"道法自然"观点不仅使道德原则的形而上学基础发生了根本性的转变，即由外在的天意、天道或功利转化为内在的自然之性；同时在揭示自然之性的普遍必然性、自主性、统一、虚静的过程中，明确了道德法则是自然之性自我立法的结果，由此也使道德自律成为可能。

第三节　以无为用与成德实践

王弼对性与天道的沉思并不仅是为了追求思辨的满足，而且希望在反思道德何以可能的基础上来为社会人生问题的解决提供必要的引导。对于王弼而言，个体之自身价值的实现往往是以对本性的理解和所依据的道德原则、行为规范等因素决定："凡物之所以生，功之所以成，皆有所由。有所由焉，则莫不由乎道。……道者，物之所由也；德者，物之所得也。由之乃得，故不得不尊；失之则害，故不得不贵也。"[1] 即每个具体事物的存在以及各种事业的成功，都是因世界之本原、法则的道才有可能，而道内化为天地万物之品质后便体现为德。虽然道作为根本的存在法则是与其自身相同一的，但德却因为受到具体情境的限制而始终有可能被分化、误导。为了避免或化解诸多紧张、对立，从而实现完

---

① 楼宇烈：《王弼集校释》，中华书局 1980 年版，第 137 页。

美的德性，人必须遵循"以无为用"的原则，即不仅要自觉地反思、领会自然之性与道的实质，追求原初、本真的在世状态，同时也要坚决抵制贪欲、功利观念对自己的价值取向和行为方式的误导。这种力图沟通形上与形下、注重认知、意愿和情感之关联整体性的实践主张，其实是从不同的维度展示了自主、自发原则的内涵，并且又以回归具体、统一的在世方式——上德或圣人人格为其目标。

"无"即自然之性与天道，不同于经验领域中的万物，它们是无法以直观的形式展现在人的面前，也就是说不是认知的对象。但不能因"无"的这种先天性而否定认知对于人存在的重要性。事实上，当人身处各种困境之中时，他总是希望通过以合理的方式来避免或化解它们。因此，能够揭示这些问题的实质及其发展趋势的认知能力和各种知识便备受人们的青睐。就知识对于现实人生的价值意义而言，王弼显然是持肯定的态度："得物之致，故虽不行，而虑可知也。识物之宗，故虽不见，而是非之理可得而名也。"① 也就是说，如果人能够认知事物的运行规律的话，那么他在与其相遇之前就可以预测事态的发展状况。而且对事物之本原、本质的了解也会使人在事先便能判断信息的真假、对错。尽管知识在现实生活中扮演着非常重要的角色，然而现象界的变幻莫测以及辨名析理方法的功利化取向都有可能遮蔽人的本性。首先，就认识的对象领域来看："夫情伪之动，非数之所求也；故合散屈伸，与体相乖。形躁好静，质柔爱刚，体与情反，质与愿违。巧利不能定其算数，圣明不能为之典要；法制所不能齐，度量不能均也。"② 处于时空中的一切现象（包括自然界、社会人生等诸多方面）往往纷繁复杂、真伪难辨，即使是最精密的历法也不可能具体地规定好每个发展的细节；即使是最聪明的人也无法建立起普遍必然的法则。因此，在判断经验领域内的吉

① 楼宇烈：《王弼集校释》，中华书局 1980 年版，第 126 页。
② 同上书，第 597 页。

凶、利害时，人必须通过分析现象之间的交互变化、感应方能确定相应的方案。具体物象虽然在表面上的驳杂无序，但事实上："物无妄然，必由其理"①，即万物的运行变化不是盲目的，而总是遵循与之相应的必然之理。② 并且，"统之有宗，会之有元，故繁而不乱，众而不惑"③。假如人能够将天地万物视为一个整体的话，那么他便可以依据这个整体自身的存在法则来看清事物的运行秩序及其目的。

　　而为了达到对万物之整体性存在的理解，人面临着两种通达这一目标的途径或方法。其中之一就是"辨名析理"，即分析概念和逻辑推理。对此，王弼指出："夫不能辨名，则不可与言理；不能定名，则不可与论实也。凡名生于形，未有形生于名者也。故有此名必有此形，有此形必有其分。……能尽极明，匪唯圣乎？能尽极虑，匪唯智乎？……夫敦朴之德不著，而名形之美显尚，则修其所尚而望其誉，修其所道而冀其利。"④"名"不仅可以探寻事物运行的规律，而且也能指称某一具体对象的实存。但它也有可能将人的视域局限在分化、相对的领域内。并且，"名"所象征的逻辑思维能力在揭示事物之真相的同时，也无法避免随之而来的形式化、功利化的价值取向，即追求知识的目的仅仅是为了一己之私利，而不是实现人的本性。有见于辨名析理方法对人的本性的遮蔽，王弼主张通过"得意忘象"和"反诸其身"两个方面来消解认知对德性的误导。对于语言、图像等符号的功能，王弼的基本态度是："夫象者，出意者也。言者，明象者也。尽意莫若象，尽象莫若言。……

---

① 楼宇烈：《王弼集校释》，中华书局1980年版，第591页。
② 对于道（普遍必然的存在法则）和理（特定领域内的行为准则或运行规律）之间的差异，从先秦时期的韩非子就已经明确的做了区分："理者，成物之文也；道者，万物之所以成也。……万物各异理，万物各异理而道尽稽万物之理"。（《韩非子·解老》）
③ 楼宇烈：《王弼集校释》，中华书局1980年版，第591页。
④ 同上书，第199页。

得意在忘象，得象在忘言。"①语言、图像是完全能够展示对象所具有的意义，但只有克服了语言、图像的外在性和相对性，并将其转化为个体的德性方能真正领会它们所显示的完整意蕴。相对于"得意忘象"以超越外在之分化来实现本性的方式而言，人也可以凭借反观自我而通达万物之本性："未有反诸其身而不得物之情，未有能全其恕而不尽理之极也。"②既然人与天地万物都是以统一性、虚静作为其本质规定性，那么反思人的本性其实也就是在展现万物之本性和存在法则。而这种体认自我本性将会形成本真的生存方式："愚，谓无知守真，顺自然也。"③即它是一种有别于以功利为目的的在世状态，而且也正是通过这种遵循自己本性所达到的人生境界——"愚"，方能显示出"自然之智"。在此，王弼显然是把人自身的存在与关于存在本身的理解当作同一个过程的两个方面，从而在形而上的层面展示了德性与认知之间的内在关联。

如果说超越名象所代表的知性思维和反思自身的天性仍然是滞留于思辨的领域，那么自发的抵制众多分化因素对自然之性的误导则展示了"以无为用"的时间向度。从个体自身来看，情感、欲望与人的生存之间具有原始的关联性。纵观王弼关于情感、欲望的论述，他并不否认生理需求的正当性，但又指出："夫耳、目、口、心，皆顺其性也。不以顺性命，反以伤自然。"④也就是说，耳目等感官需求以人的性命（整个生命）的保全为其前提，如果放任它们就会危及人的生命，其实也就是损害了完整的人性。此外，随着欲望的满足与否也会产生喜怒哀乐之情，情感依其使用的方式而被分为正邪两种："不性其情，焉能久行其正，此是情之正也。若心好流荡失真，此是情之邪也。若以情近性，故云性其情。情近性者，何妨是有欲。……但近性者正，而即性非正；虽

---

① 楼宇烈：《王弼集校释》，中华书局1980年版，第609页。
② 同上书，第622页。
③ 同上书，第168页。
④ 同上书，第28页。

即性非正，而能使之正。……而能使之正者何？仪也、静也。又知其有浓薄者。"① 正当的情感以虚静的本性为引导，而不正当的邪情则是因为违背了本性、在欲望的牵引之下所产生。所以，问题的关键并不在于是否应该保留情感、欲望，而是人能否坚持其本性、有效地限制情感、欲望。即使当人性被扭曲、误导之后，人也可以通过一定的礼仪规范来使其回归本真状态。这其中的道理就在于，人的本性只有气禀之多少的区分，而没有或超越了正邪、善恶领域。

情感、欲望是属于个体自身的问题，但人生在世既要面对自我，同时也必须处理与他人之间的关系。王弼认为，合理的人际关系是不能通过功利的方式来实现的："望誉冀利以勤其行，名弥美而诚愈外，利弥重而心愈竞。父子兄弟，怀情失真，孝不任诚，慈不任实，盖显名行之所招也。"② 在功利目的的驱使下，人往往只会注重一己之私利的满足，而把他人仅仅当作是实现个人目的的工具。并且，沉迷于其中的人不仅会遗忘自己的本性，也将由于不能真诚地对待他人而造成人我之间的分化、紧张。与功利化的处世态度不同，真正符合人性的交往方式应该是："夫载之以大道，镇之以无名，则物无所尚，志无所营。各任其贞事，用其诚，则仁德厚焉，行义正焉，礼敬清焉。"③ 也就是说，只有在出自人的本性的统一性原理和虚静原则的范导下，每个人才不会用以自我为中心的方式来处理人我之间的关系。这其实也意味着他是以人我之间的整体性关联作为自己处世的出发点。而且，在用真诚的态度对待他人的同时，也会以实有诸己的德性来避免仁义礼等行为规范的形式化、功利化。

对于王弼而言，"以无为用"不仅是自然之性与天道在个体之生存过程中的体现，而且也是个体成就"上德"的道德实践的目标。相对

---

① 楼宇烈：《王弼集校释》，中华书局 1980 年版，第 631—632 页。
② 同上书，第 199 页。
③ 同上书，第 95 页。

于形而上的天道，德性同人的存在具有更为切近的关联："德者，得也。常得而无丧，利而无害，故以德为名焉。何以得德？由乎道也。"① 德或德性是一种恒定的品格，并且由于它能有效地确保人的各种利益而获得了正面价值或善的内涵。当然，德性之所以会具有如此功能，根源就在于它以性与天道作为自己的本体论依据。尽管德性以有益于人的生存为其基本规定，但在现实的层面上，根据它们实现性与天道的程度而被区分为不同的类别："是以上德之人，唯道是用，不德其德，无执无用，故能有德而无不为。不求而得，不为而成，故虽有德而无德名也。下德求而得之，为而成之，则立善以治物，故德名有焉。"② 上德的特点是它可以完全符合天道而没有个人的偏好，同时它还因为克服了德性与德名、目的与手段的分化而具有了自发、自然而然的品质。下德则是以个人的意志为出发点，并且在有所成就之后，又将这种成就作为评判的标准来强加于其他事物，由此也就形成了"德名"。但"德名"的相对性也使它无法等同于至善，而且又会以其形式化的属性而成为实现诸多"不善"的工具。

从下德自身的特点来看，它们又以是否符合天道和自发原则而被划分为仁义礼智四个等级。就仁德而言，它被称为下德之首的根源就在于："不能不为而成，不兴而治，则乃为之，故有宏普博施仁爱之者。而爱之无所偏私，故上仁为之而无以为也。"③ 仁德固然呈现出泛爱万物的普遍性，但它仍然是刻意或有意识的行为所展示的品质。正是前一方面的特点使仁德获得了"极下德之量"的地位，而后一方面的非自发性又使它不得不被划归下德之列。紧随仁德之后的义主要表达了对公平的向往："爱不能兼，则有抑抗正直而义理之者。忿枉祐直，助彼攻此，

---

① 楼宇烈：《王弼集校释》，中华书局 1980 年版，第 93 页。
② 同上。
③ 同上书，第 94 页。

物事而有以心为矣。"①泛爱万物的理想往往无法在实践中得到兑现，事实上，对某一事物的关爱就会导致对另一些事物的忽略。这会促使受冷淡的一方提出公平对待的要求，也将在随后的是非评判中造成正反两个方面的紧张和对立。至于礼则是起于"直不能笃，则有游饰修文礼敬之者。尚好修敬，校责往来，则不对之间，忿怒生焉"②。人们由于没有真实的德性作为内在的依托，所以只能凭借外在的形式化礼节来规范各种行为。但这种外在的行为准则不仅不能形成真正的德性，反而会造成强制他人就范的工具。如果说，仁义礼是相对于人自身的品质的话，那么"前识"或"智"则是关于外在对象的能力："竭其聪明以为前识，役其智力以营庶事，虽得其情，奸巧弥密，虽丰其誉，愈丧笃实。"③"智"是通过把握对象的本质规律以期达到对之加以有效控制的目的。它虽然可以揭示事物的真相，从而会获得相应的成就和众多的荣誉，但人往往也因沉迷于工具价值而遗忘自身的存在。在考察分析德性的功能以及类别的过程中，王弼显然是以人的本性及其法则为标准，然而他并未像《老子》那样简单地贬低伦理德性的价值。与之相反，王弼首先是以有益于人的存在为基本前提，一方面指出本性的实现与仁义礼智都可以被称为德性，另一方面又依据是否违背本性或违背本性的程度而有上德与下德的等级序列。

德性作为一种实有诸己的品质必然要以人的真实存在或人格展示自己。对于王弼而言，真正具有上德人格形象的便是圣人。他认为："圣人茂于人者神明也，同于人者五情也。神明茂，故能体冲和以通无；五情同，故不能无哀乐以应物。然则，圣人之情，应物而无累于物者也。"④圣人之所以被称为圣人的根源就在于他具有超越常人的智慧，即

① 楼宇烈：《王弼集校释》，中华书局1980年版，第94页。
② 同上。
③ 同上。
④ 同上书，第640页。

具有领会和实践自然之性与天道的能力。"神明"是指其内在的品质，而"五情"则展现了与他人共在的维度。圣人既然要同外在的人物或事物交往，那么他也不可避免会产生喜怒哀乐之情，但其优异、卓越之处在于他不为这些情感所困扰、牵制。而且，也正是这种品格使圣人获得了一种超然的人生境界："浊乱不能污其洁，凶害不能害其性，所以避难不藏身，绝物不以形也。"① 即他并不会因为外在的分化、功利因素而戕害自己的天性之完整性，同时也不逃避现实生活中的诸多困境，从而呈现出融贯道家之超然和儒家之日用即道的综合性品格。在此，王弼显然是侧重于从自然之性与天道的形而上层面来规定圣人的德性，而且他所使用的既现实又超然的方式则比何晏的圣人无情说更为合理、自洽。但这种凭借先天禀赋来理解圣人的思路同时也弱化或否认了德性之实践性、获得性的特点。依据上述的圣人理论，王弼对老子和孔子的德性也进行了具体分析："圣人体无，无又不可以训，故不说也。老子是有者也，故恒言无所不足。"② 也就是说，孔子通过不直接论述性与天道的态度表明，他已经懂得形而上的领域是无法用语言认知等思辨方式来加以把握的，而只能依靠实有诸己的德性方能得以显现。与孔子相比，老子则是试图用玄而又玄的本体论语言描述性与天道，这恰好证明老子是主张以思辨而非实践的方式来通达形上学领域，所以这也导致他的人生境界要低于孔子。

作为自然之性与天道原则在个体生存过程中的具体展示，"以无为用"涉及了认知、情感、意志、德性和人格理想等诸多实践问题。具体来讲，王弼认为，对于性与天道的领会不同于认知万物的方式，其关键就在于自觉地超越知性思维的有限性，并从天道万物之整体性存在或人的天性角度才能理解性与天道的实质。其次，在处理情感和意志方面，

---

① 楼宇烈：《王弼集校释》，中华书局 1980 年版，第 632 页。
② 同上书，第 639 页。

只有消解了贪欲、功利观念的误导，人方能以自发、自愿的方式面对自我和他人。此外，就个体实践的最终目的而言，上德之所以优先于下德，成为人所应该追求的理想，理由就在于，它可以用统一的形态来展现契合自然之性与天道的品格或精神境界。并且，通过评价老子与孔子的优劣，王弼强调上德或人格理想的实现不能仅仅停留在思辨的层面，而是必须内化为认知、情感、意志等诸多维度。不可否认，王弼使用"以无为用"来论证成德实践的思想，从自觉、自愿和自然等多个向度揭示了道德实践的自主性和本真在世的统一性。但是，如果将仁义礼智等行为规范或品质置于下德领域，忽略感官欲望的正面价值的话，那么这也会使"以无为用"暴露出抽象性和不易操作等弊端。

第四节　圣人与政治实践

对于以何晏、王弼为精神领袖的正始玄学而言，尽管政治实践是为了实现人类社会的繁荣、兴旺，但只有当所有的社会成员都具有优秀品质之后才使实现这一终极目的得以可能。因此，人类社会的统治者就必须把培养出社会成员的德性当作自己的首要职责。在正始玄学家们看来，只有圣人才有资格担当人类社会的统治者，因为他不仅清楚好的人类社会生活的完整图景，而且又能够选择正确的方式治理社会。

与同时代的哲学家们相比，正始玄学家们特别强调圣人的首要职责是培养社会成员的德性。在正始之前，刘劭的《人物志》是依据圣人来思考政治问题的经典之作，而且，拥有"聪明"或"知人"智慧的圣人所追求的目标是，"众材得其序，而庶绩之业兴矣"[1]。作为理想的统治

---

① （魏）刘邵：《人物志》，上海书店 1989 年版，"序"。

者，圣人可以确保各种人才展现自己的卓越品质、才能，从而使诸多的行业、事功得以兴盛。尽管刘劭主张圣人评价人才遵循德性优先的原则，但忽略或否认圣人有教化社会成员的义务。对此，正始玄学家们表达了不同的看法：首先，圣人所统治下的社会应该是，"是以六合元亨，九有雍熙。家怀克让之风，人咏康哉之诗。莫不优游以自得，故淡泊而无所思"①。好的人类社会生活是包括了和谐统一、事业兴盛等善的整体，但每个成员的德性或善良的行为也是其中应有的内容。其次，从目的与手段的关系来看，"圣人因其分散，故为之立官长。以善为师，不善为资，移风易俗，复使归一也"②。圣人建官均职一方面是为了整合社会秩序，另一方面则是要引导社会成员养成优秀的品质。因此，不能把圣人实现人类社会生活的手段等同于目的本身。

关于圣人的职责，何晏、王弼虽然有着一致的看法，但后者着重从理论层面上对圣人的道德教化进行系统地分析。王弼认为，传统的儒墨名法阴阳等学派无法为圣人提供合理的政治理论："法者尚乎齐同，而刑以检之。名者尚乎定真，而言以正之。儒者尚乎全爱，而誉以进之。墨者尚乎俭啬，而矫以立之。杂者尚乎众美，而总以行之。"③它们或者是用名誉、地位诱导人们，或者是主张节制情欲以过俭啬的生活，或者是凭借法律的强制性措施来统一人们的行为，或者是强调履行与个人名分相当的责任，或者是以折中态度来调和各种观点。这些学派的主张尽管彼此之间存在着差异，但它们都忽视了培养德性的重要性。

与儒墨名法阴阳等学派相比，《老子》的教诲则是真正依据德性来治理社会。在王弼看来，《老子》一书的宗旨就是："论太始之原以明自然之性，演幽冥之极以定惑妄之谜。因而不为，损而不施；崇本以

---

① 严可均：《全上古三代秦汉三国六朝文》第二册，中华书局1985年版，第1273页。
② 楼宇烈：《王弼集校释》，中华书局1980年版，第75页。
③ 同上书，第196页。

息末，守母以存子；贱夫巧术，为在未有；无责于人，必求诸己。"①《老子》的价值评判标准来源于人的天性：因顺或尊重人的基本生存需要；消除对各种名誉、技术的狂热追求；根据每个人自身的品质来评判是非善恶。

通过澄清《老子》与其他学派的政治主张，王弼又从能否增进人类社会的福利证明《老子》政治理论的合理性。对于人类社会而言，最大的危害莫过于人我、君主与百姓之间的对立、冲突、互相猜忌。究其原因就在于，"夫以明察物，物亦竞以其明避之；以不信求物，物亦竞以其不信应之"②。凭借外在的强制性手段以及不信任的态度来对待他人，其结果只会造成人我之间对立、纷争。与之相反，"无避无应，则莫不用其情矣。人无为舍其所能，而为其所不能；舍其所长，而为其所短。如此，则言者言其所知，行者行其所能"③。在没有外在强制的情况下，人们可以真实地展示自己的情感、意愿。每个人都会按照适合自己本性的方式生存，由此就不可能为各种邪恶的观念所误导。而在这种社会中，人如孩童般纯真、善良，同时也享有和谐、安适的生存环境。

在王弼的话语体系中，尊重人的天性、真诚待人等品质由于可以维系社会秩序而被称为"本"；相反，以圣智、仁义、巧利等为基本内容的才能、行为规范和技术则被称为"末"。利用"本"引导"末"是培养德性的必由之路，而且，首先表现为"崇本举末"。王弼指出，"故不攻其为也，使其无心于为也；不害其欲也，使其无心于欲也"④。为了满足人的生存需要而产生的各种活动、欲望是无可厚非的，但贪欲却超出了这一目的的界限。当贪欲成为行动、生活的指导原则之后，统治者再用法律、道德规范对其进行纠正只会加剧冲突。因此，只有消除人们的

---

① 楼宇烈：《王弼集校释》，中华书局 1980 年版，第 196 页。
② 同上书，第 130 页。
③ 同上。
④ 同上书，第 198 页。

贪欲，使人按照自己的天性生存才能避免"智愚相欺，六亲相疑，朴散真离，事有其奸"①。

本或"淳朴之德"既能根除诸多邪恶的现象，同时使才智、技能、行为规范发挥其应有的功能。与《老子》有所不同，王弼并不否认各种才智、技能、行为规范的意义，"夫圣智，才之杰也；仁义，行之大者也；巧利，用之善也"②。人类社会生活需要认识真相的能力、整合秩序的行为规范以及获取利益的技能，但它们无法确保导致有利于人类自身的结果。对此，王弼的观点是，"守母以存其子，崇本以举其末，则形名俱有而邪不生，大美配天而华不作"③。才智、技能、行为规范只有以本或"淳朴之德"为目的，才会避免邪恶现象的产生，使人拥有和谐有序、幸福自足的生活。

以好的人类生活作为基本视域，正始玄学提出圣人的职责是培养社会成员的德性。并且，在道德教化的过程中，圣人应该遵循《老子》的政治理论。其理由就在于，《老子》不仅是根据人的天性制定价值评判标准，而且又以崇本息末、崇本举末等方式为道德教化提供有效指导。

第五节　唯道是从与圣人的德性

对于正始玄学而言，圣人既然是以培养社会成员的德性作为政治实践的目的，那么他自身也必须具有至善的德性。同时，正是这些稀有、卓越的品质才使圣人成为人类社会的理想统治者。从整体上来看，圣人的德性可以被分为两种类型：宽容与理解"道"。

---

① 楼宇烈：《王弼集校释》，中华书局1980年版，第198页。
② 同上书，第199页。
③ 同上书，第95页。

　　在诠释《老子》、《周易》和《论语》的基础上，正始玄学一致主张圣人必须拥有至善的德性。首先，至善的德性使圣人获得超乎常人的名誉，"若夫圣人，名无名，誉无誉，谓无名为道，无誉为大，则夫无名者可以言有名矣；无誉可以言有誉矣"①。一般人所称赞的只是在某些特定事务中所表现出来的优秀品质，而圣人则是以遵循无名之道（天地万物的统一原理）为其实质。其次，至高无上的政治地位需要与之相一致的德性，"夫位以德兴，德以位叙"②。作为人类社会的最高统治者，圣人享有最高权力的依据就是他的德性，并且由此也会赢得百姓的认可。此外，圣人的德性能够成为引导百姓的榜样，"善为国者，必先治其身。治其身者，慎其所习。所习正，则其身正，则不令而行。所习不正，则其身不正，其身不正，则虽令不从"③。善于治理国家的政治家必须注重自己的品行和生活习惯，其理由就在于，君主的德性和好的生活习惯往往是臣民们效仿的榜样，同时用自身的行为也可以确证制度的普遍有效性。

　　至善是对圣人德性的形式化规定，其实质只有通过"道"才能得以说明。符合"道"的生活具备以下特征："以道为度，故不任意；用之则行，舍之则藏，故无专必；无可无不可，故无固行；述古而不自作，处群萃而不自异，唯道是从，故不有其身。"④人的行为准则必须能够成为普遍必然性的法则：不是根据外在于自我的善来指导自己的生活，但又能与他人或群体的风俗习惯保持一致。在这种主张的基础上，个人就会用导致自身的善或幸福来评判行为、德性。其次，追求自身的善不仅对人类社会有效，而且也是天地万物的统一原理，"道不违自然，乃得其性。法自然者，在方而法方，在圆而法圆，于自然无所

---

①　杨伯峻：《列子校释》，中华书局 1979 年版，第 10 页。

②　楼宇烈：《王弼集校释》，中华书局 1980 年版，第 212 页。

③　（晋）陈寿：《三国志》，中华书局 2006 年版，第 75 页。

④　（梁）皇侃：《论语集解义疏》，上海古籍出版社 2003 年版，第 605 页。

违也"①。"道"作为普遍必然的法则，其实质是不违背天地万物的天性，或者说，可以使每个个体都按照自己的需要来确定各自的生存方式。

如果说人都是以满足自己的天性为目的，那么圣人的德性就表现为"唯道是从"或不违背人的天性。《老子》一书中通常将圣人依据"道"来调节人类社会的德性称之为"玄德"。王弼对这种德性的解释是，"故'生之育之'，不壅不塞，通物之性，道之谓也。'生而不有，为而不恃，长而不宰'，有德而无主，玄之德也"②。正如"道"并不阻碍万物，反而使其按照自己的天性生存，圣人也不会制定诸多的法令、行为规范以强制人们就范。并且，这种不对人的天性进行限制的治理方式是圣人德性的重要内容。此外，顺应天性并不意味着要放弃对社会的治理，而是根据人们的真实需求来调节社会生活。王弼认为，"夫喜、惧、哀、乐，民之自然，应感而动，则发乎声歌。所以陈诗采谣，以知民志风。既见其风，则损益基焉。故因俗之制，以达其礼也。矫俗检刑，民心未化，故又感以声乐，以和其神也"③。诗歌、民谣直接反映了民众的情感和意愿，而统治者则可以通过采风来了解他们的感受，并由此而对现行的各种法令制度进行调整。所以，作为行为规范体系制度化的风俗，礼乐其实与人的天性并不冲突。

不违背人的天性可以视为圣人在处理社会人生问题时所持的基本立场，但这些优秀的品质需要接受理智的引导才能成为严格意义上的德性。从圣人自身来看，他是通过理解"道"来选择自己的生存方式。一方面，"故万物之生，吾知其主，虽有万形，冲气一焉"④。也就是说，"道"的实质是"冲气"，即不受情欲的影响、无私地赋予万物以生命的动力因。同样，圣人明白，"为腹者以物养己，为目者以物役己，故圣

---

① 楼宇烈：《王弼集校释》，中华书局1980年版，第65页。
② 同上书，第197页。
③ 同上书，第625页。
④ 同上书，第117页。

人不为目也"①。基本的生理需要是维系人的生命所必需的因素，但贪欲则会使人失去对自己生命的掌控。因此，圣人只会依据自己的生理需要而不是贪欲来指导自己的生活。另外，人的生活总是在特定情境中展开，只有认识了事实的真相才能有效地应对外部环境的影响。就"道"来看，"周行无所不至而（免）[不危] 殆，能生全大形也，故可以为天下母也"②。由于"道"始终是依据事物本身的状况来发挥影响，所以它就不会遭遇任何危险。在如何面对其他事物的问题上，圣人再次与"道"保持一致，"圣人通远虑微，应变神化，浊乱不能污其洁，凶恶不能害其性，所以避难不藏身，绝物不以形也"③。即使外部世界动荡不安、奸佞当道，然而圣人依然凭借其正确的分析来保持自己的高尚品行。

掌握"道"的实质所形成的智慧即使圣人以合理的方式面对人生问题，同时也会令其在处理社会事务时游刃有余。对于作为理想统治者的圣人形象，正始玄学在开创伊始便强调其应该具有理智德性。何晏指出，理想的君主之所以能够承担起治理社会重任的前提是，"远袭阴阳之自然，近则本人物之至情。上则崇稽古之宏道，下则阐长世之善经"④。也就是说，既要遵循自阴阳运行的法则和人物的本性，同时又不能忽略被以往的政治实践所证明的至善道理。在承接何晏观点的基础上，王弼借助注释《周易》而将其归结为一种基本的德性原则，"是故杂物撰德，辩是与非，则非其中爻，莫之备矣"⑤。正如在《周易》六十四卦众多爻位中，只有二、五爻位才能真正显示出一卦的实质，治理人类社会同样也必须知晓其中具有决定性的因素。所谓"中爻"或

① 楼宇烈：《王弼集校释》，中华书局 1980 年版，第 28 页。
② 同上书，第 63 页。
③ 同上书，第 632 页。
④ 严可均：《全上古三代秦汉三国六朝文》第二册，中华书局 1985 年版，第 1273 页。
⑤ 楼宇烈：《王弼集校释》，中华书局 1980 年版，第 591 页。

"中"象征着政治实践的基本原则，其内容就是"能知稽式"。① 圣人知道，导致诸多社会问题的根源就在于，人们推崇尔虞我诈、为个人牟取利益的技巧；与之相反，消除贪欲则会杜绝各种欺诈、虚伪的现象。

从正始玄学的角度来看，圣人的德性就是"唯道是从"或能够范导社会实现其终极目的的品质。并且，"唯道是从"的实质就是不强迫人们违背自己的天性。虽然正始玄学所谓的不违背天性源自《老子》，但又认为其与礼乐教化并非水火不容。此外，在解决社会人生事务的过程中，正始玄学特别强调理性认知是圣人德性的重要内容，即遵循普遍的原理与分析具体情境都是选择合理生存方式的前提条件。

第六节　圣人与道德理想

在探讨圣人的职责与德性的过程中，正始玄学家同时对古今人物也进行了评价。通过辨别老子与孔子、圣人与常人的异同，正始玄学家不仅揭示出了圣人影响人类社会的方式，而且又用超乎常人的智慧来彰显其卓越的品质。此外，对于正始玄学家而言，关注圣人并非仅仅是出于理论上的兴趣，而更为深层目的则在于为自己确立起人生理想。②

从两汉以至魏初，正统的观念始终认为只有孔子才有资格被称为圣人，而老子是无法与之相提并论的。例如，班固在其《汉书·古今人

---

① 楼宇烈：《王弼集校释》，中华书局 1980 年版，第 168 页。
② 道德理想作为伦理学的议题，其主要内容是希望成为某种特定类型的人、具有特定的品格。道德理想可以依据履行职责或超越任何严格的职责、义务来设定。与责任或原则伦理学相比，德性伦理学更加注重道德理想（例如圣人或英雄）的引导性作用。（参见威廉·K.弗兰克纳：《伦理学》，生活·读书·新知三联书店 1987 年版，第 139—141 页）

表》中就将孔子列为圣人，而老子只不过是贤人而已。然而，这种权威性的解释却受到了正始玄学的挑战，"自儒者论以老子非圣人，绝礼弃学。晏说'与圣人同'，著论行于世"①。虽然老子抨击儒家的圣人及其用礼来指导人类生活的观点，但他在治理社会时所遵循的原则又与孔子的主张相同。因为，从有关二者思想的记载来看，"自然者，道也。道本无名。故老氏曰：'疆为之名。'仲尼称尧'荡荡无能名焉'，下云'巍巍成功'"②。也就是说，老子与孔子都认为"自然"或"道"是圣人调节社会生活的理论依据，也是圣人取得至高无上的名誉、功业的根本原因。

　　既然老子与孔子的实践宗旨是相同的，那么二者就应该享有同等的地位。但事实上，人们对他们的评价却是人相径庭。对此，正始玄学家给出了自己的解释，"圣人体无，无又不可以训，故言必及有。老、庄未免于有，恒训其所不足"③。孔子被誉为圣人的理由是，他既能体悟"无"或普遍必然的行为法则，同时又明白它们只不过是形式上的规定，必须结合具体的行为、生活境遇才能说明其内容。相反，老子却单纯强调澄清"无"的含义，从而仅仅停留在理论分析的层面、忽略了其与社会生活的内在关联。另外，孔子知道，行为规范不仅可以用来实现人的天性，而且也有可能遮蔽这一目标。因此，他最终选择的道德教化方式是，"举本统末，而示物于极者也"④。各种行为规范必须符合人类生活的终极目的，并且，孔子凭借自己的示范引导人们追求适合各自天性的生活方式，而不是制定繁杂的行为规范以强迫人应该如何生活。

　　老子与孔子之间的差异表明圣人是以其人格魅力来影响人类生活，而通过与常人的比较则是从圣人自身界定其所独有的德性。对于圣人的

---

① 张万起、刘尚慈：《世说新语译注》，中华书局 2003 年版，第 171 页。
② 杨伯峻：《列子校释》，中华书局 1979 年版，第 10 页。
③ 张万起、刘尚慈：《世说新语译注》，中华书局 2003 年版，第 169 页。
④ 楼宇烈：《王弼集校释》，中华书局 1980 年版，第 633 页。

德性，正始玄学的初期曾提出一种著名的观点，"何晏以为圣人无喜怒哀乐，其论甚精，钟会等述之"①。也就是说，圣人之所以会具有至善德性，是由于他没有情感、欲望。然而，何晏的论断与其理论并不一致。在正始玄学的语境中，"道不可体，故志之而已"②，"是道不可体，故但志慕而已"③。作为普遍必然的法则，"道"具有无形无象的特征。而人总是以个体化的形式存在，所以他只能期望自己尽可能按照"道"的方式来生存。"道"与人的区别其实已经表明人的天性中必然蕴涵着情感、欲望。

对于正始玄学而言，尽管圣人与常人都有情感、欲望，然而这并不妨碍圣人的卓越品质。而且，承认情感、欲望是人的天性反而有利于说明圣人的德性，"神明茂，故能体冲和以通无；五情同，故不能无哀乐以应物。然则，圣人之情，应物而无累于物者也"④。圣人独特之处就在于，他拥有高于常人的智慧，由此便能够领悟正确的行为、生活方式而与"无"合而为一。恰当地处理情感、欲望也是圣人德性的基本向度，只不过他不会像常人那样为外在的事物所牵累。并且，这种结论也完全契合孔子的生活态度，"颜子之量，孔父之所预在。然遇之不能无乐，丧之不能无哀"⑤。孔子虽然了解颜回无法达到圣人的境界，但他仍然会因为遇到颜回而高兴，同时也会哀悼其早亡。孔子对待颜回的方式证明，评判圣人德性的主要依据是他能否洞察人的天性，而不在于是否有情感、欲望。

从其谈论的对象来看，正始玄学并不局限于老子、孔子以及二者与常人的异同，而是将其自身也纳入到人物评价的范围之内。同其他圣人

---

① （晋）陈寿：《三国志》，中华书局 2006 年版，第 474 页。
② （梁）皇侃：《论语集解义疏》，上海古籍出版社 2003 年版，第 587 页。
③ 楼宇烈：《王弼集校释》，中华书局 1980 年版，第 624 页。
④ （晋）陈寿：《三国志》，中华书局 2006 年版，第 474 页。
⑤ 同上。

理论最显著的区别就在于，正始玄学不仅以圣人为自己的人生理想，同时又依据其所理解的圣人形象来筹划自己的人生。在日常生活的层面，他们并不掩饰自己的个人喜好。例如，何晏热衷于财富、权力，依附曹爽而侵占皇室田产、党同伐异；王弼以己所长讥笑他人。此外，正始玄学家也效仿圣人参与政治实践，并且认为只有自己才能为人类社会提供最好的治理方案：何晏"以神况诸己"，即认为他精通"自然"与"道"，所以比能够洞察人的心愿、擅长事功的人更能有效调节人类社会；而王弼也曾试图用自己的道论来说服曹爽。

从魏晋玄学的演变历程来看，正始玄学的圣人理论成为随后玄学家们在探讨社会人生问题时普遍认可的逻辑起点。通过重新诠释《老子》、《周易》、《庄了》、《论语》等经典，明确圣人的职责是范导社会成员回归自己的天性。而且，在治理人类社会的过程中，圣人由于遵循"道"或不违背人的天性而显示出自己的至善德性。此外，对于正始玄学而言，揭示圣人的职责、德性及其人格形象其实也是在为个人确定道德理想。然而，不违背或顺应人的天性既可以用来展现玄学推崇自愿性原则的道德主张，同时也会因为强调个人自身的善而可能导致利己主义的结论。

从整体上来看，早期贵无论玄学家，如夏侯玄、何晏等人，对才性论思想的批判其实正好为玄学道德形而上学的建构营造了有利的社会历史背景。但只有到正始时期王弼通过汲取道家之《老子》和儒家之《周易》两大传统中的形上学思想，并展开系统的论证之后，贵无论玄学的道德哲学才得以真正形成。在追问道德原则的形上学根据的过程中，王弼依据自然之性在本体论领域优先于作为法则的道这一观点，明确地指出自然之性的普遍必然性、自主性和统一性才是道的实质。并且，从规范个体的"以无为用"和指导政治的"以道治国"双重向度上，具体地论证了自然之性与天道的实践价值、意义。然而，在确立玄学道德形而上学的过程中，王弼虽然使自主性和统一性被置于其道德哲学乃至整个玄学的基本原则，但他也使儒家伦理观念（仁义礼智）的合法性仅限定在道德实践的层面，而其中的人道价值取向却并未被其吸收。由此也导致了道德理论与实践之间的断层，即仁义礼智仍然无法在性与天道的领域奠定其根基。

第三章 虚无主义与竹林玄学的价值重建

    同正始玄学们相比，竹林时期的玄学领袖——嵇康和阮籍所关注的并非是宏观的社会事务，而是与个体生存密切相关的人生问题。[①] 对于汉魏之际的价值危机，嵇康和阮籍都通过诗文来描述了置身其中的个体的精神世界：前者凭借求教于"宏达先生"形式抒发了内心的困惑："宁与王乔、赤松为侣乎？将进伊挚而友尚父乎？"[②] 即在归隐与入仕两种生活方式之间如何取舍；而后者则在其咏怀诗中展示了两种截然相反的人

[①] 关于"竹林七贤"的事迹和称谓之缘起，现当代的学者们从历史学的角度对其展开深入的研究。其中具有较大影响的观点是由陈寅恪所提出："大概言之，所谓'竹林七贤'者，先有'七贤'，即取论语'作者七人'之事数，实与东汉末散君八厨八及等同为标榜之义。迨西晋之末僧徒比附内典外书'格义'风气盛行，东晋初年乃取天竺'竹林'之名加于'七贤'之上，至东晋中叶以后江左名士孙盛、袁宏、戴逵辈遂著之于书（魏氏春秋竹林名士传竹林名士论），而河北民间亦以其说附会地方名胜，如水经注玖清水篇所载东晋末年人郭缘生之述征记中嵇康故居有遗竹之类是也。"（参见《金明馆丛稿初编》，上海古籍出版社1980年版，第181页）但也有学者对这一观点提出质疑，如王晓毅就认为，东晋初期将佛陀说法处多译为"竹园"，而不是"竹林"。所以"'竹林七贤'的传说，可能以某次七人的竹林聚会为原型。时间发生在前期正始九年（248年）的可能性最大，因为该年七贤均无官职，有可能同在山阳。"（参见王晓毅：《郭象评传，南京大学出版社2006年版，第431页）

[②] 戴明扬：《嵇康集校注》，人民文学出版社1962年版，第137页。

生追求："宁与燕雀翔，不随黄鹄飞"①，"愿登太华山，上与松子游"②。正是这种理想与现实之间的两难抉择使二者共同认识、经验了虚无主义，③ 即以名教为象征的传统价值正自行贬黜，同时也获得了一种全新的价值设定的自由。

就玄学自身的演进历程来看，促使嵇康、阮籍特别关注价值问题的原因是多重性的，但正始玄学在道德论证过程中所暴露的弊端和魏晋禅代之际的混乱无序却是其中的主要因素。前者由于忽略了养生、价值评判、交往行为等具体事务，从而无法为个体生存过程中所必须面对的诸多问题提供指导；后者的暴政则使嵇康、阮籍意识到，名教才是戕害人性、造成虚伪品格和社会动荡的根源。因此，身处旧的信仰崩溃，新的信仰尚未确立的过渡阶段，二者的任务是双重性的：一方面要揭示虚无主义的根源；另一方面又要重新规定价值之本质和行为规范体系。在解决虚无主义这一难题的过程中，嵇康、阮籍始终是以自然之性作为其论证的起点和根据。不过，与正始玄学的普遍化诉求有所不同，二者强调，只有追求形神统一、自然一体的意愿才是自然之性的本质规定。具体地来看，嵇康的人性思想侧重个体自身的和谐一致，而阮籍则突出个人同天地万物之间的整体关联。但从二者都以实现自愿原则作为自己的核心议题来看，刘勰的评价就显得颇有见地："殊声而合响，异翮而同飞。"④

---

① 陈伯君：《阮籍集校注》，中华书局 2006 年版，第 235 页。

② 同上书，第 310 页。

③ 在西方现代哲学史上，虚无主义（nihilism）会成为人们关注的焦点的理由就在于，随着传统基督教道德价值的没落，人们不得不面对价值虚无所造成的思想危机。而尼采则用"虚无主义"来命名这种由他本人最先认识到的社会历史现象。在此特别值得一提的是，尼采对虚无主义的理解始终与价值问题密切关联。海德格尔认为，尼采所说的虚无主义是指"最高价值自行贬黜"，即虚无主义是一个过程，是最高价值贬黜、丧失价值的过程。（参见海德格尔：《尼采》，商务印书馆 2002 年版，第 683 页）在此过程中，存在者的一切以往的目标都已经失效，但同时也获得了一种全新的价值设定的自由。

④ 周振甫：《文心雕龙今译》，中华书局 2005 年版，第 428 页。

第一节　虚无主义根源于名教

　　嵇康、阮籍的诗文向我们显示，二者的精神世界又充斥着彷徨和痛苦："将进趋世利，苟容偷合乎？宁隐居行义，推至诚乎？……宁与王乔、赤松为侣乎？将追伊挚而友尚父乎?"[1]"一日复一夕，一夕复一朝。颜色改平常，精神自损消。胸中怀汤火，变化故相招。万事无穷极，知谋苦不饶。但恐须臾间，魂气随风飘。终身履薄冰，谁知我心焦!"[2]嵇康的《卜疑》揭示了个体在追逐名利与清静无为两种生活方式之间的犹豫不决，而阮籍《咏怀诗》则表达了其对年华易逝、世事无常的焦虑。并且，二者各自的论著之间也显示出了明显的不一致。[3]其实，与其说嵇康和阮籍思想中的双重性特征是由于逻辑推论的失误所导致，还不如说是其所处的社会历史背景使然。众所周知，"属魏晋之际，天下多故，名士少有全者"[4]。在司马氏集团取代曹氏集团的过程中，名士们时常因身陷权力纷争而罹难，极其希望在混乱的社会当中为自己确立安身立命之所。身处乱世之中的嵇康和阮籍同样不能超脱于现实的生存境遇之外，但这种人生困境却促使二者从性与天道的层面来反思虚无主义的实质。通过剖析主宰世俗生活的价值观和行为规范，嵇康和阮籍从不同的角度指出，名教这种传统价值体系日益演变为扭曲、戕害人性的工具，所以名教逐渐丧失价值的过程才是引发虚无主义的现实根源。

---

① 戴明扬：《嵇康集校注》，人民文学出版社 1962 年版，第 136—137 页。

② 陈伯君：《阮籍集校注》，中华书局 2006 年版，第 312 页。

③ 对于嵇康和阮籍思想所体现出的不一致，现当代的许多学者已经从社会历史的角度进行了专题化研究。如高晨阳先生曾指出："阮籍早年崇儒；中年由儒入老，倾向于儒道（老）结合；晚年入庄，转向儒道（庄）的对立。"（参见高晨阳：《阮籍评传》，南京大学出版社 2006 年版，第 48 页）

④ （唐）房玄龄：《晋书》，中华书局 1974 年版，第 1360 页。

在两汉之后的叙事语境中，名教的基本含义"是指正统儒学所确认的社会规范、评价体系，同时引申为一般的社会秩序及与之相应的行为方式"①。而有见于名教在东汉以降所暴露出的形式化、功利化弊端，嵇康和阮籍首先从性与天道的形而上层面对其本质进行了探讨。嵇康认为："及至人不存，大道陵迟，乃始作文墨，以传其意，区别群物，使有类族，造立仁义，以婴其心，百家繁炽，开荣利之涂，故奔骛而不觉。"②文字、类族之分、仁义规范、等级名分以及教育等现象，都是人的本真之性和大道衰落之后才有的。并且，上述文明成果在区分人我、扰乱心神的同时，也会以"六经"、"百家"等理论化的形式诱导人们去追逐名利。就名利的实质而言，它是以感官欲望的满足为其基本内容。从嵇康、阮籍关于人性的理解来看，生存本身就是一切价值的本体论前提。阮籍指出："支体不从，身为泥土，根拔枝殊，咸失其所。"③即当生命消亡之后，那么包括规范系统、社会地位、财富和荣誉等现存的价值体系都无法成立。然而，如果感官欲望不加以限制的话，其结果便是："惟五谷是见，声色是耽；目惑玄黄，耳务淫哇；滋味煎其府藏，醴醪煮其肠胃，香芳腐其骨髓，喜怒悖其正气，思虑销其精神，哀乐殃其平粹。"④沉溺于声色享乐之中的常人，由于纵情恣意而使其五脏六腑遭受损伤，并且喜怒无常、神情焦虑同时又会打破其内心的平和。最终，个体生命在众多贪欲和乖戾之情的多重威胁下而趋于死亡。

名教所推崇的功利化价值取向不仅不利于感性生命的维系，同时也会因其片面性而使个体的精神世界处于分化的状态："目视色而不顾耳之所闻，耳所听而不待心之所思，心奔欲而不适性之所安。"⑤目、耳等

---

① 杨国荣：《善的历程》，上海人民出版社 2006 年版，第 158 页。
② 戴明扬：《嵇康集校注》，人民文学出版社 1962 年版，第 259—260 页。
③ 陈伯君：《阮籍集校注》，中华书局 2006 年版，第 165 页。
④ 同上书，第 150—151 页。
⑤ 同上书，第 142 页。

感官功能和心所代表的思维能力各有其专长，并且因为它们之间的关联性而展示了内心世界的完整性。但是，如果目、耳、心等主体能力都局限于其所关注的特定领域之内，那么它们之间的彼此隔绝也将遮蔽适合本性的目标。而这种分化的存在状态一方面意味着人背离其本性，另一方面则往往又以价值取向的方式来影响人言行活动："今子立六经以为准，仰仁义以为主，以规矩为轩乘，以讲诲为哺乳，由其涂则通，乖其路则滞；游心极观，不睹其外；终年驰骋，思不出位。"[1] 当专题化的主张被确立为权威性的行为准则之后，仁义、规矩、讲诲等外在的强制就会转化为获取名利的终南捷径。沉迷于其中的人不仅会使其视野被限定在特定的领域之内，而且会由于因循守旧而丧失一切创造性的思考能力。此外，如果仅仅依据形式化的规范来评判人的行为和品质的话，就很难有效应对实践当中的复杂性："故变通之机，或有矜以至让，贪以致廉，愚以成智，忍以济仁；然矜吝之时，不可谓无廉；情忍之形，不可谓无仁；此似非而非非者也。或谗言似信，不可谓有诚；激盗似忠，不可谓无私；此类是而非是也。"[2] 也就是说，在现实生活当中，人们的行为往往同其内在的品质截然相反，以至于无法用一种固定的标准去区分贪廉、愚智等德性。但仁义、规矩、讲诲等规范恰恰是一些僵化的形式，并且因为它们不能随着具体的情境变化而灵活应变，所以就难以对"似非而非非"、"类是而非是"等现象作出准确的判断。

特定的价值观念既体现在人的存在状态，又因指导人的具体实践而内化为一种稳定的品质。对于那些把仁义礼法等道德规范视为牟取私利的人而言，由于他们"假廉以成贪，内险而外仁。罪至不悔过，幸遇则自矜。驰骋此以奏除，故循滞而不振"[3]。从倡导和践行廉、仁等道德规范的动机来看，符合世俗礼法的君子们其实真正追求的只不过是一己之

---

[1]　戴明扬：《嵇康集校注》，人民文学出版社 1962 年版，第 262 页。

[2]　同上书，第 238 页。

[3]　陈伯君：《阮籍集校注》，中华书局 2006 年版，第 170 页。

私利和对他人的操纵。在行为后果的评价方面，君子们并不认为吉凶祸福与自己的行为举止有什么直接的关联，而其单方面地归咎于周围的环境、运气等外在的因素。而且，在这种侥幸心理的诱导下，人便会形成唯利是图、唯命是从的精神气质。与阮籍侧重对虚伪品质的现象式描述有所不同，嵇康则是从至善的特征以及德性与幸福的关系来论证隐匿真情的消极意义。在嵇康看来，是否显现真情或表里如一的真诚性之所以能够成为评判善恶之标准的根本理由就在于，一方面，"虽云志道存善，心无凶邪，无所怀而不匿者，不可谓无私。虽欲之伐善，情之违道，无所抱而不显者，不可谓不公"①。也就是说，即使人有向善的意愿，但如果他并未将之公之于众，那么他的品质依然具有不够光明磊落的缺点。相反，至于那些夸耀自负、心术不正之人，假如他并不隐瞒自己真实的意图，那么他仍然会因此而表现出了真诚性的品格。另一方面，"是非必显，有善者无匿情之不是，有非者不加不公之大非。无不是则善莫不得，无大非则莫过其非，乃所以救其非也。非徒尽善，亦所以厉不善也"②。坦率地表达自己的是非观念不仅会使善者的德性趋于完善，使品行有缺陷者自觉其过错，而且又可以凭借完善的品格来引导、劝勉不善之人。此外，公（显示真实的是非观念）与私（隐匿真实的是非观念）道德判断的基本前提，同时也是主导与个体利益攸关的后果，如成败、吉凶等方面的根本因素。嵇康指出："是故傲然忘贤，而贤与庆会；忽然任心，而心与善遇；傥然无措，而事与是俱也。"③只有超脱于贤名、隐匿真情等羁绊之外，个人方能真正享受名利、心满意足和行为恰当等众多方面的幸福。然而，隐匿真情的危害性则是双重的：它首先会使人"丧其自然之质"，即损害其身心和谐统一的本然之性。其次，这种品质又会将人置于被动的境地："未有抱隐顾私而身立清世，匿非藏情而信

① 戴明扬：《嵇康集校注》，人民文学出版社1962年版，第235—236页。
② 同上书，第236页。
③ 同上书，第235页。

著明君者也。"①隐匿真情之人既无法立足于清平之世，而且又不可能取得明君的信赖。

在理论探讨的层面上，人存在的诸多维度都可以被当作单独的对象来加以分析，但其统一的形态则唯有通过完整的人格形象方能得以具体的显现。就嵇康、阮籍而言，二者是依据个体对世俗礼法规范的不同态度而将之区分为不同的人格类型。对于那些假借世俗礼法规范来实现其一己之私利的"小人"来说，他们"是以不措为拙，以致措为工，唯惧隐之不微，唯患匿之不密。故有矜忤之容，以观常人；矫饰之言，以要俗誉。谓永年良规，莫盛于兹；终日驰思，莫窥其外；故能成其私之体，而丧其自然之质也"②。"措"的基本含义是措置、安放，同时又具有隐匿、掩藏等引申意思。小人行为的显著特征是：以骄横的态度面对于己无用之人，又极尽阿谀奉承之能事来讨好当权富贵者。这种表里不一、阴奉阳违的处世方式恰好说明，小人只不过是在表面上刻意迎合通行的礼法规范，而其真正的意图却在于获取功名利禄、享受此生之乐。与小人仅仅将礼法规范视为工具有所不同，世俗之君子则主张："服有常色，貌有常则，言有常度，行有常式；……奉事君上，牧养百姓，退营私家，育长妻子，卜吉而宅，虑乃亿祉，永坚固己：此诚士君子之高致，古今不易之美行也。"③世俗之君子是指那些能够恪守礼法规范、积极参与家庭和国家事务的士人，其最终目的同样也是"永坚固己"，即为自己及其家族牟取长久的利益。但与小人的不同之处就在于，君子认为个体的道德水准同礼法规范之间具有内在关联，也就是说，自觉地践行礼法本身就是获得德性、事功的构成性要素。然而，在阮籍看来："汝君子之处区内亦何异夫虱之处裈乎？"④世俗君子的处境其实无异

---

① 戴明扬：《嵇康集校注》，人民文学出版社 1962 年版，第 241 页。
② 同上书，第 240 页。
③ 陈伯君：《阮籍集校注》，中华书局 2006 年版，第 163 页。
④ 同上书，第 166 页。

于裤子中的虱子，他们所持的功利化态度不仅使人隔绝于天地万物之整体性存在，而且也会由于人我之间的相互争斗而无法确保自身性命的安全。如果说小人和世俗君子的生存方式中暗含着重重危机的话，那么与之针锋相对的隐士所持的态度是否便是一种合理的选择呢？对此，阮籍提出其关于隐士的看法："若夫恶彼而好我，自是而非人，忿激以争求，贵志而贱身，伊禽而兽死，尚何显而获荣，悲夫！子之用心也！薄安利以忘生，要求名以丧体，诚与彼无诡，何枯槁而赴死。"① 隐士的愤世嫉俗、离群索居，一方面证明他并未真正摆脱名利观念的束缚，这种贬低世俗价值的态度只不过是为了沽名钓誉、博取更多的现实利益而已；另一方面，即使隐士的确是追求独善其身的生活方式，但他或者由于出离人群而像禽兽那样依靠本能生存，或者又因其清心寡欲、崇尚虚名而损伤生命的健全发展。

名教不止是一种诱导个体背离其本性的规范体系，而且当它成为执政理念之后，就会转化为压制、摧残他人的工具。对于嵇康、阮籍而言，在一个以贪欲和功利为基本价值取向的社会中，真正主宰公共事务的主角则是由君主和众多大臣所组成的官僚体系。而且，君主作为最高统治者，其品性往往是"凭尊恃势，不友不师。宰割天下，以奉其私"②。君主并非是凭借其德性、才能而获得尊贵的地位，只不过是世袭了他们祖辈的君位罢了。并且，当取得了权力之后，世俗君主们并不是选贤任能、克己奉公以造福天下苍生，而是通过专制来满足其私欲。君主的贪婪成性也成为众多臣子们竞相效仿的对象，他们"尊贤以相高，竞能以相尚，争势以相君，宠贵以相加，驱天下以趣之，此所以上下相残也。竭天地万物之至以奉声色无穷之欲，此非所以养百姓也"③。臣子们由于没有君主那样的最高权力，所以他们便会借助相互比较优劣来取

---

① 陈伯君：《阮籍集校注》，中华书局 2006 年版，第 173 页。
② 戴明扬：《嵇康集校注》，人民文学出版社 1962 年版，第 312 页。
③ 陈伯君：《阮籍集校注》，中华书局 2006 年版，第 170 页。

悦君主或上级，并由此而形成了彼此倾轧、钩心斗角的态势。此外，这种功利化的价值取向在制度层面上又表现为："于是惧民知其然，故重赏以喜之，严刑以威之；财匮而赏不供，刑尽而罚不行，乃始有亡国戮君溃败之祸。此非汝君子之为乎？汝君子之礼法，诚天下残贼、乱危、死亡之术耳。"① 在世俗政治实践当中，人们推崇德性、能力的真正目的就在于获取名利和操控他人，而统治者只不过是利用人们的这种心理和礼法规范来满足自己的私欲而已。因此，所谓"君子之礼法"的实质则是维护功利追求、贪欲的工具，但它只能引发君主与臣子、民众之间的紧张和对立，并且最终会因为资金匮乏、民众的反抗而导致整个社会陷入混乱无序之中。

嵇康、阮籍二人以其华丽的文笔向后人描绘了一幅由名教所主宰的人间图景。在个体生活的领域中，感官欲望的满足被确立为根本的价值原则，但过度的纵情恣欲非但不能维系生命的延续，反而只会造成躯体受损、形神分化等消极后果。并且，个人由于功利主义理论的濡染，一方面会面对丧失一切创造性的可能性，另一方面这种形式化的评价方式又不能有效地应对道德实践中的复杂情况。此外，就其所成就的品质及其人格形象而言，功利化的价值取向将会养成表里不一、阴奉阳违的虚伪品质，而且又体现在小人、世俗之君子和隐士等人格形象之中。当然，嵇康、阮籍对名教之危害性的考察并不局限于个体层面，他们同时也指出名教在政治实践中所具有的强制性。至此，嵇康、阮籍通过其对世俗道德、政治现象的分析表明，奠基于贪欲和功利取向之上的行为规范——名教，其实质只不过是戕害、压制人的本真之性的工具而已。

---

① 陈伯君：《阮籍集校注》，中华书局 2006 年版，第 170 页。

第二节 自然一体与和谐

嵇康、阮籍二人是集哲学家的睿智与文学家的敏感于一身的思想家，这种精神气质能够使他们用精妙的诗歌、文艺理论等文学化的手法来展现自己的观点。此外，在思想渊源方面，嵇康和阮籍同样也是由道家的形而上传统来审视社会人生问题。二者凭借重新诠释《老子》、《庄子》和《周易》等经典而汲取其中的宇宙本体论、生成论观点，① 同时结合自身的切身感受，最终提出了"自得"或"意足"、"自然一体"的价值理想。并且，由于他们对"乐"都有非常精深、独到的理解，这也使他们可以通过一种沟通形上与形下、古今的文学化的话语方式来展开自己的论证。

作为整个玄学思想运动的重镇之一，嵇康、阮籍对人性的理解仍然是以天地万物一体性存在为自己的基本视野。但二人又与王弼注重名称分析的本体论思路有所不同，即他们立论的逻辑起点是元气演化万物的宇宙生成论。阮籍认为："天地生于自然，万物生于天地。自然者无外，故天地名焉；天地者有内，故万物生焉。"② 所谓"自然"就是指天地万物作为一个整体性存在本身，它是每一个具体事物得以生存的前提。并且，"自然一体，则万物经其常，入谓之幽，出谓之章，一气盛衰，变化而不伤"③。在这个整体当中，每个个体必然要遵循"气"所固有的法则，即个体事物的生灭变化其实都是"气"由盛到衰的往复运动所导致，而"气"自身的完整性并没有任何损伤。尽管天地万物是一个整体性

---

① 阮籍的《通易论》、《达庄论》和《通老论》分别涉及了《周易》、《庄子》、《老子》等经典，而嵇康只是提到"老子庄周，吾之师也"，并没有直接探讨《周易》。

② 陈伯君：《阮籍集校注》，中华书局 2006 年版，第 138 页。

③ 同上书，第 139 页。

的存在，但这却并不意味着其中的每个个体之间没有等级区分："时不若岁，岁不若天，天不若道，道不若神。神者，自然之根也。"① 也就是说，四时共同展现了一个完整的年轮，一年又是天体运行的一个瞬间，而天体也不得不受宇宙法则的驱使，然而宇宙法则又必然以神（即天地万物之一体性存在本身）为其存在论基础。立足于这种形上学理论，阮籍首先对人的生理构造进行了解释："人生天地之中，体自然之形。身者，阴阳之积气也；性者，五行之正性也；情者，游魂之变欲也；神者，天地之所以驭者也。"② 人是天地万物整体性存在中的一员，所以他也是由阴阳、五行和合而成，并且具有情欲和心神。此外，就人体自身同其各个组成部分之间的关系而言："凡耳目之任，名分之施处，官不易司，举奉其身，非以绝手足，裂肢体也。"③ 人体的每个器官按照各自的名分而发挥其特有的功能，如耳朵所具有的听力、眼睛则具有视力等，而且它们最终都是服务于身体这一完整性的存在。在由宇宙生成论的角度阐发其对人性的理解的同时，阮籍又从人类文明的产物——乐为切入点来反思人之在："夫乐者，天地之体，万物之性也。"④ 即乐虽然是一种人化的产物，但它同样也是用天地万物一体性来规定其本质。具体来看，这种一体性在人便体现为万物、人、天神、地祇的相互映射："故律吕协则阴阳和，音声适而万物类，男女不易其所，君臣不犯其位，四海同其观，九州一其节，奏之圜丘而天神下，奏之方丘而地祇上"⑤。正乐或雅颂之乐一方面揭示了阴阳二气协和、万物类别明确、男女有别、君臣各司其职的秩序化状态，另一方面又以共同的价值观念和行为规范作为其内在的维度。

---

① 陈伯君：《阮籍集校注》，中华书局 2006 年版，第 185 页。

② 同上书，第 140 页。

③ 同上书，第 142 页。

④ 同上书，第 78 页。

⑤ 同上书，第 79 页。

　　奠定在自然一体或原始统一性的理论之上，阮籍由此展开了其对于
人生在世的考察。阮籍认为，真正符合人性的生存状态就体现为："生
恬则情不惑，死静则神不离。故能与阴阳化而不易，从天地变而不移，
生究其寿，死循其宜，心气平治，消息不亏。"① 实现了本性的至人在日
常生活中能使其内心虚静而不被贪欲、功利、智巧所遮蔽，而且由于克
服了对死亡的恐惧而可以保持心神专一。至人的生存方式表明，唯有融
入万物一体之变化的人方能安时处顺，获得身心的完整性。然而，在现
实生活当中，人生在世的样式并非仅有至人所象征的本真的生存方式，
与之相对的另一种可能的生存方式则是由"后世之好异者"所展现："不
顾其本，各言我而已矣，何待于彼，残生害性，还为仇敌，断割肢体，
不以为痛；目视色而不顾耳之所闻，耳所听而不待心之所思，心奔欲而
不适性之所安，故疾病萌则生意尽，祸乱作则万物残矣。"② 这种与人的
天性相违背的生存样式是以人我分化为其基本特征，它主张每个人应该
以自我为中心，并且在实现一己之私利的过程中不惜用钩心斗角、相互
残害的卑鄙行径。另外，以原子式个人为前提的功利主义不仅导致了人
我之间的紧张、对立，而且也使置身其中的个体自身无法获得形神协调
一致。也就是说，由于耳目心神等官能各为其欲求对象所牵制，所以它
们之间彼此隔绝、各行其是就会使完整的生命无法维系。其实，阮籍对
本真与非本真两种生存方式的区分依然延续了《庄子》的传统，即超越
了是非、生死、彼此等分化领域的至人、真人、神人是符合天性的形
态，而与之相对的倒悬、天之戮民则因追逐声色名利而遗忘了发自本性
的原始统一性。但阮籍的观点也并非是照搬《庄子》的模式，他在用统
一、和谐来刻画人性的同时却不否认礼乐等文明成果的价值，而只是为
了揭示原子式的个体以及功利取向是造成人生诸多困境的根源。

---

① 陈伯君：《阮籍集校注》，中华书局 2006 年版，第 144 页。
② 同上书，第 142 页。

　　相对于阮籍的宏大叙事风格，嵇康则是侧重对音乐、养生等具体问题的结构性分析来探寻人性的基本内涵。在此首先值得一提的是，表达嵇康之乐论思想的文本——《声无哀乐论》的主旨是为了说明和谐本性的内在之维。从先秦至魏晋的思想资源来看，儒家从孔子开始便始终强调乐在个体修养、政治教化中的主导作用，而战国中晚期的儒家，如荀子、《乐记》则对乐的起源、本质和功能进行了专题化研究。就乐的起源而言，《乐记》认为："乐者，音之所由生也，其本在人心之感于物也。"① 乐的基本元素——音产生于人心对外在事物的刺激所作出的回应，即喜怒哀乐敬爱等情感。然而，乐与这些情感又有所不同，因为它不是因顺情感，而是要"和其声"，也就是使过度的情感恢复平和。并且，在其表现方式上，"比音而乐之，及干戚羽旄，谓之乐"②。乐是集乐器演奏和舞蹈于一体的综合性艺术表现形式。此外，乐作为人化的产物同时又具有存在论的蕴涵："凡音者，生于人心者也；乐者，通伦理者也。是故知声而不知音者禽兽也，知音而不知乐者众庶是也，唯君子为能知乐。"③ 声、音、乐既是三种不同的声音表达方式，同时也是区分不同存在者的标准。就乐来讲，它不仅使人与其他存在者的类本质差异得以彰显，而且又是评判个体之道德水准的尺度，《乐记》这种用调和情感、区分人伦来解释乐之本质的思想在《荀子·乐论》中得到了系统化的论述："乐者，乐也。君子乐得其道，小人乐得其欲。以道制欲，则乐而不乱；以欲忘道，则惑而不乐。故乐者，所以道乐也。"④ 乐的实质就是快乐的情感，但它并非是感官欲望的实现，而是因言行符合人伦法则、情欲服从理性所获得的满足。

---

① 中国社会科学院哲学研究所中国哲学研究室编：《中国哲学史资料选辑》（先秦之部下），中华书局 1980 年版，第 1505 页。

② 同上。

③ 同上书，第 1505—1506 页。

④ （清）王先谦：《荀子集解》，中华书局 1988 年版，第 382 页。

　　尽管嵇康并不否认乐所具有的和谐、快乐属性以及教化意义，但他却极力主张划清乐与情感之间的界限。嵇康指出："夫五色有好丑，五音有善恶，此物之自然也。至于爱与不爱，人情之变。"① 宫商角徵羽等五声是阴阳五行演化万物的外在表现形式，其本质就在于声调的高低、旋律的快慢协和与否。而且，音乐的本然自在性不仅是由于非情感性的来源，更是因为它有自己的存在法则："音声有自然之和，而无系于人情。克谐之音，成于金石；至和之声，得于管弦也。夫纤毫自有形可察，故离瞽以明暗异其功耳。"② 音乐之所以能够具有和谐之音的现实依据就在于其由金石、管弦等乐器所演奏，而这些乐器自身又是为大小、长短等客观因素所决定。以乐的本然和谐为逻辑起点，嵇康进而论述了这种艺术形式的实质："然乐之为体，以心为主。故无声之乐，民之父母也。至八音会谐，人之所悦，亦总谓之乐。"③ 也就是说，广义上的乐既体现了"心"（人的精神境界或本真的自我），同时也包括取悦于人的情感的和声。然而，只有那种超脱了贪欲、功利之诱惑，可以自发地依据天道和实有诸己的德性生存才是乐得以存在的根源，即"无声之乐"。至此，在论证乐的本质是一种客观形式的过程中，嵇康一方面指出乐并非是喜怒哀乐的表达；另一方面则通过乐之和谐与人的精神境界之间的相关性来说明，"心"或内在的和谐统一才真正显示了人性的本然形态。

　　对于嵇康而言，本性的和谐统一不仅是一种理想或人生目标，而且也具体地展现在人的精神能有效驾驭形骸（涉及欲望、求知意向等方面）的养生活动当中。在嵇康看来，个体生命是由精神与形骸和合而成："精神之于形骸，犹国之有君也。……是以君子知形恃神以立，神须形以存。"④ 生命兼有精神和形骸双重向度，精神为形骸确立了方向，

① 戴明扬：《嵇康集校注》，人民文学出版社 1962 年版，第 204 页。
② 同上书，第 208 页。
③ 同上书，第 223 页。
④ 同上书，第 146 页。

而形骸则是精神得以存在的现实依据。但二者的依存关系并不意味着它们对于生命具有同等的价值。也就是说，精神由于可以确保生命的完整性而居于主导性的地位。而形骸之所以被置于从属地位的理由就在于，其所固有的生理欲望有可能转化为贪欲和牟取私利的心智机巧："所以贵而尚动者，以其能益生而厚身也。然欲动则悔吝生，智行则前识立；前识立则心开而物逐，悔吝生则患积而身危。二者不藏之于内，而接于外，只足以灾身，非所以厚身也。"①嵇康承认生理欲望是生命得以延续的基本前提，并且，关于对象的利害判断也是其是否有益于人的生存。但是，如果人放任生理欲望和求知意向而不加以限制，那么嗜欲将会有损于人的生理健康，"前识"（即以功利为目的的认知活动）则使人异化。因此，为了实现益生、厚身的目的就必须："使动足资生，不滥于物；知正其身，不营于外。背其所凶，守其所吉。此所以用智遂生、养一不尽之道也。"②人只有在节制自己的欲望和明白声色名利之危害的前提下，凭借其追求长生的坚定意愿方能确保自己生命的完整统一。通过其关于养生之道的论述，嵇康显然是弱化了欲望和认知在维系生命方面的价值，又突出了意志选择对于个体生存的重要性。事实上，嵇康在《家诫》中就以主体之志来规定人之在："人无志，非人也。但君子用心，所欲准行，自当量其善者，必拟议而后动，若志之所之，则口与心誓，守死无二，耻躬不逮，期于必济。"③志不仅涉及善恶判断的理性内涵，而且也是绝对主导言行活动的主体力量。而且，由于志所具有的内外一致的真诚性就使它能够全面展示人的存在。

　　尽管嵇康、阮籍依旧沿用了两汉元气衍生万物的宇宙生成论来作为自己人性论的基本预设，然而他们的目标却并不在于说明仁义礼法的自在性，而是为了揭示出符合人性的本真生存状态就体现在万物一体性和

---

① 戴明扬：《嵇康集校注》，人民文学出版社 1962 年版，第 168 页。
② 鲁迅：《鲁迅全集》第九卷，人民文学出版社 1973 年版，第 61 页。
③ 戴明扬：《嵇康集校注》，人民文学出版社 1962 年版，第 315 页。

形神统一。并且，就形式而言，二者主要是借助乐论、养生论等与个体生存密切相关的方面以展开各自的论证。从先秦儒家对乐的理解来看，其主流的观点认为，乐的本质可以用一个"和"字来概括。乐之和在消极方面是指各种相对立性质的东西的消解，其积极方面则是各种异质的东西的和谐统一。[①] 嵇康、阮籍二人既承接了儒家乐论注重统一、整体性的传统，同时又将这一观点延伸到对人的本真存在的探寻过程中。但是，由于他们过度强调万物之间的同一性和个体人格的完整性，使二者的人性论呈现出单一、抽象化的特征。并且，以这种人性论为逻辑起点，二者又提出了其对人生目标的理解："故世之难得者，非财也，非荣也，患意之不足耳"[②]；"必超世而绝群，遗俗而独往，登乎太始之前，览乎沕漠之初，虑周流于无外，志浩荡而自适，□飘飖于四运，翻翱翔乎八隅。欲纵而仿佛，洸瀁而靡拘，细行不足以为毁，圣贤不足以为誉，变化移易，与神明扶。廓无外以为宅，周宇宙以为庐，强八维而处安，据制物以永居：夫如是则可谓富贵矣"[③]。至此，嵇康、阮籍在面对理想与现实之间的两难抉择之时，他们最终皆以超脱贪欲和世俗之功利取向的完整、独立人格为其价值理想。不可否认，嵇康、阮籍对个体原则的推崇固然具有反抗整体主义原则的合理性内涵，但他们由此便单向地追求个体精神世界的完整统一，从而忽略了与他人共在的维度。

第三节　越名教而任自然

　　既然名教是以贪欲和功利作为其基本的价值取向，遵循名教又会扭

① 参见徐复观：《中国艺术精神》，华东师范大学出版社 2001 年版，第 15 页。
② 戴明扬：《嵇康集校注》，人民文学出版社 1962 年版，第 173 页。
③ 陈伯君：《阮籍集校注》，中华书局 2006 年版，第 185—186 页。

曲人的天性，那么消解名教所引发的人生与社会问题的途径便只能是"任自然"或"循自然"，即依据天性自身的法则来生存。但是，"越名教"并不等于要否定感官欲望、人伦关系和社会国家的存在价值，而是指超越那种将人生的意义、目标仅仅限定在感官欲望的满足与因循守旧之内的价值原则、行为规范体系。在悬搁了名教所象征的功利主义理论之后，所谓的"任自然"就可以得到明确的界定。对于嵇康、阮籍而言，它的基本含义是保持本性的和谐统一，而在现实的层面上则既体现在节制欲望、意志独立、言行一致、表里如一等个体生活方面，同时又追求以德性为基本前提来确立起等级分明、选贤任能和注重道德教化的社会理想。

就其自身而言，人存在同时蕴涵着内在（认知、情感、意志）和外在（社会角色以及相应的责任、义务）、理性与非理性、个体性与社会性等多重维度。但从嵇康、阮籍的立场来看，生命的基本特征首先就在于其统一性（阮籍），并且只有当耳目等感官欲望从属于精神的情况下方能得以和谐的生存（嵇康）。然而，在现实生活中，感官欲望或嗜欲往往充当着驱动人们生存活动的基本动力，而由此必将导致五脏六腑受损和逐物不返等可悲的结局。对此，嵇康在其养生理论中曾指出，为了避免嗜欲对个体生命之完整性所造成的威胁，人必须"知名位之伤德，故忽而不营，非欲而强禁；识厚味之害性，故弃而弗顾，非贪而后抑也"①。也就是说，只有当人事先便认识到"名位"、"厚味"会损伤生命的健康，同时又能够自愿地放弃对它们的追求，这样才能真正懂得保养生命的道理，从而可以防止因贪欲形成之后所使用的礼法规范等强制性方式对天性的戕害。嗜欲不仅包括关于对象的认知，而且直接展现于饮食男女等满足感官欲望的活动中。就人们通常所享用的食品来看，五谷杂粮和佳肴美酒往往会污染人的五脏六腑、激发起淫欲和众多的疾

---

① 戴明扬：《嵇康集校注》，人民文学出版社 1962 年版，第 156 页。

病。与之相反，"流泉甘醴，琼蕊玉英，金丹石菌，紫芝黄精，皆众灵含英，独发奇生，贞香难歇，和气充盈，澡雪五臧，疏彻开明，吮之者体轻"①。甘甜的泉水、琼树玉花、金丹石菌等灵丹妙药则具有洗涤五脏、使人充满平和之气、神清气爽等神奇功效。除摆脱嗜欲对生命的诱导之外，人也应该"含光内观，凝神复璞，栖心玄冥之崖，含气于莫大之涘"②。即反思人的本真之性以及天道，向往与天地万物合而为一的精神境界。在极力推崇节制欲望、关注饮食、追求内心平和等主体能力的同时，嵇康也并未忽略先天禀赋、具体的生存境遇对于养生的限制。嵇康认为，既然人是由元气演化而生，那么在生命形成的过程中就会由于禀受元气的多少而产生资质的不同，如神仙则是"似特受异气，禀之自然，非积学所能致也"③。神仙之所以能够长生不死，其根源就在于他们天生如此，并且这是凡人通过后天努力所不可能达到的生存状态。即使是像尧、孔子那样的圣人，其寿命也同样为自己的禀赋所限定。此外，在决定生命的外部条件方面，"不谓吉宅能成福，但谓君子既有贤才，又卜其居，顺履积德，乃享元吉"④。"吉宅"象征着适合生存的居住环境，它与人的能力、德性共同影响着人生在世的过程。因此，人必须像优秀的农夫那样，既要拥有丰富的经验知识，同时也要关注周围的生存环境。而且，只有在兼顾二者的前提下人方能获得"元吉"（包括长寿、财富以及其他各种现实的利益）。

人性的自我实现不仅需要以生命的延续作为其基本前提，而且要通过冲破陈规陋习所制定的条条框框和坚持个人自己的志向、意愿。就人自身的先天禀赋而言，阮籍依据元气衍生万物的宇宙生成论指出："神

---

① 戴明扬：《嵇康集校注》，人民文学出版社 1962 年版，第 184—185 页。
② 同上书，第 193 页。
③ 同上书，第 144 页。
④ 同上书，第 280 页。

者，天地之所以驭者也"①；"神者，自然之根也"②。在宇宙生成论的语境中，"神"主要是指阴阳二气交互感应所引发的不可测度性。而阮籍则是用这种永不停息的运动变化来规定"自然"，即人的本性之中便蕴涵着无限的可能性。与阮籍关于人性的思辨取向有所不同，嵇康通过对历史人物的考察来说明天性中的超越性特征："故尧舜之君世，许由之岩栖，子房之佐汉，接舆之行歌，其揆一也。仰瞻数君，可谓能遂其志者也。故君子百行，殊途而同致，循性而动，各附所安。"③无论是积极参与社会事务，还是以隐居、佯狂等消极态度处世，其所遵循的规则却是相同的。也就是说，只有按照个体自身的天性来生存方能找到属于自己的安身立命之所，获得心灵的安宁。然而，在日常生活当中，通行的功利主义观念和各种陈规陋习往往义是诱导、阻挠个体意愿的现实因素。对此，嵇康着重强调了人的意志在道德实践中的作用："人无志，非人也。但君子用心，所欲准行，自当量其善者，必拟议而后动，若志之所之，则口与心誓，守死无二，耻躬不逮，期于必济。"④所谓"志"就是指在追求人生理想（即回归天性）过程中体现出的坚定意愿。它并不是一种非理性的冲动，而是通过比较各种观点之间的优劣，可以作出符合个体自身之天性的选择能力。并且，在确定了具体的目标之后，意志能够使人言行一致、不为外界因素所干扰，以坚忍不拔的品质来实现属于自己的人生理想。

人生在世显然是无法回避与他人共在这一事实，因此，保全本性的理想不仅需要个体自身的努力，而且同时也不能忽视主体间的交往。对于真正的朋友关系而言，他们之间应该是："贵识其天性，因而济之。"⑤

---

① 陈伯君：《阮籍集校注》，中华书局 2006 年版，第 140 页。
② 同上书，第 185 页。
③ 戴明扬：《嵇康集校注》，人民文学出版社 1962 年版，第 115—116 页。
④ 同上书，第 315 页。
⑤ 同上书，第 123 页。

人和人之所以能够形成莫逆之交，其根本原因就在于相互之间可以尊重对方的天性，并且依据其固有的意愿来提供相应的帮助，而不是横加干涉或逼迫对方就范。此外，在应对朋友之外的他人方面，嵇康通过《家诚》进行了详尽的阐释。嵇康认为，自我作为交往之一方首先要坚持合理的价值取向："凡行事先自审其可，不差于宜，宜行此事，而人欲易之，当说宜易之理。若使彼语殊佳者，勿羞折遂非也；若其理不足，而更以情求来守人，虽复云云，当坚执所守。"①人的行为总是由特定的价值观念所驱使，因此在行动之前就应该用道义原则来审查自己的意图、动机。如果他人想要劝说自己改变初衷，那么他必须讲明如此行事的理由。对于那些更好的观点要心悦诚服地接受，但对不合理而又希望凭借人情关系的请求则应该坚决地回绝。价值取向不仅是以观念的形态存在，而且也可以通过言语的方式来影响实践。所以人在言论之时要做到"非义不言，详静敬道"②，也就是只对那些事关道义原则的事情发表意见，而尽力避免陷入是此非彼的无谓争辩之中。如果说坚持自己的理想信念和言语谨慎是交往行为得以正常展开的内在要求，那么消除他人的嫌疑和功利化取向则是维系和睦的人际关系所必须关注的外在条件。嵇康认为，对于掌控地方行政事务的"长吏"应该持敬而远之的态度，因为"长吏喜问外事，或时发举，则怨者谓人所说，无以自免也"③。与"长吏"的交流尽管是就事论事，但这却有可能使利益受损的一方怀疑与己有关，从而引发人我之间的紧张关系。与对待官吏的方式有所不同，在由常人所组成的生活世界当中，他人赠予自己以丰厚的礼品是一种谋求交好的表现，然而"常人皆薄义而重利，今以自竭者，必有为而作"④。即他人馈赠财物的目的是为了牟取更多的利益，并且这种功利化的形式

---

① 戴明扬：《嵇康集校注》，人民文学出版社 1962 年版，第 318 页。
② 同上书，第 319 页。
③ 同上书，第 317 页。
④ 同上书，第 323 页。

往往会令人违背道义原则。有见于此，嵇康指出："自非所监临，相与无他宜，适有壶榼之意，束修之好，此人道所通，不须逆也。"① 合理的交往方式并非完全拒斥实质性的内容，而是必须是在彼此地位平等、志趣相投的前提下，交往中的饮食、礼品等方面才能获得其正当性。

有别于在名教的濡染下所养成的虚伪品质以及小人、礼法君子等卑劣的人格形象，践行"任自然"原则却能够使人成就独立、真诚的品格，并通过真正意义上的君子和大人先生的生存方式而得以具体的展现。在分析完美德性的过程中，嵇康、阮籍分别从形而上的性与天道、日常在世双重向度上展开了论证。从性与天道的角度来看，"使至德之要，无外而已。大钧淳固，不二其纪，清静寂寞，空豁以俟，善恶莫之分，是非尤所争"②，"至德"即最完美的德性，其本质就在于回归天地万物之整体性存在，并且，由于清心寡欲、悬搁关于善恶和是非的价值判断而可以恒久地保持本性的统一性。另外，就其在日常生活的表现而言，德性的卓越又呈现出以下特点："文明在中，见素抱朴，内不愧心，外不负俗，交不为利，仕不谋禄，鉴乎古今，涤情荡欲。"③ 德性不仅可以有效地节制个人的情感欲望、心神平和，而且又能以非功利的态度来面对他人和社会事务。当然，德性既在内在维度上表征着本真的自我，又凭借指导人的言行活动而外化为特定的人格形象。具体讲，在驱动行为的动机方面："君子之行贤也，不察于有庆而后行也；任心无穷，不议于善而后正也；显情无措，不论于是而后为也。"④ 真正的君子是不受行为后果、功利目的、外在的评价以及行为规范等外在因素所强制的，而是自发地依据道义原则来展示自身的优秀品质。此外，真正意义上的君子更关注自己的言行、表里是否一致，所以他是以自我评价的方式来衡量其

---

① 戴明扬：《嵇康集校注》，人民文学出版社 1962 年版，第 322—323 页。
② 陈伯君：《阮籍集校注》，中华书局 2006 年版，第 150 页。
③ 戴明扬：《嵇康集校注》，人民文学出版社 1962 年版，第 142 页。
④ 同上书，第 235 页。

在世的状态："所措一非，而内愧乎神；所隐一阙，而外惭其形。言无苟讳，而行无苟隐。不以爱之而苟善，不以恶之而苟非。心无所矜，而情无所系。体清神正，而是非允当。"① 君子是不可能隐讳自己的过失、缺陷，因为他内心的愧疚与外在的表情都直接显示着其对自己行为的看法。并且，当君子在进行是非判断之时，他不为个人的好恶之情所干扰，从而可以得出公正的结论。在嵇康、阮籍看来，拥有独立、真诚的品格不仅能够体现形神和谐统一的本性，而且也塑造了一种超凡脱俗的人格形象："是故不与尧舜齐德，不与汤武并功；王许不足以为匹，阳丘岂能与比踪，天地且不能越其寿，广成子曾何足与并容。"② 大人先生作为价值理想的化身，其德性、形象比上古的帝王、传说中的隐士以及世俗生活中的圣贤更为完美。尽管这种人格形象表达了个人冲破传统权威的勇气，然而所崇尚的独立自在性也使其远离现实世界，而更加接近于道教观念中的神仙形象。

嵇康、阮籍二人虽然极力推崇人格的独立自主性，但这并不意味着他们否认社会、国家所具有的价值意义。事实上，两人都明确指出，个体只有在社会这个整体当中扮演特定的角色方能得以生存。在嵇康、阮籍看来，社会之所以能够合理运行，其根源就在于有圣明君主的治理："民不可无主而存，主不能无尊而立。故为天下而尊君位，不为一人而重富贵也。"③ 在明君的引导下，社会才有可能以统一的形态存在，而且社会之整体性又为每个人实现其本性提供了基本前提。也正是君主在维系社会国家方面所体现出的重要性才使他获得了尊贵的地位，而并非是因为他享受富贵而受到尊敬。从历史的角度来看，上古时期的三皇五帝恰恰出现在"值人物憔悴，利用不存，法制夷昧，神明之德不通，万

---

① 戴明扬：《嵇康集校注》，人民文学出版社 1962 年版，第 242 页。
② 陈伯君：《阮籍集校注》，中华书局 2006 年版，第 186 页。
③ 戴明扬：《嵇康集校注》，人民文学出版社 1962 年版，第 170 页。

物之情不类"①。即圣王们有见于民众因物资匮乏、制度荒废而遗忘其本性，所以他们通过考察天地万物的本质以确定八卦，并由此而制造出各种生活用具和鼓励贸易往来，从而使人们可以从事适合各自天性的职业，获取每个人自己的幸福。然而，圣王不仅通过其事功来确保民众的生命安全，而且依据人的本性创制出了能够调和其身心、彼此关系的"乐"。"乐"一方面在未分化的世界中发挥着沟通天地人神的作用，另一方面又可以纠正因贪欲、功利取向所引发的社会问题。既然圣王、明君是整个政治生活的中心，因此，他们也就成为了社会优劣的象征："三皇依道，五帝仗德，三王施仁，五霸行义，强国任智，盖优劣之异，薄厚之降也。"②三皇五帝凭借人性所固有的法则，即道和德来治理整个社会，而其后的三王、五霸则是用外在的规范体系和智谋统治。这种执政理念上的差异也就导致了社会形态的优劣之分。此外，在政治制度的层面上，与"君子之礼法"有所不同，合理的政治制度应该是："礼定其象，乐平其心；礼治其外，乐化其内。礼乐正而天下平。"③礼是用来区分尊卑等级和指导言行的规范体系，而乐则是调和形神、主体间关系的教化方式，只有将二者结合起来才能使社会成为和谐统一的整体。尽管嵇康、阮籍二人承认作为外在强制性措施的礼所具有的重要性，然而他们却更加注重乐的引导功能。他们认为，真正意义上的乐既可以限制人的情感欲望、协调形神关系，又能够在成就德性的过程中使社会成员之间和睦相处。乐除了是政治理念以及相应的制度之外，它还可以在社会风气出现衰败迹象的时候，通过声乐的方式讽谏而引起统治者的反思和采取有效措施来加以补救。

　　在亲身经历了魏晋之际的混乱无序之后，嵇康、阮籍敏锐地觉察到，以贪欲、功利目的为其价值取向的行为规范体系——名教才是造成

---

① 陈伯君：《阮籍集校注》，中华书局 2006 年版，第 105 页。
② 同上书，第 160 页。
③ 同上书，第 89 页。

戕害人性、养成虚伪品格的真正根源。有见于名教所具有的危害性，嵇康、阮籍从不同的角度阐释了"任自然"或"循自然"对于人存在的意义。就其形上学的基本特征而言，嵇康、阮籍依然延续了宇宙生成论的思想传统，同时他们着重突出了天地万物的整体性存在，但二者只不过是凭借其乐论来具体说明形神、人我之间的和谐统一才是自然之性的本质所在。从整个玄学道德哲学演进的历程来看，嵇康、阮籍关于自然之性的理解不仅使儒家的乐论在贯通形上本体与人存在的视域中被提升到性与天道的高度，而且也因二者用乐之和谐解释自然之性而彰显了融合儒道的价值取向，同时也使得正始玄学所提出的自主性、统一性原则向个体的精神世界深化。此外，就二者的实践主张而言，他们指出，只有依据节制欲望、保持人格的独立和坦诚以及圣人的教化等方式，才能确保人性的完整性和本真性。并且，通过考察、分析二者的著述，我们会发现，嵇康、阮籍其实并不否认人伦规范、社会国家对于人生在世的价值意义，而且力图探寻一条既能消解功利化取向对人的诱导，又能够在世俗生活中成就优秀品质或德性的可行方案。

毋庸置疑，嵇康、阮籍二人所独有的敏感性使他们觉察到，虚无主义是魏晋之际价值领域所无法回避的事实。凭借个人的阅历和对世俗价值观念的批判，嵇康、阮籍明确指出，传统的价值体系——名教日趋工具化，而正是这种最高价值的自行贬黜才是引发虚无主义的根源。但在重建价值的过程中，二者由于在养生理论、乐论中过度强调内在的和谐而显示出禁欲的倾向，并且在人格理想方面也表达向往神仙境界的异端思想。① 就

---

① 据《晋书·嵇康传》："至汲郡山中，见孙登，康从之游，登沈默自守，无所言说。康临去，登曰'君性烈而才隽，其能免乎？'康又遇王烈，共入山，烈尝得石髓为饴，即自服半，余半与康，皆凝而为石。"（参见（唐）房玄龄：《晋书》，中华书局1974年版，第1370页）又《晋书·阮籍传》："籍尝于苏门山遇孙登，与商略终古及栖神导气之术，登皆不应，籍因长啸而退。至半岭，闻有声若鸾凤之音，响乎岩谷，乃登之啸也。遂归著《大人先生传》，……"（同上书，第1362页）

禁欲主义的本质而言，"生命在禁欲主义理想中，并通过禁欲主义理想和死亡搏斗，抗拒死亡，禁欲主义理想是一种用来维持生命的艺术"①。也就是说，禁欲主义是借助抑制生理需要来延续生命，然而，这种艺术非但不能实现人的存在价值，反而会因否认生理需要的合理性而虚无生命本身。此外，在道德实践的领域，他们注重个体意愿的价值取向使自愿原则得到了空前的提升，但价值理想如果失去了规范系统的有效引导之后，不仅使其自身容易被遮蔽，而且也会最终流于非理性。

---

① 　[德] 尼采：《论道德的谱系》，周红译，三联书店 1992 年版，第 97 页。

第四章　独化论与道德相对主义

　　从曹操推行"唯才是举"政策开始，整个魏晋时期的官方意识形态由刑名法术所掌控。在这种功利取向所引发的暴力、杀戮的胁迫下，敏感的士人们对身心分裂、人际关系的紧张和社会的动荡深表忧虑。并且，对于导致这一切的形式化伦理和功利主义都有着切身的体会。所以，他们希望通过实行以回归虚静本性的老庄哲学来化解现实中的生存困境。但是，目睹了正始玄学在高平陵政变中所遭受的挫折，尤其是身处魏晋禅代之际的乱世，以阮籍、嵇康为首的竹林名士已经放弃了从形而上层面来调和天性与外在的礼法规范系统的乐观态度，转向了直接从和谐统一的本性以重建社会人生秩序的思考方式。从形式上来看，阮籍、嵇康确实对世俗的礼法进行了猛烈的抨击，然而他们只不过是想借此极端的方式来为恢复本真的形神、人我关系肃清障碍罢了。但价值理想如果失去了规范系统的有效引导之后，不仅使其自身容易被遮蔽，而且也会最终流于非理性。事实上，西晋中期的放诞之风就证实了阮籍、嵇康思想的弊端。有鉴于此，由裴頠所代表的正统儒者，在分析了老庄哲学的宗旨及其实际影响的基础上，重新肯定了礼法刑政对于社会人生的正面价值。

　　与裴頠同时代的郭象，一方面承认现实等级制度的合理性，另一方面又坚持玄学崇尚天性的传统。但是，郭象的道德思想以独化论（即每个个体都是独自产生和生存、具有其独特的个性）作为自己的形上学依据。这种理论不仅彻底消解了关于超验实体的预设，而且使个体的自主性被确定为整个体系的第一原理。尽管在郭象看来，"相因之功"（人我、群己的共在）是独化的必然结果，然而这仍然也蕴涵着个体至上的价值取向。此外，在道德实践的层面，郭象承认仁义是人的本性、礼乐六经是道德教化的必要手段，同时又用人性在古今的差异、礼乐六经之迹与所以迹的不同论证了儒家道德学说的相对性。特别是其对逍遥之境、德性的阐释中，郭象更是用"自足其性"来表明自己相对主义的立场。①如果说"自足其性"是独化论在个体道德实践中具体化，那么，"无为"则是其在国家、社会领域的基本策略。但正如"自足其性"会引导个人趋于利己主义那样，无政府主义也将是"无为而治"的必然归宿。

第一节　放诞与崇有

放诞之风是指纵情恣欲、违背伦常的社会风尚，按其实际的价值取向可分为两种类型：形式上的放诞和实质性的放诞。形式上的放诞是一种反抗的手段或策略，而实质性的放诞则完全是一种非理性的生存方

---

① 就其基本观点来看，相对主义（relativism）主张，一个人的价值观或一种社会文化的价值观，并不或无须支配别人的行为，而且一切道德信仰和道德原则都相对于不同的社会文化或个别的人。相对主义主要有两种形态：文化相对主义认为，道德行为是在一个具体文化中被习惯所认可的行为；规范相对主义则主张，正确行为和错误行为的标准依赖于一个人的社会情感或个人信仰，即一个人应当做社会规范其为正确的行为，或他个人相信其为正确的行为。（参见彼彻姆：《哲学的伦理学》，中国社会科学出版社 1990 年版，第 50—62 页）

式。就阮籍、嵇康而言，他们由于无法施展自己的治世抱负，[1] 因而以狂狷之士的面貌来批判现实的不合理。然而这并不表示他们彻底否认社会规范的必要性，相反，从二者的乐论中却体现出了他们主张在天性的范导下，礼法也是重建社会秩序的构成性要素。在日常生活的层面上，阮籍阻止其子仿效自己、嵇康的《家诫》都显示了他们对伦理准则的重视。但不可否认的是，阮籍、嵇康的确对维系宗法社会的礼法造成了很大的冲击，至少弱化了礼法的权威性。而且，二者又都借助曲折、晦涩的乐论来展示自己的价值理想，这也使得一般的士人无法准确地领会他们的真实意图。因此，在没有理解其用意的语境下，阮籍、嵇康的追随者们"或乱项科头，或裸袒蹲夷，或濯脚于稠众，或溲便于人前，或停客而独食，或行酒而止所亲"[2]。这种"左衽之所为"，不仅败坏了正常的人伦关系，而且也几乎丧失了人之为人的尊严。对此，就连当时的玄学领袖乐广也认为这种风尚与玄学的宗旨不符。[3] 而作为以正统儒家自居的裴頠，在与王衍为首的玄学家展开论战的过程中，试图通过揭示玄学理论根基的缺陷来遏制其对于风俗、政教的冲击。

裴頠虽然以批判玄学思想为自己的使命，但他同样也是采用从天道来论证人道的思路。他认为，"夫总混群本，宗极之道也。方以族异，庶类之品也。形象著分，有生之体也。化感错综，理迹之原也"[4]。也就是说，在世界之中的事物皆由其存在方式的不同而被区分为不同的族类，并且，即使是同类中的个体之间也有差异。但不同种类、个体之间

---

[1] 据《晋书》本传记载，"籍本有济世志，属魏晋之际，天下多故，名士少有全者。籍由是不与世，遂酣饮为常"；嵇康的《太师箴》是为了讲明帝王之道，而《管蔡论》则在知人论世。

[2] 杨明照：《抱朴子外篇校笺》，中华书局 1997 年版，第 29 页。

[3] 《世说新语》注引《竹林七贤论》："乐广讥之曰：'名教中自有乐地，何至于此？'乐令之言有旨哉！谓彼非玄心，徒利其纵恣而已。"（张万起、刘尚慈：《世说新语译注》，中华书局 2003 年版，第 724 页）

[4] （唐）房玄龄：《晋书·裴頠传》，中华书局 1974 年版，第 1044 页。

的相互影响又可以弥补各自的不足。所以，事物通过彼此协作、配合，可以达到"宝生存宜"的目的。这就是所谓的"宗极之道"，即众理的实质。也正是由于立足于众理之上，圣人、贤人和君子才得以展开其治世活动："是以贤人君子知欲不可绝，而交物有会，观乎往复，稽中定务，惟夫用天之道，分地之利，躬其力任，劳而后飨；居以仁顺，守以恭俭，率以忠信，行以敬让，志无盈求，事无过用，乃可济乎！"[①]生命的延续既需要凭借劳作以获取物资来满足其生理需求，同时又必须依赖仁顺、恭俭、忠信、敬让等行为规范来维持人伦秩序，随之而来的政治实践只不过是将人伦规范加以制度化。因此，人伦规范和礼法在社会人生实践中所具有的正面价值也正是其得以存在的根源。

经过从形而上的层面证明道德、政治规范体系合理性之后，裴頠由此具体分析了贵无论的利弊得失。他认为，如果统治者把权力当作荒淫无度和暴政的工具，那么将会引发民众的怨恨、偷盗、暴力反抗。并且，士人们因为有见于"厚生"会导致社会的混乱无序，所以他们主张清心寡欲和崇尚虚静无为。然而，贵无论思想不仅否定了正当的生理欲求对于生存的重要性，而且也使维系整个社会秩序的礼法及其实践失去了存在的可能性。此外，从现实的影响来看，贵无论者一方面确实指出了现实政治中所暗藏或显现出的弊端，但另一方面又凭借似是而非的诡辩来误导民众。尽管人们并不是真正服膺于他们的思想，却由于缺乏进行名理之辨的技巧而接受虚无之理。在贵无论思想的指引下，整个社会将为轻浮的风尚所左右，"是以立言藉于虚无，谓之玄妙；处官不亲所司，谓之雅远；奉身散其廉操，谓之旷达"[②]。人们的言论脱离实际事务，官吏不能恪尽职守。在日常生活当中，由于不注重德性修养而轻视言谈举止的规范、不顾长幼秩序和尊卑等级，至于裸裎、随地溲便则更是伤风败俗之举。

---

① （唐）房玄龄：《晋书·裴頠传》，中华书局 1974 年版，第 1044 页。
② 同上书，第 1045 页。

对于裴頠来讲，贵无论在实践中所造成的弊端是显而易见的，而要想真正地驳倒这种思想就必须揭示其立论的根据——老子哲学所存在的问题。裴頠认为："老子既著五千之文，表庶秽杂之弊，甄举静一之文，有以令人释然自责，合于《易》之损谦艮节之旨。而静一守本无，虚无之谓也。损艮之属，盖君子之一道，非《易》之所以为体守本无也。"①即《老子》一书的主旨是通过指明过度的欲求将会引发社会人生问题，并且希望借助出自本性的虚静、专一来使个体的内心乃至整个社会恢复和谐有序。这种观点显然是符合《周易》损谦艮节等卦的基本精神。但是，它们也只不过是君子处世原则的一个方面，更不能用"本无"来指称涵盖了天地万物之道的易学。《老子》之所以使用"有生于无，以虚为主"作为自己学说的基石，也有其现实的针对性。裴頠指出，《老子》贵无的目的是，"将以绝所非之盈谬，存大善之中节，收流遁于既过，反澄正于胸怀。宜其以无为辞，而旨在全有"②。也就是说，消除奢侈和淫欲是为了保持适度的生存状态，使胸怀返回清朗纯正，从而可以确保个体的身心健康与社会的和谐有序。然而，后世学者因为不明白《老子》的深意，所以才会误以为其学说是"以无为宗"。在这种误读的背景下，《老子》的信奉者们必然会得出自相矛盾的结论："夫至无者无以能生，故始生者自生也。自生必体有，则有遗而生亏矣。"③"至无"是指绝对的虚无，因此它就无法产生天地万物，这反而说明实存的一切是由其自身而得以生成。此外，人如果认为自我生成的事物又要依存于虚无，那么就将既违背矛盾律又取消天地万物生存的可能性。

就理论自身而言，贵无论玄学由于过度强调功利主义的危害性，从而忽视了感性需求对于现实人生的正面价值。同时，其推崇根源于天性的自发、自愿因素同样会弱化人伦规范的重要性，这就为放纵情欲的非

---

① （唐）房玄龄：《晋书·裴頠传》，中华书局 1974 年版，第 1045 页。

② 同上书，第 1046 页。

③ 同上。

理性取向打开了方便之门。当贵无论的理论弊端转变为现实的放诞之风时，裴頠重新肯定感官欲望和人伦规范的意义就具有纠偏的作用。然而，因为观察问题的方式上的差异也使裴頠对贵无论产生误解。贵无论虽然以回归天性作为自己的宗旨，但并不认为"无"（天性及其自身的法则）就等同于虚无。事实上，贵无论所谓的"无"是指天性和法则的无形无名，并且将其本质规定为虚静即纯白无邪（王弼）或和谐统一（嵇康、阮籍）。在现实的道德、政治领域，贵无论所指责的是形式化、功利化的统治、教化方式，提出用出自本性的法则来重建社会秩序。因此，裴頠的崇有论用来批评玄学末流的放诞是合适的，然而它却无法与其主流展开有效的对话。不过，经裴頠对贵无论玄学的批判之后，当时的思想界就形成了贵无论与崇有论分庭抗礼的态势，这也促使玄学家在建构价值体现时不得不给予感官欲望、现实的功利取向以足够的重视。

第二节　足性逍遥的价值原则

魏晋玄学从竹林名士开始，尤其是在嵇康、阮籍二人的影响下，对传统的人伦秩序①——名教展开了全面性的质疑：不仅颠覆了君臣之伦（政治秩序）、父子之伦（家族秩序），而且宣告要依据人的天性重估一切价值。然而，玄学家的主张并没有获得普遍的认同。② 因此，如何从天性的层面建构起为整个社会所赞同的价值与规范体系（即道德哲学），

---

① 关于名教在魏晋时期的演变，参见余英时：《士与中国文化》，上海人民出版社1988年版，第403页。

② 例如何曾主张流放阮籍（参见《世说新语·任诞》），嵇康为司马昭所杀；西晋裴頠著《崇有论》批评玄学家"口谈浮虚，不遵礼法，尸禄耽宠，仕不事事"（《晋书》卷三十五《裴頠传》）。

便成为玄学家无法回避的议题。而在这个玄学思潮演变历程的转折点上，被称为"王弼之亚"的郭象依据《庄子》中的思想资源来阐述了自己对此问题的独到见解。郭象在《庄子序》（《庄子》一书的提要）中，一方面肯定庄子的"知本"，即知晓天地的法则和万物的本性，明白生死变化的实质，并且最终可以归结为"内圣外王之道"这一主题。也就是说，作为价值原则、道德规范和德性是提升人的精神境界、整合社会秩序所必需的，由此就表明道德对于人类生活的重要性。另一方面，郭象批评庄子只是"知无心者"而非"心无为"，即知道无心于是非、彼此、生死等纷争的理论意义，但并没有将之确立为处理社会人生实际问题的基本原则。其实，郭象对《庄子》思想的评价也表达了自己关于玄学疏离世俗生活价值取向的不满，而且从《庄子注》的宗旨来看，其目的正是要依据人的"自然"或"自然之性"（天性）来建构起适合整个世俗社会的价值理想、道德原则和行为规范体系。

在郭象看来，人类生活中的一切纷争都是根源于选择了不恰当的价值标准，即人们总是在个体的本性之外去寻找大小、是非的尺度。在这种价值观的指引下，个体不仅使自身的意愿无法得到满足，而且将导致个体间的攀比、倾轧。然而，如果承认个体的本性是多元化的，同时又以实现本性之后的满足感作为价值原则，那么就可以消除内心的紧张和人我之间的冲突。通过比较上述两种评价方式之后，郭象指出，只有个体实现本性之后的满足感，即足性逍遥才是解释价值属性的基本视野。

在探究价值属性的过程中，郭象最初是将焦点聚集在日常生活中通行的评价方式上。他认为，日常生活中的人们总是追求自己所没有的东西："夫世之所患者不夷也，故体大者快然谓小者为无余，质小者块然谓大者为至足，是以上下夸起，俯仰自失。此乃生民之所惑也。……若如惑者之说，转以小大相倾，则相倾者无穷矣。"[1]"不夷"是指不平，

---

[1] （清）郭庆藩撰，王孝鱼点校：《庄子集释》，中华书局 2004 年版，第 566 页。

引申为不平均、不一致。"世之所患者不夷"是说人们总是担心、忧虑与其他人不一致，所以希望获得那些自己所没有的东西。例如，体型大者认为体型小者没有负累，而后者又羡慕前者是富足的；个体间的攀比、趋同将使各自内心充满焦虑。这种倾慕他人的卓越、独特之处的价值取向不仅会遮蔽个体自身的真实意愿，而且在外在需求的牵制下永远不能获得最终的满足。

与外在的比较以揭示价值标准的方式截然不同，日常生活中的人们会把自我当作评价活动的依据："夫是我而非彼，美己而恶人，自中知以下至于昆虫，莫不皆然。"① 人们一般会肯定自己所拥有的一切而贬低与己不同的其他事物。然而，以自我为中心固然可以明确个体自身的需要，但个体彼此之间的差异又将导致纷争。因此，无论是外在的趋同还是以自我为中心的方式都无法形成理想的价值原则。

有鉴于世俗价值领域所存在的问题，郭象提出，理想的价值原则应该既要考虑到个体真实的需要，同时又能有效遏制个体间的分歧、冲突。而足性逍遥理论恰好可以满足这两方面的需要。因为足性逍遥首先揭示了个体的真实需求："苟足于其性，则虽大鹏无以自贵于小鸟，小鸟无羡于天池，而荣愿有余矣。"② 也就是说，大鹏、小鸟所象征的各色人等都是以实现自己的本性为最高愿望，而并不会将自己本性之外的事物确定为终极生存目标。其次，对于"足性"的基本特征以及其与逍遥之间的关系，郭象的解释是："夫小大虽殊，而放于自得之场，则物任其性，事称其能，各当其分，逍遥一也，岂容胜负于其间哉！"③ 所谓"足性"就是放任自己的天性，去从事适合自己能力的事务，同时也与自己的职份没有丝毫的出入。当个体处于这样的生存状态时将会感到绝对的满足，即进入逍遥之境。并且，逍遥之境不会由于个体间的差异

---

① （清）郭庆藩撰，王孝鱼点校：《庄子集释》，中华书局 2004 年版，第 191 页。

② 同上书，第 9 页。

③ 同上书，第 1 页。

而改变其实质，所以它就是评判个体是否实现自身目标的唯一标准。在此，郭象其实是将个体的天性直接等同于现实生存境遇所拥有的一切，同时又以生存境遇的不同推论出个体天性的差异。既然价值评判的最终依据就在于个体的天性，所以只要个体将生存目标限定在自己天性的范围内，就可以避免发生彼此之间的是非纷争。

尽管足性逍遥被确立为价值评判的基本原则，然而不同的个体在实现其天性、获得逍遥之境的方式仍然互不相同，由此也使足性逍遥的类型趋于多元化："故乘天地之正者，即是顺万物之性也；御六气之辨者，即是游变化之途也；如斯以往，则何往而有穷哉！所遇其乘，又将恶乎待哉！此乃至德之人玄同彼我者之逍遥也。苟有待焉，则虽列子之轻妙，犹不能以无风而行，故必得其所待，然后逍遥耳，而况大鹏乎！夫唯与物冥而循大变者，为能无待而常通，岂独自通而已哉！又顺有待者，使不失所待，所待不失，则同于大通矣。"① 对于郭象而言，一般个体必然"有待"，即依赖或凭借特定的条件来满足自己的需要，如列子御风而行、大鹏迁徙南溟借助暴风上九万里高空等。但"至德之人"却可以顺应天地的法则与整个世界的变化，从而在实现其天性时不受外部环境的限制。此外，由于"至德之人"不会干预或妨碍"有待者"的生存方式，所以他所获得的"无待逍遥"比"有待逍遥"具有更高的价值，或者说，有待者的逍遥仅仅满足于个体自己的生存境遇，而无待者的逍遥则是完全赞同整个世界既有的秩序。只有在不扰乱既有秩序的前提下，有待者才有可能去实现自己的天性、拥有逍遥之境。

毋庸置疑，足性逍遥理论的实质就在于批判性地评价人类自身的生存目标，因此他所关注的并非是一般意义上的价值，而是以肯定人自身存在价值为内容的道德价值。② 在诠释庄子逍遥思想的过程中，郭象指

---

① （清）郭庆藩撰，王孝鱼点校：《庄子集释》，中华书局 2004 年版，第 20 页。

② 关于一般价值与道德价值的区别，参见杨国荣：《伦理与存在：道德哲学研究》，上海人民出版社 2002 年版，第 67—69 页。

出，逍遥的确切含义就是个体实现其天性之后所获得的满足感。当然，郭象对逍遥的解释并不一定完全符合庄子原意，但他的意图却是非常的明确，即肯定足性或个体实现天性的意愿是一切价值评判的根源。在此，郭象表达了自己推崇个体性的价值理想，然而这种立场依然无法形成完善的价值原则：一方面，个体在实现其天性的过程中有可能发生冲突，如支遁所言："夫桀跖以残害为性。若适性为得者，彼亦逍遥矣。"①夏桀、盗跖以残害他人为乐，如果他们这种暴行也被当作足性逍遥，那么就不能肯定所有个体的存在价值，尤其是为数众多的无辜百姓的存在价值。另一方面，逍遥作为绝对自足的感受，它会随着个体的天性以及实现方式的差异而不可能拥有统一的内涵。事实上，郭象本人在区分有待逍遥与无待逍遥时就已经承认，不同个体所获得的满足感并非一致。所以，足性逍遥作为价值原则，始终蕴涵着无法协调个体间的利害冲突、评价标准多元化这样双重的难题。

第三节 无为：任其自为与任其自得

从道德哲学自身来看，价值原则不仅明确了人类生活所应追求的目标，而且也构成道德规范体系的理论前提，或者说，只有在善恶、正当不正当的标准被确认之后，我们才会明白什么是应当做的，什么样的品质是值得珍视的。在郭象的话语体系中，足性逍遥作为价值理想是人所应该追求的目标，而"无为"既可以是推论出"任其自为"的行为规范，同时也能制定"任其自得"的德性标准，所以它就可以确保应然的理想

---

① （梁）释慧皎撰：《高僧传·支遁传》，汤用彤校注，汤一玄整理，中华书局1992年版，第160页。

转化为现实的生存方式。

在道家的传统语境中，"无为"是处理政治事务与个人生活所应当恪守的根本法则，其主要内容是要超越相对的价值评判、摆脱情欲的干扰，力图以绝对宽容、开放的态度顺应整个世界的变化，从而回归"自然"（本然的生存状态）或进入逍遥之境。对此，郭象是赞同道家的无为立场："无为而性命不全者，未之有也；性命全而非福者，理未闻也。"[1]"无为"可以确保个体的天性完好无损（即足性），同时也会使其获得幸福（即逍遥）。但与老庄相比，郭象对"无为"进行了正面解说："无为者，非拱默之谓也。直各任其自为，则性命安矣。"[2]"无为"所意指的并不是拱手端坐、默然无言，终止人的各种能力的实现以及与他人的交往活动；相反则是"任其自为"，即放任自发的行为，这样个体才会感到安逸、舒适。然而，这是否意味着所有的个体必然会遵循完全相同的行为准则呢？郭象对此的回答是否定的，因为他认为"物各有性，性各有极"[3]。也就是说，每个个体与其他个体的天性是互不相同的，并且每一种天性都有其特定的"极"[4]，所以每个个体的生存方式也是独一无二的。综上所述，郭象所谓的"无为"可以被解释为：放任个体自发地去实现、认同其天性中所蕴涵的各种能力和目标。

"无为"之所以能够成为规范个体行为的基本原则，其理由可以从多个层面上展开论证，但在郭象看来，最为根本的则是它所主张的"任其自为"符合个体的真实需要，不去强迫他们去做超出自己能力之外的事情。郭象指出，"足能行而放之，手能执而任之，听耳之所闻，视目之所见，知止其所不知，能止其所不能，用其自用，为其自为，恣其性

---

① （清）郭庆藩撰，王孝鱼点校：《庄子集释》，中华书局 2004 年版，第 184 页。
② 同上书，第 369 页。
③ 同上书，第 11 页。
④ "极"有"尽头"、"最高准则"等意思，可以引申为个体能力的极限、行为的终极目标。

内而无纤芥于分外，此无为之至易也"①。手足耳目等感官知觉和智虑聪明作为天赋能力，各自的用途、适用范围都是确定的，因此放任它们发挥自己的功能、进行自我调节就是最容易的事情。此外，如果每个个体都依据自己的天性生存，那么"若乃物畅其性，各安其所安，无远迩幽深，付之自若，皆得其极，则彼无不当而我无不怡也"②。也就是说，当每个个体沉浸在自我的领域之中，就不会产生彼此之间的比较、冲突。所以，"任其自为"所倡导的自发行为可以忽略个体彼此间的差异，从而使其有可能获得最终的满足或属于自己的幸福。

作为无为原则的表现形式，"任其自为"所涉及的是个体应该如何处理自我与他人的关系，或者说，自发性的行为是应对他人的最佳方式。但自发地应用天性不仅需要摆脱外在的干扰，而且更为重要的是来自于内心的束缚。对此，郭象在其"任其自得"理论中实现个体天性所必须具备的品质。在郭象看来，"任其自得，斯可谓德也"③。即个体认可、顺从自己与生俱有的一切就构成了德性的本质规定。其具体内容则是："知不可奈何者命也而安之，则无哀无乐，何易施之有哉！"④对于自己所无力改变的事情就安心顺从，比如寿命的长短、智力的高下、身份的贵贱等，个体无须患得患失、好此恶彼，更不应有试图改变的意愿。尽管在理论层面上德性的本质可以由顺从命定、不受情感因素的干扰来加以说明，然而在日常生活中，人们却并不会轻易地接受这种德性标准。郭象认为，常人的立场根源于不清楚知识的真实用途："故知之为名，生于失当而灭于冥极。冥极者，任其至分而无毫铢之加。"⑤为了获取名誉，人们总是希望认识自己能力范围之外的事情，但是这种愿望是

---

① （清）郭庆藩撰，王孝鱼点校：《庄子集释》，中华书局 2004 年版，第 184 页。
② 同上书，第 90 页。
③ 同上书，第 425 页。
④ 同上书，第 256 页。
⑤ 同上书，第 115 页。

无法实现的，因为认识最终目标并不是为了满足无穷的欲望，而是在于揭示个体能力具有特定的界限。并且，当个体冥合自己本有的限度时，认识活动或知识也将消失。

"任其自得"的德性理论固然从内在的向度上为无为原则的有效性提供了论证，不过由于其中含有了意愿、认知等内容而迫使郭象不得不重新界定德性的特征。因为，如果承认德性是个体放任天性的结果，那么就不应有人为的因素介入；另外，如果德性的获得需要消解意愿、认知等内容，那么它就是后天努力所形成的品种。面对这种两难抉择，郭象本人最终取消了放任天性与人为努力的差别："夫德形性命，因变立名，其于自尔一也。"[1] 德性、人的形体、各种天赋能力和目标虽然名称互不相同，但它们都是人的天性的表现形式。其次，德性的意义就在于："事得以成，物得以和，谓之德也。"[2] 德性有助于人们去完成各种事务、促使个体间和睦相处，而这些功能是个体幸福生活所必需的要素。此外，与其所产生的效果相比，德性可以成就完美的生存方式。郭象认为"德之至"就是："夫理有至极，外内相冥，未有极游外之至而不冥于内者也，未有冥于内而不游于外者也。"[3] 至极之理也就是无为原则，当人一贯地依此行为处世，将不仅悬搁了有关是非、善恶的价值判断，而且也会使自己的天性在顺应他人的过程中得以完全实现。

无论是外在的行为，还是内在的品质，都只是在单一的向度上展示了无为原则的功能，而理想人格却可以整合各方面的要素，以鲜活的人物形象来确证无为原则的合理性。对于郭象而言，所谓的理想人格并不是"拱默乎山林之中"的隐士，反而是那些对于人类社会产生重大影响

---

① （清）郭庆藩撰，王孝鱼点校：《庄子集释》，中华书局 2004 年版，第 426 页。
② 同上书，第 215 页。
③ 同上书，第 268 页。

的"圣人"。因为他们"虽在庙堂之上，然其心无异于山林之中"①，也就是说，圣人们享有人间至高无上的权力、处理国家事务，其实是自己固有的天赋能力的体现。并且，他们内心没有是非、善恶的纷扰，可以混同天下人物的意愿，顺应世界的变化。在人类历史上，尧、舜、汤、武和孔子都能够"冥内而游外"、契合无为原则。然而，郭象对于历史人物的描述是与事实大相径庭的。例如，《论语》中的孔子是以"知其不可而为之"的态度来改变衰世，因此不仅有自己的价值评判标准，而且不会任凭社会的混乱无序而泰然自若。

在确定足性逍遥与无为原则之间的本质关联这一前提下，郭象一方面将放任个体天性当作道德行为与品质的基本特征，另一方面又在其理想人格理论中表达了参与现实政治事务的立场。这些观点固然可以看作在纠正玄学疏离世俗生活的弊端，然而，在对无为原则的有效性进行论证的同时，其自身存在的问题也暴露无遗。首先，从指导实践来看，郭象所谓的无为无法成为普遍必然的法则。因为个体只是依据自己的天性来判断行为、品质的善恶，那么这意味着他将忽视自己的主张是否会获得他人的认同。其次，足性逍遥以个体的自我满足为目的，而无为原则最终却要取消自我意识。当抽去情感、意愿和认知等内容之后，个体的自我满足就只能是一个空洞的概念。此外，过度诠释历史人物的方式更是无法令人信服，最终只能演变为纸上空文、口中虚谈。

第四节　独化与人性

尽管郭象的道德论证在逻辑、事实的层面上存在着诸多问题，然而

---

① （清）郭庆藩撰，王孝鱼点校：《庄子集释》，中华书局 2004 年版，第 28 页。

他仍然可以依据人性论来为自己的道德立场提供终极确证。在《庄子注》中，郭象对于人性的理解是以"独化于玄冥之境"作为其形上学根据①，并且借助生成论、人我关系、天性人事之辨等多重向度上揭示人性的丰富内涵。但多样化的论证却是为了说明：每个人由于其独特的禀赋而以个体性的方式在世界中生存，并且个人的生存境遇也完全是由自己的先天禀赋所决定。

就其形上学的实质而言，郭象是以"有"或现象世界的实存作为自己的基本立场。在道家的话语体系中，"有"是与"无"相对的范畴："有"是指有形有象的具体事物，而"无"则是指天地万物的根源、存在法则，二者既有区别又有内在的关联。郭象承认道家关于"有"与"无"的划分，但他并不接受"有"与"无"二者之间具有内在的关联这一传统观点。他认为，老庄的"道"就是指"无"："在高为无高，在深为无深，在久为无久，在老为无老，无所不在，而所在皆无也。"②即"道"没有高、深、久、老等属性，因此它就是指虚无；相反"有"却可以为空间、时间所规定。由于"有"与"无"在本质上存在的差异，所以二者不可能相互转化，并且也说明相对于"无"的"有"才是真实的存在。

另外，从"有"自身来看，"凡所有者，不可一日而相无也。一物不具，则生者无由得生；一理不至，则天年无缘得终"③。有形的天地万物构成了一个自足的体系，每个事物都必须依赖天地万物的整体性关联而存在，同时又要遵循各种维系生存所必需的行为准则。或者说，"有"

---

① 汤用彤曾指出："'独化于玄冥之境'颇为难解，如懂得此语便懂得了郭象的学说。"依据他的理解，"独化"涉及"有"、"独化"、"无先"、"性分"、"不为而相因"等问题，但可以归结为自生、多元、不为而相因三重意思；"玄冥"或"玄冥之境"主要是指"无"或"自由"、"偶然"。（参见《魏晋玄学论稿》，上海古籍出版社2001年版，第179—191页）这些分析固然讲清了"独化于玄冥之境"的基本内容，但如果脱离了郭象的人性论、道德立场，那么确实无法获得合理的解释。

② （清）郭庆藩撰，王孝鱼点校：《庄子集释》，中华书局2004年版，第248页。

③ 同上书，第225页。

包括了天地万物之"群有"和"理"（各种维系生存所必需的行为准则）。其中，"理"特征是"理必自终，不由于知，非命如何？不知其所以然而然谓之命。似若有意也，故又遣命之名，明其自尔，而后命理全也"①。"理"是人的认知能力所无法改变的，这一属性与盲目的必然性（即"命"）是重合的。然而，"命"所含有的意愿因素又不足以表达"理"的本质，所以只有消解了"命"之名的遮蔽，"理"的本然、固有的意蕴才会得以显现。

既然"有"所意指的是有形有象的具体事物，而且是不能由"无"产生，那么它们的生成论根源又是什么呢？从常识的角度来看，每一个具体事物都依赖于其他事物，或者说，一个事物的形成总是其他事物有意作为的结果。这种观点也与道家的宇宙生成论颇为相似，例如，"天下万物生于有，有生于无"（《老子》第四十二章）。也就是说，具体事物的生命是由其同类所赋予，并且天地万物的统一根源就是无形无象的"道"。然而，郭象却认为，常识的观点与老庄的生成论之间存在着本质区别："夫庄老之所以屡称无者，何哉？明生物者无物，而物自生耳。自生耳，非为生也。"② 老庄用"无"说明万物的根源，其意图是为了强调万物都是"自生"或自然而然的产生，并非是"为生"或是某个最高主宰有意创造出的作品。在这个本然的生成过程中，个体与生俱有的一切就叫作"自然"："言自然则自然矣，人安能故有此自然哉？自然耳，故曰性。"③"自然"是人的天然禀赋，因其不能为人所自主选择而具有先天性。此外，作为天然禀赋："天性所受，各有本分，不可逃，亦不可加。"④ 每个个体的天然禀赋都有其特定的限度（即"分"），是个体既无法逃避，又无法加以损益的，因而只能无条件地接受、顺从。在生成

---

① （清）郭庆藩撰，王孝鱼点校：《庄子集释》，中华书局 2004 年版，第 959 页。
② 同上书，第 381—382 页。
③ 同上书，第 694 页。
④ 同上书，第 128 页。

论的层面上，郭象阐述了他关于人性的基本理解：人是偶然地或不是自主选择来到这个世界之中的，而各自的天然禀赋又使其成为一个个特定的个体。

天然禀赋不仅构成了人的天性的基本内容，而且决定着个体的生存方式，即在自己天性所限定的范围内在世界中存在。从个体与他人的关系来看，"天下莫不相与为彼我，而彼我皆欲自为，斯东西之相反也。然彼我相与为唇齿，唇齿者未尝相为，而唇亡而齿寒。故彼之自为，济我之功宏矣，斯相反而不可以相无者也"①。也就是说，个人与他人总是既有区别又有联系，应该如何解释这种相反而相成的现象呢？郭象指出，个体之间其实并没有相互利他、为他的目的，相互依存只不过是个体以自我为中心的活动所产生的有益效果而已。所以，与他人共在是以在个体性存在为前提的。另外，个体性存在也可以在时间性的向度上被证实，例如"夫仁义者，人之性也。人性有变，古今不同也"②。以亲亲、敬长为本质规定的仁义也是人的天性的表现方式，但它们并不是所有时代、所有个体的共同天性。或者说，它们只是某个历史时期、某些人的本性，而处于其他历史时期上的人性则需要由其天然禀赋来加以说明。此外，个体性存在虽然是以时间性作为限度，但它又不会随着时间的流逝而改变，正如生死"聚散虽异，而我皆我之，则生故我耳，未始有得；死亦我也，未始有丧"③。生与死是两种截然相反的状态，但由于它们作为"我"的生命的起点与终点，所以仍然呈现出明显的个体性特征。

依据对人的生成过程与生存方式的探究，郭象使用"独化于玄冥"这一命题明确地表述了自己的人性论思想："是以涉有物之域，虽复罔两，未有不独化于玄冥之境也。故造物者无主而物各自造。物各自造而无所待焉，此天地之正也。故彼我相因，形景俱生，虽复玄合，而非待

---

① （清）郭庆藩撰，王孝鱼点校：《庄子集释》，中华书局 2004 年版，第 579 页。
② 同上书，第 519 页。
③ 同上书，第 192 页。

也。"① 主要包含三层意思：第一，人都是有形有象、彼此互不相同的个体；第二，个体性存在是"自造"而成的，即偶然地产生；第三，个体间是"无所待"，尽管自我与他人共同在世界之中存在（即玄冥），正如形体与影子那样具有因果关联，但这种"相因"仍然是以个体性存在作为前提。"独化于玄冥"凸显的个体性存在构成了郭象理解人性的基本视野。当然，个体性只是关于人性的一般、形式化规定，如果要具体地了解、分析人性的内容，就必须考察个体的生存境遇："苟当乎天命，则虽寄之人事，而本在乎天也。"② 例如服牛乘马就必须穿牛鼻、络马首，这是由于它们适合于交通运输的天性所决定的，所以人对牛马的驯服、驾驭也正符合了它们的天性。依此类推，君主、臣子、皂隶等各色人等，其所拥有的社会地位、能力就直接展现了自己的天性。

就其论证的方式而言，郭象的人性论非常的精致、缜密，不仅涉及了贵无论与崇有论、理论与实践的交融、古今天人之辨等多重向度上的问题，而且更为重要的是为自己的道德立场奠定了理论根基。"独化于玄冥"所做的生存论分析表明：每个个体都有其独特的目标，所以个体彼此之间的价值理想各不相同；每个个体的生存方式是由其天性所决定，所以他只能持顺应、放任的态度。此外，天命与人事的统一可以判断个体天性的具体内容。

从形式上来看，郭象的道德哲学确实建构起了一个能够解释诸多道德问题、道德判断的理论框架。然而，凭借个体性原则来探究道德又使其显示出伦理利己主义的倾向③：以足性逍遥或满足个体的天性作为评判道德价值的标尺，其结果可能导致每个人都根据自己的利益采取行

---

① （清）郭庆藩撰，王孝鱼点校：《庄子集释》，中华书局 2004 年版，第 111—112 页。
② 同上书，第 591 页。
③ 伦理利己主义的主要观点是：一个人唯一的基本义务是，对他本人来说，要尽可能使善最大限度地超过恶；其次，一个人对他人行为进行道德判断时，都应该以对自己有利为根据。（参见弗兰克纳：《伦理学》，三联书店 1987 年版，第 36 页）

动、进行判断；无为原则所主张的放任个体天性的立场也无法形成普遍有效的行为规范；"独化于玄冥"则从形而上的层面为个体性存在提供了终极依据。正如所有伦理利己主义理论那样，郭象的道德哲学也蕴涵着相同的理论难题：如果人应该以自我为中心，那么利他性的道德价值又如何可能？如果顺应个体天性就会实现人我彼此的逍遥，那么现实生活中的纷争又由何而来？既然对于一切都持放任的态度，那么人类社会的秩序又是如何得以维系的？尽管郭象可以借用"玄冥之境"来回应上述质疑，但这种关于世界具有前定和谐的假设是无法令人信服的，或者说，一种本身需要证明的观点不能成为有效的论据。因此，当一种理论无力构建起统一的价值和规范体系，甚至公然放弃这样的努力，那么它将不可能承担起调节人类生活的重任，或者它就是要取消道德生活的可能性。

第五节　无为而自治的社会理想

就《庄子》文本所展现的基本价值取向而言，庄子所追求的目标是："独与天地精神往来，而不敖倪万物；不谴是非，以与世俗处。……上与造物者为游，而下与外死生、无终始者为友。"（《庄子·天下》）即庄子拒斥世俗价值观念的理由就在于，只有超越了现实中的分化、对立的人才能实现与天地万物合而为一的理想生存状态——逍遥。但郭象注解《庄子》的目的却不仅仅是为了解决个体的人生问题或精神境界，而是希望能为治理天下国家的政治实践提供指导。其实，郭象对庄子的不满、批评也主要是从政治实践的层面来展开的。对此，汤用彤先生早就有所提示："郭象之所讲，完全是政治学说，在政治学中已包括了 ethics（伦理），至于讲 metaphysics（形上学）时，乃欲完成政治学说也。要想了解向、郭之《庄子注》，必先知其序。前半讲庄子之学说，后半讲庄子之印象。他们对庄子并不甚满，乃因政治学说如此故也。"① 也就是说，郭象的独化相因理论既是成就个体德性、获得逍遥之境的形上学根基，也是确立无为而治之政治理想的基本前提。在郭象看来，无论是个体的社会地位，还是君臣等级、仁义礼法制度都是由人的天性所决定的。而且，整个人类社会只有凭借圣人的无为方能达到和谐有序的状态或"天下莫不逍遥"的理想社会。

在郭象的思想体系中，独化而相因的理论不仅是为了说明个体性是人的本真存在状态，而且也展示了个体间的相互影响、关联是其得以生存的基本前提。尽管这种关联是从属于个体的"自生"，它却为郭象建构自己的社会政治理论奠定了本体论依据。从个体自身来看，"人之生也，形虽七尺，而五常必具。故虽区区之身，乃举天地以奉之。故天地万物，凡所有者，不可一日而相无也。一物不得，则生者无由得生；一理不至，则天年无缘得终"②。也就是说，个体作为社会性的存在无法回避君臣、父子、夫妻、兄弟和朋友等人伦关系，而且其生命的维系也是有赖于其他事物的奉养。因此，每个个体虽然都是以自我为中心的，但正是这种无意识的自为、自生所形成的整体性关联为个体生存提供了可能性。在此，郭象显然是承认社会性是个体的本质规定之一，但这并不意味着他同意每个人在社会中的地位、角色是相同的："庖人尸祝，各安其所司；鸟兽万物，各足于所受；帝尧许由，各静所遇；此乃天下之至实也。"③ 庖人、尸祝、帝王和贤人君子都在社会分工体系中担当特定的职责，而他们各自发挥其功能也就展现了人类社会的本质结构。而且，同广大民众在社会生活中的影响相比，君主则是整个社会得以维系的关键："千人聚，不以一人为主，不乱则散。故多贤不可以多君，无

---

① 汤用彤：《汤用彤全集》第四卷，河北人民出版社 2000 年版，第 425 页。

② （清）郭庆藩撰，王孝鱼点校：《庄子集释》，中华书局 1961 年版，第 225 页。

③ 同上书，第 26 页。

贤不可以无君。此天人之道，必至之宜。"① 只有当人们共同服从独一无二的君主的情况下，社会方能避免混乱和解体。贤人君子不能替代君主的原因就在于，他们仅能做到保全一己之性命、与志同道合者为友，却无法帮助天下的百姓以实现属于他们各自的幸福生活。此外，君主的尊贵也与其德性有关："夫民物之所以卑而贱者，不能因任故也。是以任贱者贵，因卑者尊，此必然之符也。"② 如前所述，郭象认为德性即是个体之性分的实现或依据天性而生存的品质。但在现实生活的层面上，并非所有的人都能遵循自己的天性、实现其性分。所以，他们必须在有德之人（即君主）的引导下才能成就德性、达到自己的人生目标。而这种个体德性高下的不同也导致了他们在身份、地位上有了尊卑、贵贱的区分。

　　既然拥有最高德性的人应该成为君主，那么何种人才有资格获得这种殊荣呢？郭象的回答是：圣人。在郭象看来，"神人即圣人也。圣言其外，神言其内"③。即圣人之所以能成为圣人的理由就在于，他既具有至上的美德，同时也能引导苍生或为天下之人创造出实现其本性所必需的政治环境。首先，就先天禀赋而言，圣人是"特受自然之正气者"④，他的性分是天地万物之中最好的。而且，当圣人的天性转化为德性之后，其实质就体现在以下几个方面："遣彼忘我，冥此群异，异方同得而我无功名。……故游于无小无大者，无穷者也；冥乎不死不生者，无极者也。"⑤ 圣人由于超越了彼此、人我、善恶、生死等相对领域中的种种分化，因而可以融入天地万物一体的变化之中。与此同时，广大民众也因圣人的感召、影响而获得了实现其天性的可能。这也正是圣人政治

---

① （清）郭庆藩撰，王孝鱼点校：《庄子集释》，中华书局 1961 年版，第 156 页。

② 同上书，第 398 页。

③ 同上书，第 945 页。

④ 同上书，第 194 页。

⑤ 同上书，第 11 页。

的独到之处："乘万物御群才之所为，使群才各自得，万物各自为，则天下莫不逍遥矣。"① 圣人的超然、无为就意味着不干涉臣民的事务，这种统治虽在表面上看是"不治"，但它却为臣民的"自治"、获得属于自己的逍遥提供了便利。然而，郭象在此又添加了一个限制性的条件："圣人能使世之自得耳，岂能使世得圣哉！"② 也就是说，一般民众虽然在圣人的治理之下可以自得逍遥，但其自身的性分、后天的环境、努力等因素却使他并不能都成为圣人。在分析圣人的德性及其影响的同时，郭象又从社会历史方面来论证不同类型的圣人所具有的共同特征："夫有虞氏与泰氏，皆世事之迹耳，非所以迹者也。所以迹者，无迹也。世孰名之哉？未之尝名，何胜负之有邪？"③ 郭象认为，所谓"迹"是指古代的圣人们开创文明、治国用兵、平治天下的种种事迹以及所建立的典章制度，如尧舜垂拱、汤武革命（颠覆暴政）和仁义礼法规范体系等。此外，"迹"也包括后人为了缅怀其功绩而赋予他们的众多名号，如伏羲、黄帝、尧舜等。而使这些迹象得以产生的"所以迹"则是指圣人们所独有的游外冥内、顺应民众的品质，即他们在实现自己的"自然"（天性）的过程中所达到的人格境界。在回溯古代历史之时，郭象考察伏羲、黄帝、尧、舜、禹、汤、文、武等帝王的德性的目的就在于，他想说明圣人即是理想的君主。

　　尽管郭象认为君主是政治的根基，然而，由于其对现实的关注也促使他承认臣民在政治实践中的作用。他指出："夫在上者，患于不能无为而代人臣之所司。使咎繇不得行其明断，后稷不得施其播殖，则群才失其任而主上困于役矣。故冕旒垂目而付之天下，天下皆自得其自为，斯乃无为而无不为者也。故上下皆无为矣。但上之无为则用下，下之

---

① （清）郭庆藩撰，王孝鱼点校：《庄子集释》，中华书局 1961 年版，第 594 页。
② 同上书，第 552 页。
③ 同上书，第 288 页。

无为则自用也。"①君主固然重要，但他却无法替代大臣们的职能。如果君主横加干涉臣子的事务的话，那么这既妨碍臣子发挥其聪明才智，又使君主自己的尊严大打折扣。而在批判政治实践中的不合理现象的同时，郭象也提出指导政治实践的原则——无为："无为者，非拱默之谓也，直各任其自为，则性命安矣。"②无为并不是无所作为，而是遵循自身的天性的行为，其否定性的一面则意味着不要超出个体的性分去妄为。无为原则落实到具体政治活动中就表现为，君主任用群臣而不干涉其事务，而群臣则各司其职。其与黄老道家的"君逸臣劳"的区别就在于，它认为君主、臣子都是以他们各自的天性来划分其社会地位和担当不同的角色的。此外，依据人性随社会历史而变迁和德性决定事功、制度的立场，郭象的"无为"原则还蕴涵着不固守陈规旧习、与时俱化的维度："夫先王典礼，所以适时用也。时过而不弃，即为民妖。"③即古代的典章制度是为了解决当时的问题而产生，所以它们是具有相对性的。如果人们因循守旧、削足适履反而会造成负面影响。

从政治理想的层面来看，郭象一方面用独化相因理论来揭示权力的合法性、限度和制度的功能，另一方面又从正面设计符合天性的理想社会。对郭象而言，理想的社会是一个人人得以实现其天性、依据无为原则运行的社会："夫无为之体大矣，天下何所不为哉！故主上不为冢宰之任，则伊尹静而司尹矣。冢宰不为百官之所执，则百官静而御事矣；百官不为万民之所务，则万民静而安其业矣；万民不易彼我之所能，则天下之彼我静而自得矣。故自天子以下至于庶人，下及昆虫，孰能有为而成哉！是故弥无为而弥尊也。"④从基本的结构来看，理想的社会是由主上、冢宰、百官、万民共同组成的一个相互关联的整体，并且按照

---

① （清）郭庆藩撰，王孝鱼点校：《庄子集释》，中华书局 1961 年版，第 466 页。

② 同上书，第 369 页。

③ 同上书，第 461 页。

④ 同上。

"弥无为而弥尊"来确定人的社会地位。其中，主上即圣人的职责是任用冢宰去驾驭百官，百官掌管各项具体事务，而万民则是从事各种生产活动。就最终目标或效果而言，在这样的社会中的各阶层的人们都承担着适合自己性分的职责，并且由于相互之间不干扰对方、各得其所，每个人都会因自足其性而自得、逍遥。

概观郭象的哲学思想，我们发现，它不仅承接了由正始玄学所开创的运思方式，即从形而上的性与天道的层面反观现实人生、试图为其提供精神、价值指导；而且吸收了以往贵无论玄学家的经验教训和崇有论者的批评，从而注重社会人生的实际存在及其所内涵的合理性。在注解《庄子》一书的过程中，郭象结合了自己所处的社会背景以及庄子推崇天性的传统，创造性地提出了崇尚个体性价值的独化论思想。由此他也展开了自己对于社会人生问题的沉思和探寻。就与个人问题密切相关的道德领域而言，郭象认为，逍遥之境即是个体所独有的性分的实现，即德性。并且，评判个体的德性和幸福的标准只能是自己的性分。这种观点其实就等于否认了普遍、统一的道德规范在道德实践、评价中的必要性。加之其主张通过弱化认知、遵循理和命的成德理论，最终将陷入道德相对主义的泥淖之中而不能自拔。郭象的政治学说是其道德思想的延伸和实现，即希望在符合天性或有至上美德的圣人的引导下，使人类社会实现无为而治的理想。然而，由于他过度强调圣人在政治中的核心地位，并忽略了社会地位、经济、文化传统等方面在政治实践中的作用，因而仍然没有摆脱玄学的思辨性的特征，并使无政府主义最终成为其政治理论的必然归宿。

至此，随着西晋王朝的覆灭，由正始玄学所发起的，通过形而上的性与天道层面来为现实人生确立价值秩序的思想运动也已经处于穷途末路的境地。就郭象依据独化论所确立的道德哲学而言，其自身所蕴涵的利己主义、相对主义观点显然无法为道德实践提供充足的理论基础。但郭象关于道德的失败论证也折射出整个玄学道德哲学的弊端：虽然玄学家们一致认为，自然之性的自主性、统一性是道德得以可能的形上学依据，从而使道德自律在魏晋玄学中得到了多层次展开。但这种观点却忽略了感官欲望、人伦关系对于人存在的价值、意义。在道德实践的层面上，自发、自愿固然是成就德性、整合社会秩序的必要条件，然而，如果缺失了人伦规范体系的有效引导之后，它便有可能转化为非理性主义、相对主义等道德困境。不过东晋思想文化的演进历程表明，玄学的没落并未使整个社会陷于虚无主义的深渊，反而昭示着佛道两家将以其超验的神仙、涅槃理想来为苦难的苍生指明安身立命的新途径和目标。

第五章　自然之性的宗教化与东晋佛道伦理

西晋末年的外族入侵不仅颠覆了司马氏在中原地区的政权，而且也迫使中原的士族大规模南渡。偏安于江左一隅的司马睿无心北伐，只是力图通过平衡南北世家大族之间的势力来维持自己的统治。同时，作为东晋的实际缔造者和统治者的王导，"止道声无哀乐、养生、言尽意三理而已。然宛转关生，无所不入"①。他深知江淮一带是由地方豪族所掌控，而司马氏懦弱且实力单薄，因此，面对北方外族的入侵，只有采取宽宥、放任的策略才可以延续南北对峙的局面。这种表面上的无所作为其实是为了达到休养生息的目的，但它也使得与个体生存休戚攸关的人生意义、道德观念问题被悬置了起来，从而为东晋初期的价值多元化营造了有利的社会历史背景。与此同时，随着胡僧梵客的持续涌入和翻译出的佛经不断增多，佛学从西晋开始就日益融入士人们的清谈之中，如西晋的支孝龙与名士阮瞻、庾凯等人交游，世称"八达"；东晋初的支遁雅好老庄，其逍遥新义为当世所推崇。而神仙道教的创始人——葛洪则将道家的形上学思想转化为超验的"玄道"，并由此在批判玄学之流弊的过程中构建起了追求羽化成仙的道教伦理体系。

---

① 张万起、刘尚慈：《世说新语译注》，中华书局2003年版，第180—181页。

就宗教的本质而言，佛教、道教都是，"由一系列围绕着某一终极实在的观念而组织起的信念、行为与经验组成"的思想体系①，而二者的最终目的则是将人从生死轮回、罪恶中拯救出来。② 而且，在玄学日趋衰落的背景下，东晋时期的佛道哲学所固有的实践性特征变得尤为明显。相对于玄学道德哲学所提出的个体天性的多样性、规范的相对性等观点，佛道宗教哲学指出，生老病死等现象是每个人都必须面对的事实，因此人的感性生命是有限的。但二者对人性的理解却并不局限于此，相反，它们又从玄道、诸法实相等层面赋予了人性以全新的内涵。从理解的人性方式来看，玄学的自然之性只不过是其揭示人性的范导性原则，即用自主性、个体性来说明人性的形式规定，却并没有同人性的实质内容相结合。然而，东晋佛道所谓的"自然"，不仅是指人的原初禀赋，而且是一种构成性原则，也就是从终极实在的角度指出人性中的超越性向度。③ 佛道这种关于人性的宗教化理解的道德哲学意义就在于，无论是人的感性生命，还是其超越性禀赋都具有统一的规定性，从而为共同的价值理想、道德原则和行为规范奠定了形而上的基础。

此外，在道德实践的层面上，宗教伦理规范：一是包括处理宗教中的神与人关系的"人神之道"；二是处理宗教中人与人关系的"人际之道"。"人神之道"是为处理信徒与神之间的关系而制定的宗教道德规范。对神的信仰、敬畏、崇拜和挚爱以及与拜神的宗教生活有关的禁忌和戒律等都属于"人神之道"。"人际之道"则是处理信徒之间或信徒与世俗人们之间的关系而制定的宗教道德。"人际之道"的内容与一般世

---

① 麦克·彼得森等：《理性与宗教信念》，中国人民大学出版社 2005 年版，第 8 页。
② 关于宗教拯救的思想，参见马利亚苏塞·达瓦马尼：《宗教现象学》，人民出版社 2006 年版，第 314—341 页。
③ 玄学的自然之性由于其独立于人的情感、欲望和群体性，所以它具有超验性。但自然之性又以个体的多样性消解自身的普遍有效性。与玄学的自然之性有所不同，佛道对人本性的理解同时兼有超验性和普遍有效性双重向度。

俗的道德基本相同。① 因此，佛道以其兼有"人神之道"与"人际之道"、戒律与人伦规范等特点，显示出极强的实践性。尽管佛道宗教伦理凭借其普遍必然性可以有效缓解虚无主义和相对主义所引发的道德困境，然而，对东晋初期的中国士人而言，佛教的理论基础——诸法实相（般若学和涅槃学）还是一种非常晦涩的思想，而神仙道教的神秘主义思想也超乎常人的想象。不过，在内忧外患不断加剧的历史背景下，佛道宗教伦理以其更为完备的解释框架为当时的哲学家探讨人生问题提供了新的视野。

第一节　张湛的《列子》注与玄佛道合流

虽然从唐代的柳宗元开始就对《列子》文本的真伪提出质疑，其后的朱熹又指出此书剽掠佛教观点。降至清代及近现代，学者们普遍认为今本《列子》是伪书且其中多有窃取佛经之处。但是，正如清人钮树玉所言，其内容"或言西方圣人，或言海外神仙，以启后人求仙佞佛之端，此书其滥觞矣"②。也就是说，张湛编纂《列子》的用意并不在于证实实有其人其书，而是为了用佛道思想来阐发其"顺性则所之皆适，水火可蹈；忘怀则无幽不照"③ 的人生理想。

张湛的《列子注》依然沿用了玄学从形上的天道来理解人性和人道的思路，但它所得出的结论却与正统的玄学有所不同。张湛认为，至虚、至无的"太虚之域"是天地万物的起源和归宿，并且与有形的、变

---

① 参见吴倬：《宗教道德与世俗道德的融通与分殊》，载罗秉祥、万俊人编：《宗教与道德之关系》，清华大学出版社 2003 年版，第 40—41 页。

② 参见杨伯峻：《列子集释》，中华书局 1979 年版，第 295 页。

③ 同上书，第 279 页。

化的具体事物之间存在着本质上的差异。首先，"凝寂于太虚之域，将何所见邪？如易系之太极，老氏之浑成"①。"太虚"是至大无外的统一体，即使天地万物的整体与它相比也是如有如无。其次，"涉于有生之分，关于动用之域者，存亡变化，自然之符。夫唯寂然至虚凝一而不变者，非阴阳之所终始，四时之所迁革"②。与有形之域中的存亡变化不同，"寂然至虚凝一而不变者"不受阴阳、四时的限制，始终保持其虚寂的状态。此外，就太虚与天地万物的关系来看，它作为不生、不化的超越者是气、形、质的"宗本"，也是决定后者生灭变化的"理"。也就是说，"有形之自形，无形以相形者也"③。虽然有形之物都是"忽尔而自生"，但它们的生成由超验的力量所支配，所以其整个存在具有不得不如此的必然性。因此，就其用超时空、善恶的角度来理解本体而言，张湛的太虚思想与传统的玄学家并无二致，然而，这种观点的独特之处就在于它对"无"的实质以及体用、有无关系的解释。何晏、王弼主要用"无"指称万物虚静的本性和自身固有的法则；阮籍、嵇康在规避对于"无"的思辨的同时，从非感官享受的角度来揭示内外和谐统一的本真生存状态；而其后的向秀、郭象则完全拒绝关于"无"的形而上的预设。与东晋以前的玄学家相比，张湛所谓的"无"、"太虚"却是指浑然一体的元气和虚静之理。在体用、有无关系的层面上，玄学主流皆坚持体用不二、有无相即的立场："四象不形则大象无以畅，五音不声则大音无以至"（王弼）；"天地生于自然，万物生于天地"（阮籍）；"夫相因之功，莫若独化之至也"（向秀、郭象）。但张湛却主张，"不生之主，岂可实而验哉？疑其冥一而无始终也"④。"太虚"既然是超验的实体，那么它必然是无法在有形事物中得以展现，尽管其作为"理"、"机"、"命"等

---

① 杨伯峻：《列子集释》，中华书局 1979 年版，第 6 页。
② 同上书，第 1 页。
③ 同上书，第 6 页。
④ 同上书，第 2 页。

动力因参与了它们的演化过程。

　　以"太虚之域"为其本体论前提，张湛由此展开了对于人性的探讨。张湛指出，人是天地万物中的一员，他同样也处于太虚和理的掌控之中。在生成的层面上，人是由太虚所分化出的阴阳二气和合而生，但是，"人之神气，与众生不殊；所适者异，故形貌不一"①。也就是说，人与其他存在者的差别只在于生存方式、外貌方面，而其心智、形骸则同它们完全一致。在此基础之上，张湛又对人性进行了结构性分析，并提出太虚之域与气、形、质之间的本质性差异在人身上就体现为形神二元对峙。张湛认为，"方寸与太虚齐空，形骸与万物俱有也"②。"方寸"即神，是指可以"不疾而速，不行而至"、具有意向功能的纯粹意识。并且，神因其超越感官觉知、常识的局限而属于太虚之域。但与神有所不同，形骸包括人的身躯及感官欲求，其实质是"一气之暂聚，一物之暂灵。暂聚者终散，暂灵者归虚"③。作为气化和合而成的有形存在，感性生命的这一特征使其必然要回归虚静状态。尽管形与神二者的属性泾渭分明，但从形上的太虚之域来看，"神之所交者谓之梦，形之所接谓之觉。原其极也，同归于虚伪"④。无论是由神交感所衍生的各种观念，还是形骸的千差万别、喜怒哀乐，由于其处于生灭变化之中，所以它们都不是真实的存在。此外，就同属先天禀赋而言，形神皆是人的自然或天性，这也意味二者要受虚静之理或命的支配。用张湛的话来讲，"命者，必然之期，素定之分也"⑤。也就是说，命是理在人生事务中的表现方式，它决定着个体的生死、寿夭福祸。

　　人的整个生命由太虚之域或元气自然而然的演化所决定，并且各种

---

①　杨伯峻：《列子集释》，中华书局 1979 年版，第 22 页。
②　同上书，第 37 页。
③　同上书，第 216 页。
④　同上书，第 90 页。
⑤　同上书，第 192 页。

观念与欲求等动用之物又是虚幻不实的，但人如果执著于有形之域，为生死、彼此、是非、吉凶和福祸等诸多假想所遮蔽，由此就产生，"或好或恶，或安或危，如循环之无穷。……故生弥久而忧弥积也"①。因此，只有通过形神两方面的迷惑才能与无、理合一而达到所之皆适、无幽不照的境界。就形来说，"生者反终，形者反虚，自然之数也"②。形骸只不过是阴阳二气暂时聚集而生，它最终也会归于太虚之域。所以，人不应该认为自己可以逃避气化演变的过程，从而形成好生恶死之情。同时，对于自身之外的有形之物，人也不能由于喜好就据为己有，否则也有悖于无公私、无爱吝的天理。从正面来看，形骸既然是相对之物，其本身追求的是厚味、美服、好色和音声等感官享乐，那么，人就不必受仁义、礼教的束缚，而是要纵情恣欲以"当生之乐"。相对于形骸的聚散归虚，人的神却不受时空的局限，具有洞察太虚之域的能力。然而，人往往囿于有形之域而阻碍了神的功用。其中，奢欲和心智表现得尤为突出：奢欲是以个体自身为中心的处世方式，它可以导致"白黑等色，方圆共形"的错觉；而心智则是关于有限对象的认知方式，如果人沉溺于其中就会遗忘世界作为整体性的存在，而只会获得片面的观点。对于张湛而言，唯有通过检情摄念、智而都忘的途径，才会达到寂然玄照的目的。概言之，调和形神、与无为一是张湛的人生理想，并且凭借至人、达人、神人、圣人等人格形象来展示这种生存状态。他们可以做到："心与元气玄合，体与阴阳冥谐；方员不当于一象，温凉不值于一器；神定气和，所乘皆顺则五物不能逆，寒暑不能伤。谓含德之厚，和之至也；故常无死地，岂用心去就而复全哉？蹈水火，乘云雾，履高危，入甲兵，未足怪也"③。也就是说，理想人格不仅超脱了有形之域的局限，而且又以其形神和谐、与无为一而具有了完满的德性，由此也使

———————

① 杨伯峻：《列子集释》，中华书局 1979 年版，第 229—230 页。

② 同上书，第 19 页。

③ 同上书，第 70 页。

自己获得异于常人的神通。

作为一位以探寻人生意义为其宗旨的哲学家，张湛对性与天道的沉思是为了揭示人所应该追求的幸福。东晋之前的玄学主流认为，拥有完满德性的人或者是引导整个社会实现和谐有序的圣人，或者是自得、意足的君子、大人先生。并且，无论是王弼，还是阮籍、嵇康、向秀、郭象，他们都相信理想人格应该获得君主的尊位或是超脱了世俗的分化、紧张而享有"富贵"，即德性与幸福之间是一一对应的。但与以往的玄学家有所不同，张湛关于德性与幸福之间的关系、幸福本质的理解却有其独到之处。张湛认为，人生的一切遭遇是由天理或命所预先决定好的，"自然生耳，自然泰耳，未必由仁德与智力。……自然死自然穷耳，未必由凶虐与愚弱"①。生死、寿夭和吉凶祸福是人的德性、智力所无法更改的，并且后者的好坏与前者之间没有必然的关联。在此基础之上，张湛又提出了异于常理的幸福观。他认为，真正的幸福并不在于符合仁义礼教以流芳千古，也不在于要占据财富、地位和关于有形之物的认知，而是应该指求生得生、求死得死的"天福"，否则其他与个体意愿相违背的结果都只能是"天罚"。显然，张湛的幸福观同王弼、向秀和郭象以现实为旨归的人生追求大异其趣，却更加接近阮籍、嵇康的神仙理想。此外，张湛在探讨人生问题的同时也涉及政治领域。在治理社会的方面，他并不否认仁义礼法的正面价值，但又指出不能固守它们。理想的统治是要因顺自然之性，才会确保个体的自由发展。

尽管张湛的思想因折中众家学说而显得颇为驳杂，而且其所编辑的《列子》一书也是疑点重重，然而他用"所明往往与佛经相参，大归同于老庄"的思路来诠释《列子》却预示着玄学在东晋时期将要发生的重大转折。在形而上的层面上，张湛明确区分了无形、不生的太虚之域和生灭无常的动用之域，并引申出形骸与神心的二元对峙。从形式上来

---

① 杨伯峻：《列子集释》，中华书局 1979 年版，第 202 页。

看，张湛是沿用了玄学的有无之辨的术语，但他关于有无的理解却与玄学主流存在着较大差距。作为至无的太虚、神是独立于有形之物而自在的，它们绝对、单向地支配着具体物象的生灭，而且后者又由于气的离散而回归太虚。这实际上是否认了动用之域（欲求、财货、认知）的真实性。因此，张湛的形上学已经偏离了玄学的传统，而是与佛学的缘起性空有许多相似之处，只不过他用元气、理来解释无有与非有非无的中道有所不同。此外，以万物归虚、终灭为逻辑起点，张湛追求神心玄照太虚、放纵情欲的生存状态。同时，也斩断了智力、德性与世俗幸福（生死、寿夭和吉凶祸福）之间的关联。而且，他所向往的人格理想是神仙道教的神人、至人。从总体上来看，张湛的人生哲学既汲取了玄学以无为本、独化理论，又涉及佛学的缘起性空和道教的神仙思想。虽然上述诸家学说在《列子注》中并未达到圆融无碍的程度，但张湛这种沉思人生问题的进路却可以被称为玄佛道三家合流的初始阶段，同时也标志着玄学的道德思考已经穷尽了各种可能性。

第二节　仙道与人理：葛洪神仙道教伦理思想引论

在玄学日趋衰落的背景下，东晋时期的中国哲学界出现了一些有别于玄学道德哲学的思想流派。而葛洪的神仙道教伦理则可以视为是其中利用本土理论资源来解决道德难题的一种尝试。神仙道教作为教团道教，其与民众道教（如太平道、五斗米道）的最大区别就在于，它以羽化成仙为终极目标，而且是通过人性中的超越性向度作为自己的逻辑起点。① 从其生活背景来看，神仙道教的创始人——葛洪一方面具有良好

---

① 就其价值理想而言，道教所向往的终极目标是双重性的：一是在世俗的、现实的世

的家学渊源，其祖父葛玄以炼丹术而闻名于世，而他自己又先后师从葛玄弟子郑隐、南海太守上党鲍玄。另一方面，或者是更为重要的就在于，他亲身经历了八王之乱、五胡乱华所导致的生死无常、颠沛流离，这促使他"永惟富贵可以渐得，而不可顿合，其间屑屑亦足以劳人。且荣位势利，譬如寄客，既非常物，又其去不可得留也。隆隆者绝，赫赫者灭，有若春华，须臾凋落。得之不喜，失之安悲？悔吝百端，忧惧兢战，不可胜言，不足为也"①。也就是说，人与其留恋变化莫测的人世荣华富贵而劳命伤神，还不如远离世俗之负累、隐遁名山以探索成仙之道。

　　此外，对玄学道德哲学的批判也是神仙道教伦理的理论根源之一。从《抱朴子》内、外篇中的论述来看，葛洪对玄学的批评是双重性的。首先，在形而上的层面上，葛洪驳斥文子、庄子、尹喜等人的言论，其实又可以视为是向信奉老庄哲学的玄学发难。葛洪指出，道家对人生的基本观点是："或复齐死生，谓无异以存活为徭役，以殂殁为休息，其

界上，按照道教教义建立一个理想的王国，即一个极大公平、和平的世界（这种观点已经在道教的第一部经典《太平经》中得到了详细的描绘）；二是"仙境"，即得道成仙之后便可以外生死、极虚静、超脱自在、不为物累的生存状态。所谓成仙，并不是说人死后灵魂入"仙境"，而是说人的形体可以长生不死，你可以和人们生活在一起当活神仙，也可以到"仙境"去超脱自在。（参见李养正：《谈谈道教的几点特征》，载文史知识编辑部编：《道教与传统文化》，中华书局1992年版，第28—32页）此外，对于道教派别也存在着多种划分标准：从得道成仙的方式来看，一是主张通过服食金丹大药来成仙的神仙道教或丹鼎派，其根源可以追溯到战国时期的燕齐至秦汉的方士，他们曾极力向当时的诸侯和皇帝鼓吹仙药的神奇功效；一是希望凭借占卜、符箓、祈祷等巫术以达延年益寿的民间道教或符箓派，其主要是流传于民间。（参见楼宇烈：《原始道教——五斗米道和太平道》，载文史知识编辑部编：《道教与传统文化》，中华书局1992年版，第66页）从信徒的构成来看，道教可以被分为由道士担任主角的教团道教，由道士以外的一般民众担任主角的民众道教。（参见奥崎裕司：《民众道教》，载福井康顺等监修：《道教》，上海古籍出版社1992年版，第103页）

① 杨明照：《抱朴子外篇校笺》（下），中华书局1997年版，第690页。

去神仙，已千亿里矣。"① 即以"宪章玄虚"为起点的玄学必将取消生与死的差别，甚至会认为只有死亡才是最终摆脱生存负累的出路。因此，玄学不仅否认了为生存所必需的操劳，而且就连人的存在本身也一并虚无化了。与玄学的价值虚无主义有所不同，神仙观念依据其长生不死的特征表明，人的自然之性由于同一于"玄道"而蕴涵着超越性的向度，这其实是从终极实在的角度肯定了人的生命具有绝对价值。其次，就玄学在道德实践领域所造成的影响而言，葛洪认为："世人闻戴叔鸾、阮嗣宗傲俗自放，见谓大度，而不量其才力非傲生之匹，而慕学之，或乱项科头，或裸袒蹲夷，或濯脚稠众，或溲便于人前，或停客独食，或行酒而止所亲。此盖左衽所为，非诸夏之快事也。"② 也就是说，玄学的精神领袖都是名士，其狂放举止的目的在于针砭流俗之弊病。但这种处世方式却不被普通民众所理解，反而会激发后者去作出一些违背人伦规范的荒诞行为。所以说，玄学家的"傲俗自放"并不能成为指导道德实践的普遍原则。

通过考察、分析葛洪神仙道教伦理思想的理论背景和论证过程，我们会发现，它是以人的自然之性中的超越性向度为其形上学基础的。而且，在揭示成仙的过程中，神仙道教伦理也呈现出双重性特征：一方面提出宝精行炁、守玄一和真一、利用符箓仙丹等神秘主义的修行方式（仙道），另一方面又肯定了积善立功、内道外儒等世俗伦理规范的合理性（人理）。并且，以"仙道"范导"人理"作为道德的基本原则，构建起了一个贯通仙凡、融会儒道、内外双修、兼综修身与治国的宏大的思想体系。

---

① 王明：《抱朴子内篇校释》，中华书局1980年版，第138页。
② 杨明照：《抱朴子外篇校笺》（下），中华书局1997年版，第29页。

一、玄道与自然的超越向度

就整个神仙道教的形上学而言，人能否成为神仙以及与之相关的本体论依据是其立论的逻辑起点。对此，葛洪则是通过汲取战国至两汉黄老道家的成果来确立自己的理论根基的。他提出，人的本性与形而上的玄道是同一的，所以人人都有得道成仙的可能性。但是，他同时也承认，作为血肉之躯的人与生俱来就有贪欲，这也就从气禀的角度说明人之所以不能得道成仙的理由。

在形式上，葛洪所使用的话语同以往的玄学家没有太大的区别，如玄、道、元一、两仪等概念都是他们构建自己思想体系的基本范畴。然而，玄学家始终是以体用不二、有无合一或从人的本性及其固有法则来界定玄、道、自然、有、无等术语的内涵，并由此而展开其思想历程。葛洪的独特之处就在于，他想用这些传统的术语表达的不仅是关于天地万物的本原、本性的普遍必然性，而且在于揭示促使它们得以产生、演变的终极原因之无限性。葛洪同玄学家之间的差异集中体现在他们对"玄"的解释：玄学家通常是将"玄"用作形容词，如王弼用它来描述作为"万物之宗"的幽暗、深远，郭象则赋予它以深远的、完全的意思[1]；而葛洪却恢复了由汉代扬雄对"玄"的名词性用法，即"玄"是宇宙的本体。在葛洪看来，"玄者，自然之始祖，而万殊之大宗也。……因兆类而为有，托潜寂而为无，论大幽而下沉，凌辰极而上游。金石不能比其刚，湛露不能等其柔。方而不矩，圆而不规，来焉莫见，去焉莫追"[2]。"玄"作为天地万物的本原，它既超越了空间上的局限而无所不在，同时又因其可以伴随有无的变化而呈现出无始无终的特征。此外，它不像具体的事物那样具有或刚或柔、或方或圆的缺陷，而是能够同时

---

① 参见许抗生：《三国两晋玄佛道简论》，齐鲁书社 1991 年版，第 151—152 页。

② 王明：《抱朴子内篇校释》，中华书局 1980 年版，第 1 页。

兼有一切最为完满的属性。就"玄"与天地万物的关系而言，它的功能就体现在："乾以之高，坤以之卑；云以之行，雨以之施。胞胎元一，范铸两仪；吐纳大始，鼓冶亿类；徊旋四七，匠成草昧。嗇策灵机，吹嘘四气；幽括冲默，舒阐粲尉。抑浊扬清，斟酌河渭。"① 也就是说，无论是高高在上的天空、广袤无垠的大地、云行雨施等变化，还是元一之气、天地万物的形成、星辰与四时的运行，它们无不是在"玄"的作用的具体表现。因此，通过阐释"玄"的本质及其对天地万物的影响，葛洪提出了"玄"是创生和驾驭万物的、无所不在、无所不能的终极原因。

作为神仙道教的理论创始人，葛洪论证天地万物之本原的目的是为了确立起绝对的价值理想。就"玄"自身而言，其本质就在于"增之不溢，挹之不匮，与之不荣，夺之不瘁。故玄之所在，其乐不穷；玄之所去，器弊神逝。……其唯玄道，可与为永"②。即"玄"的完满是不会为变化所影响，而且它的这种本质也使得与之为一的具体事物获得了永恒或永生。为了沟通超验的玄道与万物，葛洪特别关注"一"、"真一"、"玄一"的中介作用。葛洪所谓的"一"："完全具备了'道'和'玄'的特征，不过比'道'和'玄'更趋于具体化，因为它能'各居一方'，且能分别融合进天地人和春夏秋冬中去，是可以'知'和'得'的神秘本体。"③因此，凭借内化于万物之生存过程中的"一"或"玄"又具有了使万物得以长久生存的价值属性，同时也意味着它是万物应当遵循的绝对的存在法则——玄道。从人的角度来看，"玄"是以"真一"的形式存在于人的丹田之中，是精气神的有机统一。尽管葛洪将人视为灵魂与肉身的统一体："形须神而立焉，……形者，神之宅也。故譬之于堤，堤坏则水不留矣。"④人不仅需要精神来为自己提供正确的引导，而且也必须承

---

① 王明：《抱朴子内篇校释》，中华书局 1980 年版，第 1 页。
② 同上。
③ 胡孚琛：《魏晋神仙道教》，人民出版社 1989 年版，第 200—201 页。
④ 王明：《抱朴子内篇校释》，中华书局 1980 年版，第 110 页。

认形体是人得以存在的现实依据。虽然有如蓄水的堤坝那样是生命的外在保障，但在人的生命的整体结构中："神犹君也，气犹民也。"① 即精神才是人性中的真正主宰，血气所形成的躯体只是处于从属的地位。因此，为了实现保有真一、依据玄道而成仙的理想，葛洪认为，人只有在去除喜怒的干扰、克制欲望的诱惑的前提下，"以药物养身，以术数延命，使内疾不生，外患不入，虽久视而不死，而旧身不改"②。也就是以金丹大药、术数作为辅助，从而因为可以避免疾病和各种外在的危险而实现长生、成仙的目的。

对葛洪而言，人因其本性与玄道的同一性而都有成仙的可能性，但是，由于气禀和生辰的不同也使个体之间存在着差异。葛洪同意传统的观点："按仙经以为诸得仙者，皆其受命遇值神仙之气，自然所禀。"③ 也就是说，能够得道成仙的人是因为他恰好禀受了"神仙之气"，所以他自然而然地喜好仙道，而且在明师的指点和自身的努力下必然会得道成仙。至于一般的人，其或成圣成贤、吉凶祸福也都是气禀、生辰使然，并且这种超验的必然性是人力所无法更改的。除此之外，葛洪指出，由人自身的感官欲望所引发的私欲、贪婪、残暴等品质也是人成仙的障碍。对于人的感官欲望，葛洪一方面承认："夫有欲之性，萌于受气之初。厚己之情，著名于成形之日。贼杀并兼，起于自然。"④ 即欲望、自爱、强取豪夺等禀性同样也是出自人的天性，而且是与生俱来、不可否认的事实。但另一方面，"五音八声，清商流徵，损聪者也。鲜华艳采，或丽炳烂，伤明者也。宴安逸豫，清醪芳醴，乱性者也。冶容媚姿，铅华素质，伐命者也"⑤。如果人放浪形骸、穷奢极欲，将损害其身体和精

---

① 王明：《抱朴子内篇校释》，中华书局 1980 年版，第 326 页。
② 同上书，第 13 页。
③ 同上书，第 226 页。
④ 杨明照：《抱朴子外篇校笺》（下），中华书局 1997 年版，第 528 页。
⑤ 王明：《抱朴子内篇校释》，中华书局 1980 年版，第 1 页。

神。不可否认的是，葛洪既看到了感官欲望是人得以生存的现实依据，同时也指出过度的放纵则会导致生命的衰竭。因此，他主张感官欲望必须以人的生存为限度也有其合理之处。

在奠定神仙道教之理论基础的过程中，葛洪虽然也是从形而上的性与天道作为其逻辑起点，但他所要凸显的则是本体的永恒或永生的维度。并且，通过中介性的"一"、"真一"、"玄一"等概念的过渡，葛洪提出人由于其自身所禀有的神性而具有得道成仙的可能性。与此同时，他又认为，个体的人性也存在着天赋的差异，受到感官欲望的诱导，所以，并非每个人都能成为神仙。尽管葛洪并没有完全否认感官欲望对于生存的重要性，然而他从永恒或永生的维度来理解人性的方式已经出离了玄学的轨辙。

二、道德实践与神仙

对于汉魏之际以来人伦道德衰败所引发的社会问题，葛洪有着切身的体会："朋友之集，类味之游，莫切切进德，闾闾修业，讲道精义。"① 人们在交往过程中，并不是相互砥砺德行、辨析道义，而是一味地以违背礼法规范为风尚。有鉴于此，葛洪站在儒家的立场指出，人伦道德的败坏不仅会使人丧失做人的尊严，同时也使人无法区别于其他物种。此外，如果没有道德的凝聚作用，那么国家就不能抵御内外寇贼的破坏以及保护文化传统的延续。当然，葛洪对世俗伦理道德的关注只不过是为通向其神仙道教思想提供铺垫而已。就神仙道教伦理自身来看，人要想得道成仙，首要便是信仰神仙实有、仙道可得，这是实现神仙生活的理论起点。其次，仙道的获得虽然需要先天的禀赋和金丹大药，但同时也必须借助于明师的指点和修养德性的实践。当符合仙道的各种因素都已

---

① 杨明照：《抱朴子外篇校笺》（上），中华书局 2004 年版，第 631 页。

经具备之后，它们会共同铸造出"得道之圣"的德性，并且最终将在诸如黄帝、老子等人格理想中得以具体地展示。

　　作为一种宗教伦理思想，葛洪的神仙道教理论首先要解决的是信仰这一根本问题。在葛洪看来，人实现长生久视之理想的最大障碍就在于，其对得道成仙的观念："闻之者不信，信之者不为，为诸不终耳。"[①]一般的人不相信长生不死、羽化升仙和金丹大药等奇迹，所以他们就不可能从事学道求仙的修为。有鉴于此，葛洪主要分析了导致人们不相信神仙实有的各种原因。从人自身的内力来看，"虽有至明，而有形者不可毕业见焉。虽禀极聪，而有声者不可尽闻焉。虽有大章、竖亥之足，而所常履者，未若所不履之多。虽有禹益、齐谐之智，而所赏识者，未若所不识者之众也"[②]。人虽然是万物之灵长，但仍然有许多事情是超出了其能力范围之外，如不灰之木、无目之兽、火浣布、切玉刀等奇闻轶事皆是常人所未闻见的，即使是周公、孔子等圣贤也不能知晓。然而，人们却不能因五经不书、周孔不语就否认其真实性。至于神仙之道："旨意深远，求其根茎，良未易也。松乔之徒，虽得其效，未必测其所以然也。"[③]成仙之道本身是幽深玄远的，并非人所能完全领悟，就连"松乔之徒"也是无法讲明其中的道理。但是，"万物云云，何所不有，况列仙之人，盈乎竹素矣"[④]。在大千世界之中，无论何等奇异之事都是有可能发生的，更何况有关神仙的事迹在历代的典籍中多有记载，这一点是可以从许多伟大的思想家，如司马迁、班固和刘向等人的著作得以印证的。所以，人们不能因为自身的有限和圣贤的教诲而否认得道成仙的可能性和真实性。

　　信仰固然是追寻仙道的必备的品质，但如果没有明师的指点，那么

---

① 王明：《抱朴子内篇校释》，中华书局 1980 年版，第 111 页。
② 同上书，第 12 页。
③ 同上书，第 50 页。
④ 同上书，第 12 页。

人也无法领会其中的奥妙，并且往往会误入歧途或无功而返。葛洪认为，导致这种结局的外部因素有很多方面，而尤其与现实生活当中的"杂散道士"的蛊惑有着直接的关系。他们"多行欺诳世人，以收财利，无所不为矣。此等与彼穿窬之盗，异途而同归者也"①。这帮欺世盗名的伪道士们凭借一些雕虫小技来骗取人们的财物，其实质与那些盗贼没有什么区别。此外，原始道教经过长期的发展、演变，其"方策既山积于儒门，而内书亦鞅掌于术家"②。面对浩如烟海的各种典籍，初学者无法分辨其中的良莠与要旨。而且，由于传抄当中的误差就更使人们不知原义为何了。从道教自身的角度来看，成仙之道是无形无名、无法言说的，只有通过那些得道成仙者的指点方可知晓其奥妙，如黄帝遍访传说中的仙人、老子与神明相通才能得道成仙。此外，就其后果而言，假如品质极恶之人掌握了成仙的秘诀，那么他们必然会给他人或社会造成无法估量的灾难。所以，"至真之诀，或但口传，或不过寻尺之素，在领带之中，非随师经久，累勤历试者，不能得也"③。也就是说，得道者在传授长生诀之前，一定要对弟子的德性非常了解，并只将其传给那些笃信仙道、德行高尚的人。因此，无论是从求道的现实状况，还是仙道理论修养的传统来看，明师都在葛洪的德性理论中占有至关重要的位置。

对于葛洪而言，神仙并不仅仅是信仰或观念，而是一种真实的生存状态。虽然个人的天赋和外部的条件都是得道成仙的必要条件，但只有当它们转化为实有诸己的德性之后才能实现神仙理想。葛洪指出，即使是像彭祖、老子这些上古的仙人，其之所以能够长生久视是"由于得道，非自然也"④，即他们并非天生就是神仙，而是经过后天修炼才得道的。然而，人寻求仙道固然需要明师的指导，但"明师能授人方书，不能使

---

① 王明：《抱朴子内篇校释》，中华书局 1980 年版，第 346 页。
② 同上书，第 255 页。
③ 同上书，第 256 页。
④ 同上书，第 46 页。

人必为也"①。既然天赋和明师都无法确保人必然会获得长生久视，那么人应该通过什么渠道、方法方可达到这一终极目标呢？葛洪的主张是："欲求仙者，要当以忠孝和顺仁信为本。若德行不修，而但务方术，皆不得长生也。行恶事大者，司命夺纪，小过夺算，随所犯轻重，故所夺有多少也。……积善事未满，虽服仙药，亦无益也。"② 人之寿命的长短都是由其行为所决定，即德行的善恶同寿命的长短成正比。而且，与践行世俗人伦规范的善行相比，服用金丹大药在成仙的过程中也只是居于次要的地位。针对有人希望凭借祈祷、献祭等方式以逃避鬼神监督的做法，葛洪指出，人们都知道人世间的有德君主犹能"不任私情，必将修绳履墨"③，何况比这些君主更为高明的鬼神呢？他们岂能轻易地被蒙蔽呢？这种论证在表面上仿佛是美化鬼神，其实质却是用超验的方式来确立起人伦规范的至上性。从德性的层面来看，葛洪所谓的神仙的本质规定就是"得道之圣"。关于"圣"的基本含义，葛洪的理解是："世人以人所尤长，众所不及者，便谓之圣。"④"圣"就是用来指称在某个领域内所能达到的最高境界。所以，进入这种最高境界的圣人便呈现出多样性，如精通棋艺的棋圣、擅长书法的书圣等。而神仙道教的圣人则被称是与玄道同一的"得道之圣"，其人格理想便是黄帝、老子。并且，"得道之圣"同世俗的圣人相比："夫体道以匠物，宝德以长生者，黄老是也。黄帝能治世太平，而又升仙，则未谓之后于尧舜也。老子既兼综礼教，而又久视，则未可谓之为减周孔也。"⑤ 黄老既可以依据玄道来治理万物，而且也能长生久视、得道成仙。所以说，黄老之德性或人格境界不仅不比周孔逊色，反而比他们更高一筹。

---

① 王明：《抱朴子内篇校释》，中华书局 1980 年版，第 240 页。
② 同上书，第 53—54 页。
③ 同上书，第 171 页。
④ 同上书，第 225 页。
⑤ 同上书，第 188 页。

概言之，葛洪的德性修养理论是在整合传统思想资源的基础上，汲取众家之所长而得以形成的。与先秦道家和两汉的原始道教相比，葛洪立论的起点已经突破了由外在的社会地位、祈求财富分配均等和禳祸消灾等视域的局限，而是借鉴玄学的形上学模式，用同一于恒久的玄道的神性作为自己道德理论的根据。在道德实践的层面上，葛洪强调积德行善、敬重明师、恪守仁义礼法的重要性，这些观点显然是有别于玄学忽略人伦规范和师承关系的成德理论，同时也蕴涵着自然之性与德性二者的分化。此外，葛洪主张圣人类型的多样性也使传统的圣人观得以扩展，从而突破了玄学家们关于圣人的单一性的理解。

三、为道与治世

在葛洪的思想体系当中，玄道既是天地万物的本原和本体，同时也是一切价值的源泉。作为价值本原的玄道，其本质就是："生，好物者也。"[①] 也就是说，从人的本性与玄道同一的角度来看，这种先天的禀赋不仅可以使个体具有长生久视的可能性，而且也是作为整体的人类社会能够绵延不绝的本体论依据。然而，当人的感官欲望无法得到有效的控制之后，贪欲和残暴将会使个体与社会遭受灭顶之灾，而这种悲剧自东汉末年以来不断地重演："当途端右宦官之徒，操弄神器，秉国之钧，废正兴邪，残仁害义，蹲踏背憎，即聋从昧，同恶成群，汲引奸党，吞财多藏，不知纪极，而不能散锱铢之薄物，施振清廉穷俭焉。"[②] 面对现实生活中的是非颠倒、礼崩乐坏所导致的不公与混乱，葛洪并没有像玄学家那样通过弱化仁义礼法、回归天性来追求逍遥、和谐，而是主张采用隐者的德性感召、合理的政治理念以及尊卑等级制度等积极因素，在

---

① 王明：《抱朴子内篇校释》，中华书局 1980 年版，第 252 页。
② 杨明照：《抱朴子外篇校笺》（下），中华书局 1997 年版，第 121 页。

理想的君主的治理下实现天下大治的目的。因为社会国家的治乱具有不确定性，而且，即使是有道的天下也不能使人免受衰老、死亡的威胁。相比之下，得道成仙却是由人自己所决定，同时也能使其最终享有长生久视的福祉，所以它才是更加令人值得去追求的生活。

从人与政治共同体——国家的关系来看，葛洪认为，隐者也是人臣，因为他是以其独特的方式影响着社会事务。在先秦道家中，尤其是庄子学派往往是游离于现实权力纷争的边缘，因此其对人的社会角色就有所谓的"游方之内者"与"游方之外者"的划分。但葛洪却并不认同这种观点，他指出："在朝者，陈力以秉庶事；山林者，修德以厉贪浊。殊途同归，俱人臣也。"[1] 凡是人世间的一切事务皆归王者管辖，隐遁山林的隐士虽然不直接参与国家的管理，但他们同样也无法脱离与他人、社会的关联。隐者们只不过是用其高尚的品格来范导世俗之人的言行，从而与当权者共同致力于社会的和谐有序化事业。就其是人臣的角色而言，隐者也有义务针砭现实生活中的弊端，并且凭借著书立说来为人们提供正确的舆论导向，而不应该像庄子那样因愤世嫉俗就否定人类文明、向往至德之世，其结果只能是"雕虎画龙，难以征风，空板亿万，不能救无钱"[2]。此外，按照求道的程度："上士得道于三军，中士得道于都市，下士得道于山林。"[3] 即求道者会因其自身的旨趣、能力、遭遇的不同而具有多样性，得道成仙并非必定要在山林之中。然而，尽管求道者不能脱离政治的影响，但必须要注意其所处的具体境遇："出身而不料时者，必有危辱之士矣。"[4] 也就是说，如果整个国家陷入混乱无序之中，那么明智的选择便是独善其身、应时而动。即使是在日常生活的层面，为了有效地修为，求道者的理想居所也应该是山林之中。

---

① 杨明照：《抱朴子外篇校笺》（上），中华书局 2004 年版，第 100 页。
② 杨明照：《抱朴子外篇校笺》（下），中华书局 1997 年版，第 411 页。
③ 王明：《抱朴子内篇校释》，中华书局 1980 年版，第 187 页。
④ 杨明照：《抱朴子外篇校笺》（上），中华书局 2004 年版，第 275 页。

  虽然国家不能没有广大民众（包括隐者）作为依托，但其得以正常运作却必须依赖正当的政治理念。从稳定社会秩序的角度出发，葛洪提出，对于"淫祀妖邪，礼律所禁"①。因为民间的淫祀、巫祝只会蛊惑民众、诱骗其财产、使其遭受饥寒之苦，并且最终将引发偷盗、抢劫等社会问题。更有甚者，如东汉末年的张角、王歆、李申等人纠合民众，发动大规模的暴乱。所以，统治者应该制定相应的法令以杜绝妖道的流传。就先秦至两汉的政治思想传统而言，其中占主导地位的是德治理念。如老子所代表的道家主张具有"玄德"之圣人的无为而治，孔子所开创的儒家始终以"为政以德"作为治国的基本思想。葛洪通过分析两家的功能之后指出："夫升降俯仰之教，盘旋三千之仪，攻守进趣之术，轻身重义之节，欢忧礼乐之事，经世济俗之略，儒者之所务也。外物弃智，涤荡机变，忘富逸贵，杜遏劝沮，不恤乎劳，不荣乎达，不戚乎毁，不悦乎誉，道家之业也。"②也就是说，儒家注重行为对于规范、仪则的符合，并通过礼乐仁义来教化或引导民众，解决社会实际事务。道家则追求内心的宁静和纯真，因其不为外在的得失所干扰而成就德性。相比之下，儒家只不过是在纠正人们的过失，道家则是侧重于防患于未然。所以，在治世的目标上，道家比儒家更胜一筹："道者，儒之本也；儒者，道之末也。"③但当整个社会的风俗习惯遭到败坏时："必当竞尚儒术，尊节艺文，释老庄之不急，精六经之正道也。"④

  在推崇德治的同时，葛洪承认现实等级制度的正当性，并且主张通过刑法的强制性措施来维系社会秩序。立足于元气演化的宇宙生成论，葛洪指出："乾坤定位，上下以形。远取诸物，则天尊地卑，以著人伦之体；近取诸身，则元首股肱，以表君臣之序。降杀之轨，有自来

---

① 王明：《抱朴子内篇校释》，中华书局 1980 年版，第 172 页。

② 同上书，第 187 页。

③ 同上书，第 184 页。

④ 杨明照：《抱朴子外篇校笺》（上），中华书局 2004 年版，第 173 页。

矣。"①尊卑的分化是天地万物所固有的属性，而人类社会的君臣等级也是由此得以确立的。在禀受天命的圣人们的治理下，人类社会才开始了结网渔猎、钻燧取火、播种谷物、建造房屋等文明化的历程，同时这也使得人们的生活水平有了很大的提高。三皇五帝至后世的圣王们不仅继续革新技术以为民兴利除害，而且他们也用其自身的美德和公正的律法来指导人们的言行。这种德刑并用的治理模式曾使上古时期成为歌舞升平、祥瑞纷呈的完美社会。但三代之后，特别是经过秦汉以来的战乱纷争，那种奢望凭借德治来拯救社会危机的观点就显得不切实际。葛洪认为："多仁则法不立，威寡则下侵上。夫法不立，则庶事泪矣。下侵上，则逆节萌矣。"②过度的仰仗仁爱的力量，没有律法的强制措施便会使等级秩序被破坏、各种事务将无法施行，最终就会导致暴乱、反叛和杀戮等深重的灾难。由此，葛洪肯定了申韩所主张的法家思想的合理性。但他并不完全赞同其严刑峻法，而是希望在法令的公正、强制性的前提下，使用肉刑、鞭挞等方式来警示人们以起到教化的功效。

在构建得道成仙的神仙道教伦理的过程中，葛洪所针对的与其说是世俗的观念，还不如说是玄学的流弊。关于玄学的形上学基础——老庄哲学，葛洪对其进行了迥异于玄学的诠释。在他看来，黄老道家的宗旨是"体道以匠物，宝德以长生"③，即它蕴涵着治世与长生的双重向度。而其后的文子、庄子和尹喜等人，由于他们主张生存是一种负累、死亡倒是解脱，所以这种观点所体现的厌世取向就与黄老之道大异其趣。并且，"庄子言行自伐，桎梏世业，身居漆园，而多诞谈，好画鬼魅，憎图狗马，狭细忠贞，贬毁仁义"④。庄子的言论同其行为之间往往是不一致的：既然认为死生齐一、生不如死，那么他就没必要去向监河侯借

---

①　杨明照：《抱朴子外篇校笺》（下），中华书局1997年版，第511页。

②　杨明照：《抱朴子外篇校笺》（上），中华书局2004年版，第352页。

③　王明：《抱朴子内篇校释》，中华书局1980年版，第171页。

④　杨明照：《抱朴子外篇校笺》（下），中华书局1997年版，第411页。

贷粟米；身为漆园吏却侈谈怪诞、愤世嫉俗，这显然有悖于无是非的原则。在日常生活的层面上，葛洪指出，阮籍等人的"傲俗自放"不仅使其自身为世人所诟病，而且也使仿效他们的士人们以违背礼法规范为风尚。此外，对鲍敬言所代表的"古者无君胜于今世"的观点，葛洪则是从宇宙秩序、社会的维系和文明的进程等多方面给予了反驳。从整体上来看，葛洪的神仙道教伦理尽管夹杂着大量的术数、金丹大药和羽化升仙等荒诞言论，但通过这种宗教信仰的形式所折射出了尊重生命、祈求长生、肯定人伦规范和社会等级的价值的合理内容，而且这些思想无一不是针对玄学家注重思辨、无力解决社会人生困境的弊端而言的。因此，在某种程度上我们可以说，除了原始道教的影响之外，葛洪的神仙道教伦理思想是从批判玄学道德哲学的过程中得以产生的。

第三节　诸法实相与彼岸生存

玄学的初衷是："论太始之原以明自然之性，演幽冥之极以定惑罔之迷。"（《老子指略》）也就是从形而上的性与天道层面来奠定价值原则，其目的是为了解决现实生活中的失范与无序。但是，由于玄学道德哲学天性等同于德性、淡化了仁义礼法的规范作用，因而不能沟通形上与形下、理想与现实。这种理论自身的缺陷使得个体的行为在失去了有效的引导的情况下，或者流于放诞，或是追求纯粹的感官享乐。并且，因为无法为维系整个社会秩序的等级制度提供合理性论证和切实可行的规范系统，所以它也就无力应对内部的权力纷争以及外来部族的入侵等一系列社会问题。经过西晋覆灭的悲剧之后，人们已经开始对玄学道德哲学所导致的相对主义、虚无主义进行了反思。东晋的范宁认为何晏、王弼之罪深于桀纣的理由就在于，他们偏重于天性所具有的道德价值而忽略了人类规范对于道德实践的必要性，而且，这种价值取向会败坏整个社会风气，使其不能承担起挽救社会危机的重任。

　　与此同时，东晋时期的中国佛学不仅拥有了众多的汉译佛经，而且经过汉魏以来高僧大德的不懈努力，中国本土的哲学家们（包括名僧与名士）开始对佛教哲学有了更为深入的领会。在理解印度佛教的过程中，中国本土的哲学家们最初是以儒家、道家作为自己诠释佛经的前见。[①] 特别是在阐发佛教形上学思想（如五蕴、四谛、十二因缘等）时，东晋时期的义学僧往往是"以经中事数，拟配外书，为生解之例，谓之格义"[②]。也就是说，"格义"是指，用《老子》《庄子》等所谓的"外学"来比附《般若》教义。[③] 然而，"格义"借助本土化的术语虽然使东晋士人、僧众更容易按受佛教思想，但这种方式也可能会误解佛教的本义。不过，也正是在阐发佛教哲学的过程中，东晋佛学家不仅发现了玄学道德哲学的弊端（如支道林就指出，郭象的逍遥义蕴涵着取消善恶评价标准的危险），而且又从佛学的角度赋予了"自然"以超越性的内容。其实，就其基本宗旨而言，佛教一方面将成佛得解脱确定为自己的最终目标，另一方面又用诸法实相（缘起性空、佛性本有）来为这一价值理想提供形上学的依据。此外，在道德实践的层面上，佛学以其能够兼顾戒律、禅定、智慧以及因果报应等众多方面，可以有效地规范人的言行。并且，通过绝对幸福的佛国净土思想，佛教又为整个社会建构起了彼岸

---

① 如东汉末的《牟子理惑论》认为，"佛"是一种"谥号"，犹如"三皇神、五帝圣"。此外，就佛的形象而言，他可以"恍惚变化，分散身体"、"蹈火不烧，履刃不伤"、"欲行则飞，坐则扬光"，犹如道家的神人、至人，更像道教的神祇。

② （梁）释慧皎：《高僧传》，中华书局1992年版，第152页。

③ 吕澂先生认为，在鸠摩罗什来华（公元401年）之前，东晋佛学界解读佛学的方式有两种："格义"是指用中国典籍中的概念来理解佛学名相；"六家七宗"则是以自由发挥来阐发般若学的义理。（参见吕澂：《中国佛学源流略讲》，中华书局1979年版，第45—46页）其实，在鸠摩罗什来华之前，尽管"六家七宗"已经可以依据各自的观点来诠释佛学的理论根基——缘起性空，但他们仍然在沿用玄学的术语，如自然、有无等。

世界的生存理想。[①] 显然，佛教伦理思想作为一种能够统一形上与形下、理想与现实的实践哲学体系就比玄学更能为现实人生实践提供有效的指导。这也正是佛教在东晋得以兴盛、逐渐取代玄学的实质所在。

一、从自然到诸法实相

从印度佛教哲学的整体结构来看，其理论根基——诸法实相[②]思想同时蕴涵着本体论和价值论双重向度："佛学的'真'，是道德方面的所谓的'善'；所以他们通常区别'真实'与'虚妄'的标准，是同染净联系在一起的。据他们看来，净善就是'真'，染恶就是'妄'，检验真与伪的尺度是道德。"[③] 也就是说，佛教的诸法实相思想不仅是关于宇宙万物之起源、结构和基本属性的学说，更是注重解答人生意义问题。此外，依据其对诸法实相的理解而言，大乘佛教可以被区分为空宗（即中观学派）和有宗（即瑜伽行派）。[④] 二者的主要区别是，前者认为"识"和涅槃境界都是空的，而后者则肯定"识"和涅槃境界。当佛教经典被大量译出之后，东晋时期的中国佛学家在解读佛经的过程中，也因阐发佛教的形上学思想而形成"六家七宗"。[⑤] 虽然"六家七宗"仍然停留在"格

---

① 对于佛教的伦理学思想，现当代的佛教思想家如萨达提沙应用西方哲学的方法对其进行了深入研究。萨达提沙指出："事实上，佛教徒所熟知的道，正是每个人由亲身践行一般德行开始，直趋超善恶之出世境界的道路。从这个角度来说，佛教可以说有很完善的伦理研究。"（参见萨达提沙：《佛教伦理学》，上海译文出版社 2007 年版，第 4 页）

② 尽管诸法实相是中观宗最根本的理论（即统一万物的绝对真理，只有通过消除万物的个性和自我的错觉方能自然显现），但佛教一切经中用来称谓终极实在的名称，如涅槃、般若、一乘、首楞严三昧、佛性、阿赖耶识等概念的实质却是一致的。（参见周叔迦：《周叔迦佛学论著集》，中华书局 1991 年版，第 290 页）

③ 参见吕澂：《印度佛学源流略讲》，上海人民出版社 2005 年版，第 232 页。

④ 参见方立天：《佛教哲学》，中国人民大学出版社 1986 年版，第 9—10 页。

⑤ 据南朝刘宋时期的昙济所著《六家七宗论》讲，"六家七宗"包括本无（分为本无和本无异）、即色、识含、幻化、心无和缘会等几大派系。但就其实质而言，这些

义"的阶段，但根据其用诸法实相来规定自然之性的不同方式，它们依
旧可以被划分为两大流派：支道林将般若等同于万物之自然的观点可以
看作是承接了大乘中观宗的思路；而道安则使用无形物象、绵绵长存来
描述法身和真际，这说明他所说的自然是指最高精神实体，因此更接近
大乘有宗。① 并且，随着鸠摩罗什来华译经、弘扬佛法，中国本土的佛
学家们逐渐能够利用佛教专有术语、论证方式来理解诸法实相。同时，
玄学的自然之性理论由于缺乏超越性的维度而从佛学家的视野中消失。

就其自身的演进历程而言，东晋时期中国佛学界的显学首先是大乘
空宗般若学，而非大乘涅槃学。并且，支道林是率先使用般若学的缘起
性空来解释自然之性的佛学家。② 支道林认为："是以诸佛因般若之无始，
明万物之自然，众生之丧道，溺精神乎欲渊。"③ 即佛教的般若学理论正
是为了揭示万物之本性，另外也指出，欲望才是遮蔽本性的根源。具体
来讲，支道林所说的般若也就是他的即色论，其主旨是："夫色之性也，
不自有色。色不自有，虽色而空，故曰色即为空，色复异空。"④ "色"
是指有形的万物，而"色不自有"则意味着万物皆没有自在的本质，这
是符合缘起说的观点。但问题却恰恰出现在性空至上："即色者，明色
不自色，故虽色而非色也。夫言色者，但当色即色，岂待色色而后为色

流派可划归为三大类："第一为本无，释本体之空无。第二为即色识含、幻化以至缘
会四者，悉主色无。而以支道林为最有名。第三为支愍度，则立心无。"（参见汤用
彤：《汤用彤全集》第一卷，河北人民出版社 2000 年版，第 207 页）

① 关于道安法身、真际的学派属性，参见郭朋：《汉魏两晋南北朝佛教》，齐鲁书社
1986 年版，第 380—383 页。
② 中观宗的基本思想实缘起性空："所谓缘起，是说一切事物，包括人的生命在内，都
是由内在的因和外在的缘和合而生，所谓性空，是说一切事物没有永恒的、不变的
事物本体。因和缘是变化不停的，因此事物也是刹那生灭不住的。透过缘起的现象
来观察事物的本体，这只是一切言说所不能表达、一切思维所不能考虑的空性而
已。"（参见周叔迦：《周叔迦佛学论著集》，中华书局 1991 年版，第 287 页）
③ 石峻主编：《中国佛教思想资料选编》第一卷，中华书局 1981 年版，第 60 页。
④ 同上书，第 64 页。

哉？此直语色不自色，未领色之非色也。"① 也就是说，支道林虽然指出万物由于无自性，所以是空，但他同时又将"空"说成是无形物象的实体。事实上，支道林即色论的基本主张是可以归结为心有色空，色无本质而空。② 从其所处的思想背景来看，导致支道林误解般若学缘起性空理论的主要原因就在于，即色论是自然之性与性空幻有这两种异质学说的折中："色复异空"体现了万物并非是由超验实体所产生，而"空"则是一种超验实体，从而兼有了独化论和贵无论玄学的特征。此外，"色不自有"却体现了"一切皆空"这一大乘空宗思想的影响。即色论试图用自然之性来比附性空幻有的失败经历表明，玄学关于万物本性的理解方式还不够形而上，即无法从绝对虚无的角度来领会诸法实相。然而，瑕不掩瑜，支道林的即色论凸显出了色与空或非存在与存在之间的二元对峙，而且可以视作日后僧肇"不真空论"的先兆，即为由万物的无自性、假有进而推进到性空幻有开辟了道路。

作为鸠摩罗什的高足，僧肇对佛教大乘空宗中观学有着非常深入和准确的理解。正如龙树、提婆是以击破对方来彰显自家的宗旨那样，僧肇也是通过批判其中国佛学前辈对般若性空的曲解而达到弘扬中观学的目的。在僧肇看来，本无宗、即色宗和心无宗三家之所以会违背般若性空之宗旨的根源就在于，他们都是执著于有或无的一端而不能领会"性空幻有"的道理。僧肇认为，事物的本性应该被理解为："欲言其有，有非真生；欲言其无，事象既形。象形不即无，非有非实有。然则不真空义，显于兹矣。"③ 事物由于是因缘和合而成或无自性才被认为不是真实的存在，但又以其在时空中的显现而不能完全等同于虚无。因此，综合二者便可以得出如下结论：事物之所以被称为空、无是由于其存在的不真实性。这样就使龙树的中观般若学通过"不真空义"而得到了具体

---

① 石峻主编：《中国佛教思想资料选编》第一卷，中华书局 1981 年版，第 145 页。

② 参见方立天：《魏晋南北朝佛教论丛》，中华书局 1982 年版，第 35 页。

③ 石峻主编：《中国佛教思想资料选编》第一卷，中华书局 1981 年版，第 146 页。

的阐释。与此同时，僧肇又指出，人们往往为"昔不至今"等现象所遮蔽，从而得出了事物之本性就是变化无常的观念。僧肇则凭借对动静、往来、古今和因果等范畴的考察分析之后提出"事各性住于一世"，即每一现象都是限定在特定时空之中的，它与此前和此后的现象（包括其自身）是没有任何因果关联的。立足于形而上层面的虽动而常静、虽有而常无理论之上，僧肇将人理解为："四大和合，假名为身耳。四大既无主，身我何由生？"①即人是由地、水、火、风等四大元素所聚合而成，那么这也正好说明其"无主"而不具有真实性。至此，僧肇就完成了用汉语来诠释大乘空宗般若学的工作，并且得出了物性非有非无、性空幻有的结论。然而，秉承了龙树中观学的僧肇，如同此一理论之创始人那样将更多的精力集中于认识论领域之内，即主张思辨优先于具体的实践。此外，"物不迁论"虽然可以用来捍卫如来功德不朽，但这种观点却使业报轮回成为不可能。

如果说从即色论到《肇论》展现了东晋般若学的全幅图景的话，那么，道安的本无论和法性真如思想、慧远的法性论、道生的佛性论则可以看作是大乘有宗（性宗）中国化的初始历程。与支道林同时的道安是东晋时期公认的佛学领袖，其兼修佛教大小乘、空有二宗和经律论，并且倾心于般若学有二十余载，但他对诸法实相的理解却与前者有所不同。作为一名虔诚的佛教徒，道安注重佛教信仰的纯正，因此他反对格义之学的解经方式："安曰，先旧格义，于理多违。"②即中国本土的概念和范畴无法澄清佛教哲学的主旨。然而，道安本人的思想却说明他依旧没有完全超出玄学的窠臼，不仅沿用玄学的名词、术语，而且即使是对诸法实相的论证方面也并未逸出玄学的轨辙。就道安的本无论的基本观点而言："如来兴世，以本无弘教，故方等深经，皆备明五阴本无，本

---

① 石峻主编：《中国佛教思想资料选编》第一卷，中华书局 1981 年版，第 180 页。
② （梁）释慧皎：《高僧传》，中华书局 1992 年版，第 195 页。

无之论，由来尚矣。何者？夫冥造之前，廓然而已，至于元气陶化，则群象禀形，形虽资化，权化之本，则出于自然，自然自尔，岂有造之者哉？由此而言，无在元化之前，空为众形之始，故谓本无，非谓虚豁之中，能生万有也。"① 在道安看来，"五阴"（即色、受、想、行、识）虚幻不实是大乘佛教的理论根基，其以宇宙生成论作为自己的确证依据：宇宙万物形成之前是空无所有的状态，所以这种初始阶段就不是宇宙万物的根源。既然无不能生有，那么宇宙万物的本性便是自然而然的。在此，本无论明显受到了独化论的影响，但二者的区别就在于，本无论认为万物本性空寂，而独化论则承认万物各有其性。

不过，道安的诸法实相理论并不仅限定在本无论或宇宙生成论领域，而是在另一个维度上体现为对绝对完满的意义之源的追问："执道御有，卑高有差，此有为之域耳。非据真如，游法性，冥然无名也。据真如，游法性，冥然无名者，智度之奥室也。名教远想者，智度之遽庐也。"② 也就是说，在有形有名的现象界中，长寿、荣誉和美德都只具有相对价值，相反，无形无名的真如、法性则是一切世俗价值的根源。由此可见，道安并非主张一切皆空，或者说，本无论与法性真如才全面展示了道安诸法实相理论。但道安的这种理论却会同时受到双重的责难：一方面，借用玄学的独化论来揭示万物本性空寂，然而，由于脱离了万物假有的支撑而被称为"好无之谈"；另一方面，作为意义之源的法性真如与万物之间又存在着断层，从而无法为成佛实践提供形上学依据。虽然道安的本无论不能契合般若学的基本宗旨，但他的法性真如学说所体现出的目的论论证方式却对慧远、道生等人产生了深远的影响。

在北方佛教界倾心于大乘空宗中观学的同时，作为南方佛学之巨擘的慧远却另辟蹊径，提出了自己对佛教哲学的独到见解。慧远受业于道

---

① 《中国哲学史教学资料汇编》（魏晋南北朝部分），中华书局 1964 年版，第 385 页。
② 石峻主编：《中国佛教思想资料选编》第一卷，中华书局 1981 年版，第 40 页。

安，但他在与罗什通好、礼遇僧迦提婆的过程中形成了贯通佛教大小乘的广阔视域。他一方面吸收道安法性实有的观点，另一方面则对鸠摩罗什所传的龙树中观学大为赞赏。[①]在兼综二者理论的基础上，慧远提出："无性之性，谓之法性。法性无性，因缘以之生。生缘无自相，虽有而常无。常无非绝有，犹火传而不息。"[②]也就是说，"法性"作为诸法实相，它超越了时空的局限性和变幻无常，从而具有了无形无相、独立自在的特征。并且法性在人的身上就体现为"神"："神也者，圆应无生，妙尽无名，感物而动，假数而行。感物而非物，故物化而不灭；假数而非数，故数尽而不穷。"[③]慧远的意思是说，神能感应外物而其本身又不同于外物，凭借名数来表达却不随其终结。所以，神便是超验性的实体，犹如使薪燃烧的火种那样可以被永久地延续下去。但是，神与事物交涉却并不能脱离形体的中介作用，因为"夫神形虽殊，相与而化，内外诚异，浑为一体"[④]。此外，既然神要与外在的事物发生感应关系，那么它必定会由于自己的行为或造业而要承担相应的果报。这样，即使人的形体有生灭变化，然而人的精神却始终如一，所以它便可以充当行为之善恶所引发的现报、生报和后报的主体。慧远的神不灭论尽管沟通了形而上的本体（法性）和人性，从而为佛教的业报轮回学说找到了据以展开其世俗教化的理论前提，并且，这一观点也使得佛教开始摆脱对神仙方术的依附，但是，神不灭论还是同佛教的终极目标——涅槃境界之间存

---

① 赖永海先生指出，慧远"体极为宗"的"法性论"思想，与其说得自于印度大乘般若经，毋宁说源出于魏晋本体论。而且从承认"法性"实有、不变这个基本思想出发，慧远的佛性说承认了一个主体"人我"，这个主体"人我"思想主要体现在他的因果报应说与形尽神不灭论中。（参见赖永海：《中国佛性论》，上海人民出版社1988年版，第30—31页）此外，慧远在与鸠摩罗什通好之后，其对法性的理解也逐渐趋于非有非无、有无相既的大乘般若学。（参见上书，第38页）

② 石峻主编：《中国佛教思想资料选编》第一卷，中华书局1981年版，第94页。

③ 同上书，第85页。

④ 同上书，第90页。

在着较大差距。此外，慧远佛学思想的前后之间也具有明显的不一致，如他所主张的"虽灵钧善运，犹不能变性之自然"①，即人的本性是无法更改的观点就与业报轮回导人向善的宗旨不相容。

东晋中晚期的中国佛学，经过道安、慧远等本土高僧大德和众多胡僧梵客的共同努力，印度佛学的大乘、小乘各派的主要经典相继被译为汉文。在此基础之上，竺道生能够兼采众家之所长提出众生皆有佛性、顿悟成佛、善不受报等一系列等重要观点，它们使中国佛学界对于佛教的宗旨和成佛实践都有了更为深入的理解。就其思想得以形成的背景而言，竺道生早年曾问学于慧远、研习一切有部的教义，其后又在长安跟随鸠摩罗什学习大乘般若中观理论。此外，从其主张"若忘筌取鱼，始可与言道矣"②以解读佛经的思路来看，他显然是深受玄学得意忘言、得鱼忘筌之注重义理学风的影响。而且，也正是后一种学术传统使得竺道生在大本《泥洹经》未译出的情况下便"孤明先发"，率先倡导佛性本有、一阐提之人皆有佛性的涅槃学思想。从当时中国佛学界的状况来看，慧远的神不灭论、因果报应理论固然可以起到抑恶扬善的作用，但过度强调这种观点却可能遮蔽佛教追求终极解脱的目的。对此，竺道生则是通过反思佛学之理论根基的方式而进行批判的。其实，竺道生的般若空宗思想本身并无特殊之处，他和其他般若学者不同的特点在于其不是仅停留在概念分析的层面上，而是指出本体实相即佛身或法身，这样就把般若实相学与涅槃佛身学说结合了起来③。具体讲，首先道生的形而上学体现出综合性的特点，即以法、法性、实相、佛和佛性等范畴的同一性作为自己基本视域。道生认为："法性者，法之本分也。夫缘有者，是假有也。假有者，则非性有也。有既非性，此乃是本分矣。然则

---

① 石峻主编：《中国佛教思想资料选编》第一卷，中华书局 1981 年版，第 86 页。

② （梁）释慧皎：《高僧传》，中华书局 1992 年版，第 255 页。

③ 参见方立天：《魏晋南北朝佛教论丛》，中华书局 1982 年版，第 160 页。

法与法性理一而名异，故言同也。性宜同故以同言之也。"① 一切事物都是因缘和合而生，并且由于它们没有独立的自性而被称为"假有"，即空。也正是因为诸法性空幻有，而法与法性在本质上则都是为了揭示这一道理才说明二者是同一的。至于佛经所记载的佛有丈六之体只是为了使众生可以有一个直观的认识而已，其实质就在于："法者，无非法义也。无非法义者，即无相实也。身者，此义之体。"② 佛之所以被称为佛的理由就是他可以超脱有形的虚幻和轮回之苦，完全等同于"无形之境"或法性实相。既然众生和佛都是法性实相的表现形式，那么，"一切众生，莫不是佛"便是其应有的结论。对于那些不信因果、业报、断绝善根的"一阐提"，道生认为："阐提是含生之类，何得独无佛性?"③ 一阐提之人之所以被贬斥为恶人是因为他们遗忘或不明白诸法性空得道理而造业。然而这却并不能说明他们就没有成佛的可能性。而且这种认为一阐提之人没有佛性的观点也同佛性说不一致，因为佛性既然是一切众生的本性，那么作为含生之类的一阐提之人为什么没有佛性呢? 此外，佛法的威力无边，如果它不能使一类人得以解脱，那么它还能被称为绝对的权威吗? 通过形而上的思辨和沉思，竺道生得出了众生皆有佛性的"珍怪之辞"。其具体的内容则是指："佛性是众生的最善的本性、最高的智慧、最后的真理，也是众生的实体。佛性非空，也非神明。道生和汉魏时我国佛教的观念不同，他强调佛性是宇宙本体，本体只有一个，所以佛性不是个人的神明，不是个人的灵魂。"④ 从表面上看，虽然当时的中国佛学界最初因其离经叛道而将之逐出僧团，最终又因《涅槃大本》的传入又将其奉若神明，但这其中的根本却在于他的观点使佛教的终极目标被明确，并为成佛得解脱的论证提供了可靠的理论起点。

---

① 　石峻主编:《中国佛教思想资料选编》第一卷，中华书局 1981 年版，第 206 页。

② 　同上书，第 205 页。

③ 　同上书，第 438 页。

④ 　参见方立天:《魏晋南北朝佛教论丛》，中华书局 1982 年版，第 172 页。

　　在鸠摩罗什来华之前，中国佛学仍然处于格义、六家七宗阶段，即试图用中国本土的观念来理解佛教哲学的时期。对于佛教的理论基石——诸法实相理论，东晋中期的高僧大德们首先是用玄学的"自然"来加以诠释的。然而，玄学关于万物本性的实体化理解不仅与般若性空幻有思想之间存在着巨大的差异，而且也无法揭示法性真如的超越性品格。因此，玄学的自然之性便不足以为成佛实践提供形上学基础。但不可否认的是，支道林的即色论显示了宇宙生成论论证的特征，而道安本无论、法性真如则展现了目的论论证的倾向。而且，二者筚路蓝缕之功也使得其后的佛学家们受益匪浅，即用自然之性来沟通诸法实相会导致诸多误解，所以，只有凭借佛教自身的术语、论证方式方能领会其中的奥秘。此后的僧肇通过罗什所传的龙树中观学，不仅明确指出心无、即色、本无各派对于诸法实相的误解，而且也使般若非有非无的中道得以展示。尽管僧肇准确地把握了般若学的实质，但由于也导致对形上的思辨胜过了实践的目的这一问题。对于般若学幽微玄远的特点，慧远指出它并不是常人所能理解，也不利于佛教的广泛传播。相反，神不灭论则可以为推行业报轮回提供必要的理论预设。与慧远偏重现实教化不同，道生立足于佛学追求终极解脱的涅槃境界之上，提出人本有的佛性同一于诸法实相，所以也就贯通了形上的本体与具体的人性而使佛学道德实践理论基础得以完善。概言之，无论是般若性空，还是神不灭论、佛性本有，它们以其特有的超验性和普遍有效性（超越性）而可作为佛教道德实践的起点。

二、禅数之学与慧解

　　佛学对于人生苦难的基本理解是，人由于无明造业而导致了业报轮回和生老病死之苦的产生，只有消解了诸多假相的遮蔽方能获得最终的解脱。但如何实现这一目的，佛学界历来是众说纷纭、莫衷一是。但就整体来看，佛教的成佛路径或方法不外乎戒律、禅定和智慧三种。然而，东晋佛学界对成佛实践的三重路向却各有偏重：道安、慧远师徒尽管不否认般若智慧的重要性，却始终坚持戒律、禅定的优先性；僧肇、道生都崇尚慧解，但前者主张渐悟，后者力主顿悟。

从道德首先要面对如何处理或引导人自身的贪欲以及同他人的关系来看，成德的本质规定性便是实践性。毋庸置疑，道安、慧远之所以提倡戒律、禅定和因果报应也正是有见于此而论证自己的道德教化。就人自身而言，佛教认为贪、嗔、痴是三种毒物，沉溺于其中的人无法摆脱轮回之苦。所谓贪毒就是指执著于声色犬马，它可以引发心智混乱、违背规范乃至国破家亡等灾难。禅数之学的解决之道是通过观察尸体的腐化过程来平息幻想、达到内心的宁静，这种修持方式被称为"四禅"。至于由怨恨、愤怒，即嗔毒所导致的斤斤计较、众叛亲离、灭绝族类等问题，可以依据忽略彼此是非、柔志含苦的"四等"来加以克服。不信奉佛教真谛、忤逆圣人、父母和师父的痴毒，则是人自身所具有的最为严重的弊病，只有凭借诸法性空的智慧才能使其明白自己的迷狂。道安认为，经过践行禅定的三种、十二类修养方法，人虽然不一定必然会成为佛，但至少也能获得"移海飞岳，风出电入"① 的超凡能力。

除过自身的贪欲之外，人还必须使自己的言行符合佛教之众多戒律的规范方能成佛。因为，"戒虽检形，形乃有行舟舆也，须臾不矜不庄，则伤戒之心入矣"②。也就是说，戒律是对人的行为的限制和约束，但这是由于没有强制性的措施就会使人的内心昏乱而陷入"三恶道"。道安本人就亲自制定了"行香定座上经上讲"、"常日六时行道饮食唱时"和"布萨差使悔过"三类戒律③，并且很快就在当时的中国寺院中流行开来。慧远在继承道安思想的同时，又吸收了三论之学、毗昙学和提婆禅法，

---

① 石峻主编：《中国佛教思想资料选编》第一卷，中华书局 1981 年版，第 38 页。
② 同上书，第 50 页。
③ 参见上书，第 56 页。

从而以注重范导世俗言行而完善了道安佛教伦理的教化功能。慧远指出，人由于"知久习不可顿废，故先示之以罪福；罪福不可都忘，故使权其轻重。轻重权于罪福，则验善恶以宅心；善恶滞于私恋，则推我以通物"①。也就是说，对于那些深为世俗享乐观念所濡染的人们来说，只有借助业报所引发的罪罚和幸福方能使其开始审视自己的行为，所以可以根据他们趋利避害的心理来引导其遵循佛教的伦理规范，从而使其去除迷惑和接受成佛解脱的价值理想。此外，慧远虽然也主张禅智兼修，但他又明确提出禅定在实践层面上优先于智慧。他认为："禅非智无以穷其寂，智非禅无以深其照。则禅智之要，照寂之谓，其相济也。"② 禅定与智慧都是修习佛理的主要方法，然而，智慧却因其艰深晦涩而不易为常人所领会。禅定则是针对具体的行为而给予相应的指导，并且在践行的过程中又可以循序渐进。所以禅定比智慧能更有效地规范人们的言行。

作为鸠摩罗什的高足，僧肇与道生则深受龙树三论之学的影响，他们主张获得涅槃解脱的关键就在于能够理解般若智慧或佛理。在僧肇看来："于外无数，于内无心，彼此寂灭，物我冥一，怕尔无朕，乃曰涅槃。"③ 所谓的涅槃也就是指懂得了内外、物我非有非无的道理，即掌握了无知、无相的般若智慧之后所拥有的境界。但事实上，人往往是处于彼此分化、贪图名利的生存状态之中。僧肇指出，执著于世俗的观念其实是妄想而已，因为"万物万形，皆由心成"④，即事物都不过是凭借着心的活动而得以显现。如果要消解这些妄执对人的误导则必须做到"直心"，即"内心真直，外无虚假"⑤，假如能使心达到虚静、超脱有无的

---

① 石峻主编：《中国佛教思想资料选编》第一卷，中华书局 1981 年版，第 91 页。
② 同上。
③ 同上书，第 162 页。
④ 同上书，第 171 页。
⑤ 同上书，第 178 页。

分界，那么人就可以洞察到世界的本真状态，与僧肇通过破除幻象以显示实相的路径不同，道生则是由正面提出"成佛从理"的顿悟学说。依据众生本有佛性的理论，道生认为，人之所以不能进入涅槃之境是由于"垢障"的遮蔽，而解脱之道就在于顿悟佛理。首先，人应该明白自性与佛性在本质上是同一的。因此，探寻佛理的实践也就可以从沉思人自身的本性来展开："一念无不知者，始乎大悟时也。以向诸行终得此事，故以名焉。以直心为行初，义极一念知一切法，不亦是得佛之处乎？"[①]虽然人可以在一刹那间因豁然大悟诸法实相而成佛，但这却是源于最初的化解世俗观念之束缚、持续的研习佛理等渐修的积淀。与僧肇用否定世俗观念来彰显般若智慧有所不同，道生则采用了渐修与顿悟相统一的观点来揭示成佛实践的路径，其优点就在于破立结合的方式能更为清楚地展示成佛的方法和境界。

从道德实践注重现实性的品格来看，佛教所主张的戒律、禅定和智慧是为了塑造出符合解脱生老病死等烦恼的生存状态或人生境界。道安倾心于戒律和禅数的规范作用，认为依此修习的人最终可以拥有超自然的能力：其脚步可以震动整个世界、挥手可以触摸日月、气息则能使物体飞舞。这显然还是没有脱离神仙观念的影响。慧远尽管也认为佛祖如来具有隐显自如、超越时空的神性，但又指出其能够使"众邪革心"、"群疑同释"，即教化众生的广泛影响力。僧肇和道生立足于般若学和涅槃学理论之上，前者用"能默耀韬光，虚心玄鉴，闭智塞聪，而独觉冥冥者矣"[②]，即用超凡脱俗的圣人或至人来解说成佛境界；后者则将佛理解为"悟理之体"、"当理者"的智者。然而，道生的理想人格理论之所以被称为新论的理由就在于，他主张："去释氏之渐悟，而取其能至，去孔氏之殆庶，而取其一极。"[③]也就是说，众生都能够凭借顿悟而

---

① 石峻主编：《中国佛教思想资料选编》第一卷，中华书局 1981 年版，第 208—209 页。

② 同上书，第 147 页。

③ 同上书，第 220 页。

成佛，这就突破了玄学以及受其影响的佛学家，如道安、慧远等人所持的圣人可至不可学的观点。

凭借各自所关注的佛学经典以及多样化的致思取向，东晋时期的高僧大德们从不同的角度和层面阐发了对于佛教道德实践理论的理解。从整体上看，道安和慧远注重禅定、戒律的修持学说具有很强的针对性，而且其明确规定各种操作程序的做法也更能直接引导人的行为。而僧肇和道生则是有见于般若智慧、佛理在成佛解脱过程中的重要性，他们在诠释印度佛学理论的同时，也对中国佛学的形上学构建作出了巨大贡献。当然，以上这种区分主要是就其主要倾向而言的，事实上各家在成佛实践的过程中对禅定、戒律和智慧都有所涉及。这样，无论是关于道德元理论的善论，还是就指导具体行为的德论，东晋时期中国佛学界对它们都进行了广泛而深入的沉思和探讨。

三、三界与佛国净土

佛教的兴起与社会人生当中的诸多苦难有着直接的关联，也正是为了化解现实中的困境才促使佛陀立说、创教。因此，佛教并不否认世俗生活的存在，只是为了达到解脱的目的而认为俗世的实质只不过是幻象而已。就东晋时期的中国佛学界而言，当时的佛学家们认为："苟心系乎有，则罪福同贯，故总谓三界为一大狱。"[①] 也就是说，如果执著于幻象的实有，那么众生所处的"三界"，即充满欲念的感觉世界（欲界）、有形的物质世界（色界）和无形的精神世界（无色界），就如同一座牢狱。由此就会产生贪、嗔、痴三种恶德，从而使人永远承受轮回之苦。佛教的圣人——释迦牟尼因为以其慈悲之心来超度众生脱离苦海，即用关于诸法实相的道理来启发人们，所以他就被尊为"大觉"。从个体角度来

---

① 石峻主编：《中国佛教思想资料选编》第一卷，中华书局1981年版，第22页。

看，人是可以凭借禅定、戒律和智慧等方式实现成佛得解脱的目的。但就整个社会而言，东晋时期的中国佛学家们指出，对于那些为世俗观念所局限的人们，一方面需要仁义礼法等规范系统的约束，另一方面则只有在佛教的引导下才能进入绝对幸福的佛国、净土。

根据缘起性空理论，现实的纷争与治理都是虚幻的，而且凭借因果轮回又显示出沉溺于虚幻的三界才是苦难的根源。因此，佛教在实现涅槃之境的过程中不能回避现实社会的困扰。事实上，佛教从创始之初便是依附刹帝利、大富豪来展开自己的教化的。这说明其一开始就已经认识到世俗权贵对于传播思想学说的重要性。东晋时期的佛学家在处理翻译佛经、兴建寺院、资养僧侣等具体事物中，对此也深有体会。道安在新野分散徒众时指出："不依国主，则法事难立。"① 随后，他在前秦苻坚的支持下组织西域僧人译出众多佛经、请求将鸠摩罗什迎入长安，这些都可以说是依附国主推行佛法观点的具体表现。如果说道安对世俗政治的态度主要是假借后者以传教的话，那么慧远则是在区分在家与出家两个领域来审视世俗王权的功能。慧远认为，个人如果没有出家为僧，那么他就是帝王的臣民，应该礼敬王者及其制度，但对于那些已经出家的人来说，由于他们以超脱业报轮回为自己的理想，所以已经不再为世俗的权力所控制。在家者之所以要顺从王者的教化，其理由就在于人有血肉之躯："咸禀气于两仪，受形于父母，则以生生通远之道为弘，资存日用之理为大，故不宜受其德而遗其礼，沾其惠而废其敬。"② 人的生命是由阴阳二气和合而成、为父母所给予，并且需要生活资料和人伦秩序方能维持。王者则正能为人的生存提供诸多保障，所以在家者就应该用遵守世俗德典章制度来向其表达敬意。此外，出家者虽然以研修佛理为宗旨，但"出家之人，凡有四科，其弘教通物，则功侔帝王，化兼治

---

① （梁）释慧皎：《高僧传》，中华书局 1992 年版，第 178 页。

② 石峻主编：《中国佛教思想资料选编》第一卷，中华书局 1981 年版，第 99 页。

道"①。也就是说，佛教徒如果能精通德行、言语、政事、文学等世俗之知识技能的话，同样可以借此来弘扬佛法，从而能因其有利于社会秩序的维系而与帝王具有相同的功德。

在肯定世俗政治活动有助于保存人的形体的同时，慧远又从因果报应、业报轮回的角度指出："夫生以形为桎梏，而生由化有，化以情感，则神滞其本，而智昏其照；介然有封，则所存唯己，所涉唯动。于是灵謩失御，生途日开，方随贪爱于长流，岂一爱而已哉？……是故反本求宗者，不以生累其神；超落尘封者，不以情累其生。"② 形体被称为是桎梏的理由就在于，形体的维系往往因为与外在事物的交接而陷入重重的情感纠葛之中，由此也将促使精神迷失本性、无法洞见诸法实相。并且，沉溺于三界之中的人们不仅由于遗忘本性而纵情享乐，而且也会因其贪恋种种幻象而永世不得超脱三界轮回。因此，对于那些追求成佛得解脱的人来说，只有做到识破诸法性空、不为幻象所迷惑方能实现这一终极目标。但是，就世俗政治的功能而言，"王侯虽以存存为功，而未能令存者无患"③。即王侯的统治固然可以保全人的身躯，然而它仍然无法使人摆脱生老病死的苦难。相比之下，佛教却能"拯溺俗于沉流，拔幽根于重劫。运通三乘之津，广开天人之路"④。此外，从其对现实生活的影响来讲，支遁认为，佛教徒内心纯朴、恪守清规戒律的生存方式又能感化他人。所以，"哲王御世，南面之重，莫不钦其风尚，安其逸轨，探其顺心，略其形敬，故令历代弥新矣"⑤。也就是说，世俗的统治者之所以要安抚高僧大德，其真正的原因就在于后者可以凭借自己的德性来引导社会风尚。

---

① 石峻主编：《中国佛教思想资料选编》第一卷，中华书局 1981 年版，第 81 页。
② 同上书，第 83 页。
③ 同上书，第 83 页。
④ 同上书，第 82 页。
⑤ 同上书，第 73 页。

　　既然众生所处的三界纵使有圣王的治理依然要遭受轮回之苦，那么理想的国度就必然存在于彼岸的佛国净土之中。东晋时期的佛学家，由于他们各自所信奉的佛教流派的不同而对佛国净土的理解也存在着很大的差异。道安、慧远等人尽管相信佛国实有，并且立下了"共誓西方"的宏愿，但很少对其直接加以详细的描述。倒是支遁在其《阿弥陀佛像赞并序》中对佛国的图景进行了描绘：它处于远离中国的西方，其国君为阿弥陀佛。在佛国里没有王制班爵的等级制度，男女都品行高尚而且信奉佛教。佛国的建筑也与尘世不同，其中的亭台楼阁都是由宝石天然合成，飞禽走兽可以自由生长、鲜花遍地、甘露普降，等等。总之，佛国就是一个美轮美奂、永恒不变的乐土。人如果"奉佛正戒，讽诵《阿弥陀经》，誓生彼国，不替诚心者，命终灵逝，化往之彼"①，佛国并非是可望而不可即的幻影，只要信徒能够遵循戒律、诵读《阿弥陀经》、一心向往之，那么当其有形生命终结之时，他的灵魂将会进入佛国。然而，对于那些坚持佛无净土论者而言，所谓的佛国净土并非实有，它只不过是为了说明因果报应而确立的理论预设而已。僧肇认为："无定之土，乃曰真土。然则土之净秽，系之于众生，故曰，众生之类是菩萨佛土也。或谓土之净秽系之于众生者，则是众生报应之土，非如来土，此盖未喻报应之殊方耳。"②所谓净土是相对于因果报应而言的，是不能认为在时空中实有"真土"、"如来土"，因为后者是指人的精神境界或德性。道生则指出，佛国净土的实际作用就在于："人情欣美尚好，若闻净土不毁，则生企慕意深，借事通玄，所益多矣。"③世俗之人都以趋利避害为价值取向，所以因果报应正是根据人的这一禀性来引导其开始信奉佛教思想的。

　　东晋时期的中国佛学家，在传播佛教思想和翻译、研习佛经的过程

---

① 　石峻主编：《中国佛教思想资料选编》第一卷，中华书局 1981 年版，第 68 页。
② 　同上书，第 169 页。
③ 　同上书，第 204 页。

中，逐渐地将众生所处的三界和佛国净土加以区分开来。他们一方面认为三界由于无法超脱轮回之苦而犹如"大狱"，使人饱受贪欲的控制和逼迫。另一方面，在承认王侯对于治理世俗社会、保全人的有形生命所具有的合理性的同时，佛学家们又指出，现实的政治活动与成佛得解脱相比却呈现出自身的有限性。因此，无论是从终极目的，还是就其具体的影响力来看，佛教及其信徒的生活方式都比世俗社会更值得人去向往和追求。此外，依据完美的佛国净土所表征的理想社会来看，尽管西方实有与佛无净土两种观点在侧重点上各有不同，但其终极目的都是向人们指出绝对幸福的生活只能存在于彼岸世界。

概观魏晋时期中国社会历史文化发展演变的整体脉络，我们发现，玄学的兴起其实是为了拯救由两汉儒学建构、倡导的形式化伦理所引发的价值危机，而且其试图从形而上的性与天道层面为道德、政治实践奠定理论根基。但是，由于玄学始终坚持人的天性或自然之性对于仁义礼法的优先性，这种价值取向不仅导致了人伦规范体系在现实生活当中的构成功能被弱化，而且也因其偏重思辨而无法有效地化解社会人生所面临的诸多困境。与此同时，随着东汉中期以来中原地区同西域的商贸往来的日益频繁，印度佛教也因胡僧梵客的涌入而得以传播开来。并且，在汉译佛教经典和思想交流不断增多的情况下，东晋时期的中国佛学家们已经不再局限于用本土的老庄哲学来诠释佛学的格义之学，而是开始更多地使用佛学的术语、思考方式以展开自己对于社会人生的理解。当然，佛学之所以能够在东晋兴起的原因主要有两方面：一方面，两晋之际的中国社会深陷于战乱频仍的动荡之中，但此时的玄学仍然为相对主义和虚无主义所困扰而日趋衰落。所以，整个社会的道德生活是处于失范的边缘。另一方面，就佛教的基本宗旨而言："印度佛学始终都是为了他们所谓实践的目的，去寻求人生和宇宙的'真实'而开展起来的。他们的所谓实践，并不是积极地参与社会政治、经济等活动，而是消极地企图脱离现实生活而求得所谓的解脱。"① 此外，佛学注重戒律、禅定和智慧等道德实践观点既以其精深缜密的分析满足了思辨的兴趣，同时也因其兼顾了行为规范、修养程序明确的特点而呈现出很强的操作性。尽管就基本的价值理想来看，佛学是崇尚彼岸幸福的宗教哲学，而玄学则是探讨在世的幸福如何可能的世俗哲学，但由于玄学在理论论证和具体实践上的双重失败，而为佛学参与当时中国社会的道德实践提供了契机。对此，东晋末期的中国佛学界在融贯了毗昙学、般若学和涅槃学的基础之上，特别是当道生提出众生本有佛性和顿悟成佛等重要观点之后，当时的思想家普遍认为："聃周之俦名教，秀弼之领玄心，斗此为易矣。"② 也就是说，东晋末期的中国佛学思想已经涵盖了"名教"（即人伦规范体系）和"玄心"（即形而上的性与无道理论），并由此而构建起了比玄学更为完善和有效的道德哲学体系。这其实也就意味着中国佛学逐渐开始取代玄学在思想界的主流地位。

就东晋佛道宗教哲学的宗旨而言，它们不仅追问具有绝对价值的生存方式是什么或人生的终极目标是什么，而且更加关注实现终极目标的方法和路径。因此，二者在很大程度上都可以被称为实践哲学。而且，佛道宗教哲学关于人生意义的理解也非常契合那些饱受虚无主义、相对主义之苦的东晋士人的内心感受。具体讲，俗世生命的有限性证明自身的相对性，而因果轮回则可以对应无根性的生存状态。或者说，虚无主义、相对主义只会在世俗领域产生。与此同时，佛道凭借其所理解的终极实在（玄道、诸法实相、涅槃佛性），为人们摆脱生存困境提出了可供选择的方向，即通过信仰终极实在和践行清规戒律而获得永恒的福祉（羽化成仙或涅槃解脱、佛国净土）。

东晋时期的佛道哲学一方面从终极实在的角度为道德的客观性提供

---

① 参见吕澂：《印度佛学源流略讲》，上海人民出版社 2005 年版，第 232 页。
② 石峻主编：《中国佛教思想资料选编》第一卷，中华书局 1981 年版，第 218 页。

了依据，另一方面，二者在确证其道德主张的过程中也表现出极强的思辨性。佛道关于世俗生活与宗教生活的划分以二元化人性论为前提，也就是说，人的原初禀赋中同时具有超越性与经验性的双重向度。超越性使宗教生活、最终的解脱成为可能，而经验性则是尘世生活的现实依据。其实，佛道以人性为道德论证之起点的致思取向可以看作是对玄学自然之性的超越。因为玄学的自然之性本身就蕴涵着分化的可能性，也就是说，虽然玄学家用完整性、统一性来规定自然之性的本质，但由于强调自主性、自发性而得出了每个个体之间存在着差异性的结论。因此，如何平衡统一性与多样性之间的张力便是玄学形而上学的敏感核心。然而，无论是内在和谐统一，还是外在的自生独化都无法为道德原则、实践奠定统一的形而上根基。因为二者皆以个体自然之性的多元化作为其道德论证的起点，而不能说明道德原则的客观性或普遍必然性。此外，自然之性的超验性与个体存在的多样性之间的鸿沟又引发了对于人性的二元论解释，这种理论自身的不自洽同时也为东晋玄学提供了理解自然之性的前见。与玄学家用统一性、自主性来规定自然之性的思路有所不同，东晋从张湛开始的哲学家逐渐意识到人性其实蕴涵着超越性与经验性（感官欲望、人伦社会关系）的双重向度。而这种对人性的二元论解释又促使哲学家重新确定人生的意义和行为规范、评价体系。对于东晋时期的哲学家（包括玄学家和佛道哲学家）而言，统一性、普遍必然性可以划归超验的领域，感官欲望、人伦社会关系则属于现象界。但后者隶属于前者，并且以前者作为终极目标或善的理想。

从宗教戒律与道德责任或义务之间的关系来看，东晋时期的佛道哲学还不能被划归道德宗教的范围。① 首先，佛道的道德原则并不是以主

① 康德认为："宗教（从主观上来看）就是把我们的一切义务都认作是上帝的诫命。如果在一种宗教中，为了把某种东西承认为我的义务，我必须事先知道它是上帝的诫命，那么，这种宗教就是启示的（或者是需要一种启示的）宗教。与此相反，如果在一种宗教中，我必须在能够承认某种东西是上帝的诫命之前，就知道它是义务，

体自我立法为依据，而是通达彼岸世界的必要条件，所以道德依然从属于宗教目的。此外，佛道为了实现彼岸生活的理想，二者往往会提出，非理性的信仰①、祈祷、禁欲等极端方式才是道德实践的主要内容。因此，尽管佛道伦理为苦难的东晋社会指出了一种确定的生存目标，但二者所追求的出世理想与儒家人文价值之间的张力表明，如何从理论上克服虚无主义、相对主义仍然是一场未完成的谋划。此外，就二者在当时所产生的实际影响而言，东晋时期的佛道宗教伦理还无法同传统的宗法等级观念相抗衡，因此，它们只是流行于宗教信徒、士大夫、王室等阶层，并没有成为一种可以规范整个社会秩序、个人行为和生活方式的普世伦理。② 这些都成为其后的哲学家无法回避的难题，同时也为构建更为宗备的道德哲学体系提供了启示。

那么，这种是自然宗教。"（参见李秋零主编：《康德著作全集》，中国人民大学出版社 2007 年版，第 155—156 页）在此必须说明，对于康德而言，自然宗教与道德宗教具有相同的内涵。

① 克尔凯郭尔对宗教信仰的非理性进行了详细的考察、分析。他认为，宗教信仰是由两方面因素促成的："信仰正是个体内向性的无限激情和客观的不确定性之间的矛盾。如果我能客观地把握上帝，我就不会信靠；正是因为我不能，所以我必须信靠。"客观地不确定性和个体方面充满激情地委身才是信仰的必要条件。（参见苏珊·李·安德森：《克尔凯郭尔》，中华书局 2004 年版，第 59 页）而真正的信徒则是"信仰的骑士"，他首先通过无限弃绝地行为而放弃了对有限事物地要求。然后，他会充满信赖地投身于荒谬之中（上帝要求做一些有悖伦理的事情以考验其信仰），并且可以重新得回有限的事物。（参见上书，第 67 页）

② 就葛洪的神仙道教伦理而言，虽然积善累功是成仙的基本要求，但最终起决定性作用仍然是个人的禀性、信仰、秘诀等因素，所以神仙道教伦理主要是用来规范那些笃信仙道的人的行为、生活方式。此外，在慧远之前中国佛教的发展中，有文化的知识分子阶层（士大夫并包括出身于士大夫家庭的僧人）起到了中坚骨干作用，而且当时的佛教又可以分为"士大夫佛教"（Gentry Buddhism）、"王室佛教"（Court Buddhism），真正的民间佛教还没有形成。（关于东晋佛教的传播状况，参见许理和：《佛教征服中国》，江苏人民出版社 2005 年版，第 4 页）

结　语

　　在现代中国哲学的语境当中，魏晋玄学往往被理解为本体之学，或者是以思想解放为基本特征、用全新的方法诠释传统经典（《老子》、《庄子》、《周易》、《论语》）的思想运动。上述占据主流地位的解读方式使人们以为魏晋玄学只不过是一种崇尚思辨的学问，它不食人间烟火、不关注人生的意义，从而也就没有自己的道德哲学思想。但这种观点却无法解释如下现象：玄学家们以特立独行、狂狷气质著称于世，其注释和论著中对形式化伦理、功利主义的弊端口诛笔伐，他们追求形神、人我和谐，足性逍遥和崇本举末的人生、社会理想。面对目前学界关于魏晋玄学的认识与玄学家们的价值取向之间的不一致性，我们不禁会问：是什么导致我们过多强调玄学的思辨性，弱化了其在中国伦理学史上的地位？通过反观晋代以后的中国思想史，我们会发现，从裴頠、范宁开始，正统的儒家学者始终认为玄学是一种败坏纲常、清谈误国的旁门左道；而服膺玄学家之气节和玄学之义理的士人则极力推崇其学术价值。长期以来，学界关于玄学之现实影响及其学术地位的论断已经在无形中转变为解读玄学的前见。此外，就玄学自身来看，如果脱离具体的社会历史背景，那么玄学所依据的理论视角和形上学表述方式也使自己的价值取向处于晦暗之中，从而使置身其外的人们无法领会其真实的意图。

毋庸讳言，玄学家的生活方式、人生态度并非完美无缺。从个人的角度来看，"平叔党曹爽见诛，触死权之纲也；辅嗣以多笑人被疾，陷好胜之宠也；山巨源以蓄积取讥，背多藏厚亡之文也；夏侯玄以才望被戮，无支离臃肿之鉴也；荀奉倩丧妻，神伤而卒，非鼓缶之情也；王夷甫悼子，悲不自胜，异乐门之达也；嵇叔夜排俗取祸，岂和光同尘之流也；郭子玄以倾动专势，宁后身外己之风也；阮嗣宗沈酒荒迷，乖畏途相诫之譬也；谢幼舆臧贿黜削，违弃其余鱼之旨也；彼诸人者，并其领袖，玄宗所归"①。颜之推认为，玄学家们的言行举止同其所信奉的老庄哲学背道而驰，或者说他们没有实现道家超脱情欲、名利、权力等世俗观念的束缚，追求"全真养性，不肯以物累己"的人生境界。尽管颜之推关于玄学领袖们的批评大多符合史料的记载，但他对玄学家的人生理想作出了片面化的理解。就玄学家所依据的经典而言，他们似乎倾心于老庄哲学，然而其在注解经典文本的过程中却表达了全新的价值理想：承认仁义礼法是个体生存、社会整合的必要条件，但它们只有奠定在自然之性与天道的基础上才能具有合法性，能够发挥其应有的功能。玄学家的这种观点其实有别于先秦道家拒斥、贬低人伦规范的人生哲学。并且，为了实现符合性与天道的生存状态，玄学家们以极具个性色彩的方式对抗世俗观念（单纯注重外在形式的行为规范和效果的功利主义），在追求个体自身的存在价值的同时也希望唤起他人乃至整个社会的良知。

所谓的玄学家皆是名士，即魏晋时期为士大夫阶层所公认的领袖人物，其立身处世的方式则是士人们效仿的对象。但后者由于不能真正领会玄学的精神实质而演变为一幕幕闹剧。在此特别引人注目的是，以嵇康、阮籍为标志的竹林名士与元康（公元 291—299 年）放诞之风的关

---

① 王利器：《颜氏家训集解》，中华书局 2002 年版，第 186—187 页。

系，从东晋便出现了两种截然不同的观点：戴逵认为，"然竹林之为放，有疾而为颦者也；元康之为放，无德而折巾者也"①。也就是说，竹林名士们身处魏晋禅代之际，他们用狂放、怪诞的行为方式来表达自己对于现实的焦虑和不满。但元康时期的士人只不过是为了放诞而放诞，其目的并不在独善其身、拯救世风，因此也就背离了玄学的主旨。另外，范宁则从正统儒家的立场指出："何蔑弃典文，不遵礼度，游辞浮说，波荡后生，饰华言以翳实，骋繁文以惑世；缙绅之徒，翻然改辙，洙泗之风，缅焉将坠！遂令仁义幽沦，儒雅蒙尘，礼坏乐崩，中原倾覆。"②范宁的控诉确实揭露了玄学家过度注重思辨、忽略事功和仁义礼法规范等诸多弊端，认为玄学家要为世风日下、儒学衰落、中原倾覆等后果承担责任，其罪名甚至无异于桀纣等暴君。事实上，范宁的言论有失偏颇：首先，玄学家并不拥有左右国家政局和教化民众的最高权力，其影响力仅限于士大夫阶层；其次，西晋的灭亡是由八王之乱、外族入侵等多种因素所导致。因此，从玄学家身上直接寻找社会动荡的根源是不科学的。

　　如果说裴頠、范宁、颜之推等人的指责是着眼于玄学所产生的实际后果（个人的吉凶祸福、社会影响），那么反观玄学对汉魏之际主流道德哲学的批判则会展现其正面价值。相对于传统的观点，鲁迅以其大文学家所独具的深邃而敏锐的眼光洞察到玄学家思想世界的复杂性、多重性："魏晋时代，崇奉礼教的看来似乎很不错，而实在是毁坏礼教，不信礼教。表面上毁坏礼教者，实则倒是承认礼教，太相信礼教。"③玄学家与那些仅仅将礼教视为工具、手段的形式主义和功利主义有所不同，其目的恰恰是希望用形而上的性与天道来为礼教（人伦规范体系）提供合理性论证。从整体上来看，汉武帝建元元年（公元前 140 年）至魏齐

---

① （唐）房玄龄：《晋书》，中华书局 1974 年版，第 2458 页。
② 同上书，第 1984—1985 页。
③ 《鲁迅全集》第三卷，人民文学出版社 1973 年版，第 502 页。

王曹芳正始元年（公元240年）三百多年间的官方道德哲学，无论是依据天意、天命的三纲五常，还是崇尚功利的才性论，虽然二者在理论前提上存在着较大差异（天意、求生自保），但它们却同样将道德原则奠定在他律性概念（天意、功利）之上，无法为人的尊严或存在价值提供有效的辩护。此外，三纲五常和才性论也无法化解天人、群己、人我、义利等实践难题。如果以此作为理解玄学思想得以兴起的社会历史背景，那么我们就不难看出，玄学的价值取向便是，希望通过人的自然之性的自我实现来消解外在的天意、物欲对人的胁迫，同时又指出自然之性中所固有的统一性、和谐、独立自主等特性才是道德实践得以可能的源泉。玄学这种关于道德形上学基础的沉思不仅因其肯定道德的自律性而凸显出了人的存在价值，而且也为道德行为、德性的自愿和自然属性确立了本体论依据。然而，在肯定玄学道德哲学的理论意义的同时，其对道德价值或善的解释也因忽略感官欲望、人伦关系等维度而显得虚幻不实。

通过考察玄学产生、演变的历程和分析其理论宗旨、论证方式，我们发现，玄学是非常自觉地面对汉末以来的价值危机所引发的社会人生问题。并且，它同时指出，过于强调天意、君、夫、父和仁义礼法等外在的权威，将会导致形式主义与功利主义的恶果。所以，玄学家们认为，只有出自天性中的固有法则才能确保真实的德性，化解主体间的紧张，范导整个社会恢复和谐有序。玄学的这一基本立场使"自然之性"中所蕴涵的自发、自愿原则受到空前的重视。然而，玄学在重建价值秩序的过程中也暴露了自身的理论缺陷：它混淆了广义的价值与道德价值，淡化了人伦规范的必要性，用抽象的方式（仅仅注重精神层面上的完善）理解幸福，忽略自我实现对于社会人生的意义。尽管玄学的道德哲学内含着种种不足，但不可否认的是，它使元价值理论、自愿原则、德福关系和自由等一些基本问题在中国哲学史上的地位得以凸显。而且，玄学偏重形上学的致思取向也为佛道两家的兴盛奠定了思想基础，后者又以其宗教戒律弥补了玄学在操作层面上的缺憾，并用彼岸的生活来调和道德与幸福之间的对峙，从而凭借其宗教伦理所独有的完满圆融取代了玄学在思想界的主流地位。虽然玄学关于道德的论证和实践以失败而告终，但无论就其理论建树，还是对现实的影响而言，它堪称是中国哲学史上最具创造性和个性、最为引人入胜的思潮之一。

附　录

一、主要玄学家生平年表

何晏①

何晏，字平叔，南阳（今河南南阳）人。祖父何进，汉末大将军。父何咸，事迹无考。

建安十二年（公元207年），何晏出生。

建安十八年（公元207年），何晏时年6岁，曹操已纳其母尹氏为夫人，晏随母养于魏宫。

太和元年（公元227年），何晏20岁，在洛阳贵族子弟中聚众清谈，品评人物，与夏侯玄、荀粲、司马师、裴徽等人关系密切。

太和六年（公元232年），何晏25岁，作《景福殿赋》，为魏明帝歌功颂德。不久，即发生"浮华案"，何晏等被黜。

正始元年（公元240年），何晏33岁，先后任散骑常侍、侍中、吏

---

① 　关于何晏、王弼的生平年表主要参考王晓毅《王弼评传》（南京大学出版社1996年版）。

部尚书。

正始五年（公元 244 年），何晏 37 岁，与王弼等人清谈玄理，见王弼《老子注》胜己，放弃自己所注《老子》，作《道德论》。

正始六年（公元 245 年），何晏 38 岁，主编的《论语集解》完成。

正始八年（公元 247 年），何晏 40 岁，作《奏请大臣侍从游幸》一文，劝诫曹芳。

正始九年（公元 248 年），何晏 41 岁，与术士管辂谈《易》，作《鸿鹄》。

正始十年（公元 249 年），何晏 42 岁，司马懿发动高平陵政变，何晏被杀。

王弼

王弼，字辅嗣，山阳高平（今山东金乡县）人。祖父王凯为刘表女婿；父王业，魏尚书郎，谒者仆射。

黄初七年（公元 226 年），王弼诞生。

正始四年（公元 243 年），王弼 17 岁，玄学思想初步形成，与吏部郎裴徽论圣人与老子的关系。

正始五年（公元 244 年），王弼 18 岁，参加何晏举办的清谈，一举成名。此后，又注释了《老子》、《易经》，奠定了玄学的理论基础。

正始九年（公元 248 年），王弼 22 岁，任尚书郎。

正始十年（公元 249 年），王弼 23 岁，病亡。

阮籍[①]

阮籍，字嗣宗，陈留尉氏（今河南尉氏县）人。阮籍的父亲阮瑀是建安七子之一，是当时著名的诗人、散文家，曾任曹操的司空军谋祭

---

① 关于阮籍的生平年表主要参考高晨阳《阮籍评传》（南京大学出版社 2006 年版）。

酒，掌管记室，后为仓曹掾属。

建安十五年（公元 210 年），阮籍诞生。

建安二十二年（公元 217 年），阮籍 8 岁。阮籍幼时即能为文，显露出异于常人的性情。《魏氏春秋》："阮籍幼有奇才异质，八岁能属文，性恬静。"

黄初五年（公元 224 年），阮籍 15 岁，爱好诗文，有志于儒学。其《咏怀诗》云："昔年十四、五，志尚好诗书。"

黄初六年（公元 225 年），阮籍 16 岁，深受其族兄阮武赏识。

正始二年（公元 241 年），阮籍 32 岁，可能于此年前后作《乐论》。

正始五年（公元 244 年），阮籍 35 岁，可能于此年前后作《通易论》，进而从哲学理论的高度阐明自己的政治主张和人生理想。

正始七年（公元 246 年），阮籍 37 岁，可能于此年前后作《通老论》，由儒入玄。

正始九年（公元 247 年），阮籍 38 岁，可能于此年为尚书郎。王戎时年 15 岁，阮籍在尚书郎任上与之相识，遂为忘年交。

嘉平四年（公元 252 年），阮籍 43 岁，为大将军司马师从事中郎。之前可能有一段时间闲居。在此期间，与嵇康、山涛等人并居山阳，共为竹林之游。史称阮籍、嵇康、山涛等为"竹林七贤"或"竹林名士"。

嘉平五年（公元 253 年），阮籍 44 岁，作《达庄论》，在竹林名士的鼓动下，玄学由老学转向庄学。

甘露二年（公元 257 年），阮籍 48 岁，可能于此年前后去苏门禅访隐士孙登，归著《大人先生传》。

景元四年（公元 263 年），阮籍 54 岁，是年冬卒。

嵇康①

嵇康，字叔夜，谯国铚（今安徽宿县）人。父嵇昭，字子远，督军粮治书侍御史。

黄初四年（公元 223 年），嵇康诞生。

正始三年（公元 242 年），嵇康 20 岁，自谯国移居山阳（今河南焦作市东南）。

正始四年（公元 243 年），嵇康 21 岁，居山阳后，与向秀、吕安等交往。

正始五年（公元 244 年），嵇康 22 岁，大约此时与山涛、阮籍结识。

正始七年（公元 246 年），嵇康 24 岁，入洛阳前作《养生论》，与向秀等进行论辩。

甘露元年（公元 256 年），嵇康 34 岁，在河东，或在此时访孙登。

景元元年（公元 260 年），嵇康 38 岁，作《与山巨源绝交书》、《思亲诗》。

景元三年（公元 262 年），嵇康 40 岁，因"吕安案"为司马氏所杀。

向秀②

向秀，字子期，河内怀（今河南武陟）人。

向秀的生年不详，从其与嵇康的密切交往看，年龄不会相差太大。参照嵇康的生年（公元 223 年），暂将此年视为向秀生年。

正始三年（公元 242 年），向秀约 19 岁，与山涛为友，作《儒道论》。

正始六年（公元 245 年），向秀约 22 岁，与嵇康到洛阳，专《难〈养生论〉》。

---

① 关于嵇康的生平年表主要参考童强《嵇康评传》（南京大学出版社 2006 年版）。

② 关于向秀、郭象的生平年表主要参考王晓毅《郭象评传》（南京大学出版社 2006 年版）。

甘露四年（公元 259 年），向秀约 36 岁，初注《庄子》。

景元四年（公元 263 年），向秀约 40 岁，被迫入仕，作《思旧赋》。

咸宁元年（公元 275 年），向秀约 52 岁，约卒于此年前后，未能注释完《庄子》。

郭象

郭象，字子玄，河南人，出身平民。

泰始元年（公元 265 年），郭象诞生。

元康元年（公元 297 年），郭象 32 岁，受到王衍的赞誉，从此名声大振，拒绝州郡辟，潜心著述。

太安元年（公元 302 年），郭象 37 岁，为司马越司空掾。

永兴元年（公元 304 年），郭象 39 岁，任黄门侍郎，参加荡阴战役。

光熙元年（公元 306 年），郭象 41 岁，任司马越太傅主簿。

永嘉五年（公元 311 年），郭象 46 岁，2 月，郭象病卒。

二、德性伦理学的观念

在通常的意义上，德性伦理学的对象被认为由幸福、德性和实践智慧等要素构成。然而，如果不对这些议题及其之间的内在关联加以澄清，那么我们将很难把德性伦理学与某种德性理论区别开来，也无法为德性伦理学的合法性进行辩护。因此，德性伦理学在当代的复兴，不仅需要证明自己能够有效地调节人类生活，而且必须通过探讨德性在好的人类生活中的地位、德性的根本原则、道德的合理论证等核心问题。这样做既可以为人们展现出德性伦理学的基本结构，同时也为展望其在当代的前景奠定基础。

（一）德性与幸福

与以行为为中心的规范义务理论有所不同，德性伦理学是以行为者的幸福（eudaimonia）作为自己的逻辑起点，或者说，是在幸福主义的框架内展开伦理问题的讨论。从亚里士多德主义传统来看，幸福的主要内容就是指相对于人类而言的好生活，并且蕴涵着"做得好"和"活得好"双重意思。① 尽管幸福是一个多元化的价值体系，但对于德性伦理学而言，它却是把合乎德性的活动作为基本特征。

既然幸福是关于人的哲学研究，即伦理学的主题，那么就必须被限定在人类世界范围之内。或者说，在追问幸福时，我们是以自己的需要以及所处的环境作为前提。因为"离开了这样一个情景，我们就无法理解人类价值的善与美"②。正如亚里士多德所言，"如若善作为共同述语，或单一的、可分离的、自存的东西，那么显而易见，它既不能为人所实行，也不能为人所取得，而我们所探求的，正是这能为人所实行和取得的善"③。也就是说，好的人类生活意义上的幸福是指，可以通过经验进入人类世界、对人类生活有益的东西，并不是某种与之脱离的空洞概念。在西方哲学史上，亚里士多德主义的幸福理论既把柏拉图的理念论当作主要攻击对象，而且也与当代元伦理学的主张截然不同。另外，好的人类生活意义上的幸福"是不可能在一个没有短缺、没有冒险、没有需要、没有限制的生活中发现的"④。幸福会受到多方面的限制，例如身体条件、社会背景、资源状况、灾难、厄运等因素表明，而且正是自身的脆弱性成为理解幸福的基本视域。

作为相对于人而言的善，幸福所揭示的乃是所有构成好的人类生活

---

① 参见余纪元：《德性之镜》，中国人民大学出版社 2009 年版，第 279 页。
② 玛莎·纳斯鲍姆：《善的脆弱性》，译林出版社 2007 年版，第 473 页。
③ 苗力田主编：《亚里士多德全集》第八卷，中国人民大学出版社 1992 年版，第 11 页。
④ 玛莎·纳斯鲍姆：《善的脆弱性》，译林出版社 2007 年版，第 472 页。

的要素。因此，幸福并不是一个单一的概念，而是蕴涵着诸多内容的价值系统。从词源的角度来看，"'daimon'表示一个安排人的命运的神，'eudaimonia'则是指一个受到善的'daimon'保佑的人，因而有一个善的命运"①。在英语中也很难找到一个完全与"eudaimonia"对应的词汇，因而幸福被翻译成"happiness"、"goodness"、"well-being"、"flourishing of human life"等多种形式。事实上，亚里士多德本人也是在多重意义上来使用"eudaimonia"：既可以指外在的善，例如好的出身、拥有朋友、好的子女、财富等内容，也用来特指灵魂和身体的善。此外，幸福之所以具有多种含义是由于，人类生活中的善，诸如荣誉、明智、快乐得以产生的原理是不同的：荣誉更多的是与政治相关联，明智是善于思考，快乐是欲望获得满足之后的感受。

虽然幸福是由多样化的善所组成的系统，但却是以"合乎德性的活动"作为核心内容。因为在活得好的幸福中，合乎德性的活动或做得好比其他种类的善表现出更多的自足性。首先，从其产生的根源来看，做得好的幸福不是神的恩赐，而是通过德性的学习和培养获得。其次，合乎德性的活动承认外在善对活得好的幸福的限制，认为缺少了它们将致使好的人类生活无法实现，而且也给德性活动，尤其是对于实践活动带来重大的阻碍②。但有德之人即使是在生活中遭遇了厄运，他们自身所具有的德性仍然投射出光辉，"因为人们所以能平心静气地承受那多发和巨大的坏机遇，并不是由于感觉迟钝，乃是由于他们高尚和大度"③。此外，合乎德性的活动之所以被称为主导的善，其理由就在于"作为真正善良和明智的人，我们一切机会都要很好地加以利用，从现有的条件出发，永远做得尽可能好"④。并且这种为个人所享有的至福也不会因为

① 包尔生：《伦理学体系》，中国社会科学出版社1988年版，第36页。
② 参见余纪元：《德性之镜》，中国人民大学出版社2009年版，第283页。
③ 苗力田主编：《亚里士多德全集》第八卷，中国人民大学出版社1992年版，第21页。
④ 同上。

后代或亲友之善行和恶行的影响，从而呈现出明显的个体性特征。

为了确定幸福的实质和基本结构，德性伦理学将研究的焦点投向了德性。但由此也引发了一些争议，其中之一就是幸福究竟是指合乎德性的状态，还是合乎德性的活动？亚里士多德本人明确地主张幸福是活动，而不是状态，而且借用具体的事例展开了说明。在关于沉睡者的例子中，亚里士多德指出，即使沉睡者拥有良好的德性条件，假如他不加以应用的话，那么这些条件并不产生什么真实的影响。因为一生都在睡觉就像是一株植物，根本就不是在过一种人的生活。① 我们可以将亚里士多德的观点作出如下解释：幸福是人主动选择或努力的结果，而活动正是实现这一目的的载体。另一个著名的例子是以奥林匹亚大会为背景，即桂冠并不授予貌美、健壮的人，而是授予参加竞技的人。② 亚里士多德在此想表达的是，"卓越品格的良好条件，就像一位运动员的良好状态一样，是对活动的一种准备；它在活动中得到了自然实现和繁荣"③。此外，用活动来规定幸福可以与人类生活的经验保持一致，正如史诗中所描写的普利亚莫斯，虽然在一生中的大多数时间内品质卓越、气运亨通，但巨大的坏机遇却使他晚年陷入悲惨的境地。④ 普利亚莫斯的案例表明，以好的品质为基础的卓越活动使好生活具有相对的稳定性，不过这种稳定性并不是没有限制的。它可能会由于剥夺了工具性的资源、缺乏活动的目的而受到阻碍。⑤

熟悉亚里士多德伦理学的人知道，除了状态与活动的争论之外，幸福理论的另一个热门议题是何为最高的善。依据德性的活动，幸福可以

① 参见苗力田主编：《亚里士多德全集》第八卷，中国人民大学出版社 1992 年版，第224—225 页。

② 参见上书，第 16 页。

③ 玛莎·纳斯鲍姆：《善的脆弱性》，译林出版社 2007 年版，第 447 页。

④ 参见苗力田主编：《亚里士多德全集》第八卷，中国人民大学出版社 1992 年版，第19 页。

⑤ 参见玛莎·纳斯鲍姆：《善的脆弱性》，译林出版社 2007 年版，第 450—451 页。

被划分为实践和思辨两种类型，前者涵盖了所有种类的善，而后者则是由思辨活动所主宰。如何解释二者在人类生活中的地位是一件颇为棘手的事情。首先，我们以亚里士多德关于幸福的双重用法作为线索：在活动的层面上，实践活动无法拥有思辨活动所研究的必然知识和绝对的自足性；但从生活的角度来看，思辨生活则必须借助实践活动所提供的有利条件。[①] 其次，考察二者的关系固然需要分析概念，同时也需要考虑社会政治因素。对于亚里士多德而言，思辨理论生活是一种推荐给那些曾是政治精英，但退居市民地位的杰出人物的生活方式。[②] 而实践生活则是适合那些处理人类具体事务的政治家、一般公民的。因此，我们可以认为，尽管合乎德性的活动所产生的幸福能被分为实践和思辨两种，但二者的区别在于各自所适用的领域、对象不同。

综上所述，德性伦理学的幸福观念是从价值多元化角度所描绘的人类生活图景：它应该关注人的需要以及诸多限制条件，其中合乎德性的活动或做得好具有自足性而成为核心内容。然而，好的人类生活并不是完全等同于德性活动，它同时也需要考虑外在善、运气等因素的影响。此外，对于德性伦理学而言，合乎德性的活动也不是单一的，其具体特征只有借助所涉及的领域、人物和社会政治等背景条件而得以说明。

（二）德性的实质

在揭示幸福的过程中，德性伦理学表达了一个基本的立场：德性不仅是幸福的构成性要素，而且又是使其得以实现的必要条件。也就是说，德性作为人的卓越品质，既能使人做得好，也能使人活得好。这种

---

① 参见余纪元：《德性之镜》，中国人民大学出版社 2009 年版，第 344—355 页。
② 参见阿拉斯代尔·麦金太尔：《伦理学简史》，商务印书馆 2003 年版，第 144 页。

立场要求德性一方面必须与人的行为、感受乃至整个生活相关，另一方面能够通过中庸、明智、公正和友爱等原则指导人的行为、生活。并且，德性是可以通过人格理想的方式为人们所熟悉和认识。

在德性伦理学的语境中，品质是理解德性的基本视野。人的品质与各种天赋能力的主要区别就在于，前者是在风俗习惯的作用下生成，而后者则是指人的潜能，例如听力、视力，只要拥有它们就可以直接在活动中展现出来。从某种程度上来看，风俗习惯直接决定着人的品质，"品质是来自相同的现实活动。所以，一定要十分重视现实活动的性质，品质正是以显示活动而区别。从小就养成这样或那样的习惯不是件小事情，相反，非常重要，比一切都重要"①。与风俗习惯相比、显示活动的内在关联只是分析品质的一个向度，二者之间的差异却是说明这一问题的焦点。如果说风俗习惯代表着指导行为规则体系，那么人的品质就是面对这些规则所表现出的态度。或者说，规则最初总是外界强加于人的要求，只有个体行为者自愿地接受规则时才会形成真正的品质。

尽管品质明确了德性的功能，然而我们却并不能将二者完全等同起来。从其原初的用法来看，德性是使任何拥有它的事物处于良好状态，能够展示自己优秀功能的原因。据此，人的德性就是一种使人善良，并获得其优秀成果的品质。② 也就是说，可以使人善良、优秀是德性的另一本质特征。正是在这一维度上，亚里士多德提出了德性就是中庸的观点。众所周知，中庸或中道是一个既难理解又有争议的概念。甚至有人认为，中庸不仅无法揭示出德性的本质，而且又有可能违背道德的立场。③ 但这种质疑也许是误解了中庸的真实含义。传统的过度、不及和中庸解读模式是把中庸视为一个数量观念，即在两种恶之间的适度。事实上，中庸是与射箭术相关，即正如命中靶心就是命中了正确的目标，

---

① 苗力田主编：《亚里士多德全集》第八卷，中国人民大学出版社 1992 年版，第 28 页。

② 参见上书，第 34 页。

③ 参见阿拉斯代尔·麦金太尔：《伦理学简史》，商务印书馆 2003 年版，第 101—104 页。

命中中庸就是命中正确活动目标。① 在澄清中庸的含义的同时，我们也应该注意它的适用范围。中庸是相对于我们的中间或个别行为的中间，并且受到特定情境的限制。但中庸的特殊性并不意味着信仰某种利己主义，所以就必须将伤害他人的行为、情感，例如杀人、偷盗、恶意、无耻等邪恶排除在外。

对于德性伦理学而言，德性不仅关注正确的行为，而且也需要具有思考整体的好生活的能力。这种能力就是所谓的明智或实践智慧。它不同于思考永恒不变事物的理论理性，是以复杂多变的人类事务为对象。但并不是考虑那些对人自身的善以及有益之事的某个部分，如对健康、强壮有益，而是对于整个生活有益的事情。② 明智一方面可以弥补中庸在规定德性时的不足，另一方面又为单个德性之间的统一性提供了理论依据。同个别德性的有限性相比，明智所要求的品质不但要合乎正确的原理，而且还要与之相伴才能被称为德性。此外，明智既然是以整体的好生活作为对象，那么它能够根据这一目的确定个别德性的地位，或者是解释这一特殊德性怎样有助于实现一个人的总体生活目标。③ 也正是在这一层面上，亚里士多德指出，"人们只要具备了明智这一种德性，就具备了全部德性"④。

在关注个体行为者的同时，德性伦理学总是将其行为、生活得以展开的社会背景作为界定德性的前提。因此，完整的德性理论必然会涉及如何维系社会秩序与人际关系。在亚里士多德主义的传统中，公正是实现政治共同体繁荣的首要条件，其实质就是守法与均等。⑤ 因为好的法

---

① 参见余纪元：《德性之镜》，中国人民大学出版社 2009 年版，第 140—141 页。
② 参见苗力田主编：《亚里士多德全集》第八卷，中国人民大学出版社 1992 年版，第 124 页。
③ 参见余纪元：《德性之镜》，中国人民大学出版社 2009 年版，第 257 页。
④ 苗力田主编：《亚里士多德全集》第八卷，中国人民大学出版社 1992 年版，第 137 页。
⑤ 参见上书，第 95 页。

律一方面明确了一个人在社会生活中所承担的职责，强制其遵循合理的指导；另一方面，为自愿交往的人们提供了一种尺度，或者是商品交换的货币，或者是在发生利益纠纷时居中调节。当然法律在处理人际交往时应该始终坚持公平的原则，即具有相同条件的人应该享有相同的待遇。① 如果说公正的作用是消除怨恨、冲突，那么友爱则能够增进社会成员之间的和睦相处。人与人的友爱既有可能是出于有用、快乐，也有可能是出于德性。特别是德性的友爱，首先是把朋友当作另一个自我，像珍惜自己的生命那样对待朋友，甚至为了朋友而牺牲自己的生命。而且，在这种交往中，由于相互友爱的人们把对方视为榜样，所以他们因相互促进而变得越来越好。②

德性伦理学从品质、行为和生活等向度上说明德性与人类事务密不可分，然而，关于德性的哲学研究更需要理论性的解释。正如亚里士多德所说的那样，"一个智慧的人绝不可只知道由始点引出的结论，而要有关于开始之点的真理性的认识"③。在伦理学的领域中，认识"开始之点"也就是要探讨德性的原则。首先，德性的原则是在某种社会历史语境中被确定下来的，它们不仅能够维系实践的内在利益，有助于实现整体人生的善，而且也为领会善的行为和生活提供了必要的条件。④ 历史主义的方法固然可以帮助我们发现伦理学史中最好的理论，但它要求信奉"不存在任何一般的永恒的标准"⑤，可能导致道德相对主义。相反，以分析哲学为背景的伦理学家，例如弗兰克纳，却指出，德性都可以围绕着仁慈和公正原则而得以说明。仁慈和公正共同形成了第一层次的德

---

① 参见苗力田主编：《亚里士多德全集》第八卷，中国人民大学出版社 1992 年版，第116 页。

② 参见上书，第 212 页。

③ 同上书，第 127 页。

④ 参见阿拉斯代尔·麦金太尔：《追寻美德》，译林出版社 2006 年版，第 229—286 页。

⑤ 同上书，第 342 页。

性，而涉及全部道德生活的第二层次德性，如良心、勇敢、理智、智慧则为第一层次德性创造了有利条件。[1] 因此，依据历史与思想双重视角，德性的原则必须满足两方面的要求：一是与社会历史所内涵的价值观念保持一致；二是合理的价值观念仁慈和公正作为核心内容。在具体的应用过程中，第二层要求优先于第一层要求，即某个历史阶段中的价值观念只有符合仁慈和公正原则才能具有合法性。

在调节人类生活的过程中，德性不仅拥有自己的原则，而且以道德理想的方式对个体行为者进行指导。人格是诸多品质的联合，而道德理想则是诸多德性的联合。在德性伦理学看来，成为某种道德理想必须有别于被动地服从义务。正是在这种意义上，亚里士多德指出："行为者，并不是由于他做了这些事情而成为公正和节制的，而是由于他像公正和节制的人那样做这些事情。"[2] 也就是说，德性伦理学所谓的道德理想要求，首先知道使行为正确的规则，同时又是自愿地选择了这种行为方式。在日常生活中，为人们所称赞的道德理想往往是在某些方面优秀的人，例如勇敢的人是为了高尚的事情而甘愿面对死亡的危险，慷慨的人是可以合理地使用财物。但在特别的意义上，道德理想则是专门指拥有完全德性的圣人。亚里士多德认为："像伯里克利那样的人，就是一个明智的人。他能明察什么事对自己和人们是善的。像这样的人才是善于治理家庭、治理城邦的人。"[3]

虽然揭示德性的实质需要具备多元化的视域，但这并不等于德性无法为判断特殊个体的善恶提供明确的标准，当然它们所提供的是一种复杂的尺度。首先，依据德性原则，个体行为者在自己所处的社会历史背景中推论出公认的道德标准，而且能够对于特定习俗中的价值观念进行批判。其次，在具体的评价中，将德性作为基本的尺度会促使我们关注

---

[1]　参见弗兰克纳：《伦理学北京》，生活·读书·新知三联书店 1987 年版，141—145 页。

[2]　苗力田主编：《亚里士多德全集》第八卷，中国人民大学出版社 1992 年版，第 33 页。

[3]　同上书，第 125 页。

个体间的差异。或者说，具有完全德性的人总是少数，通常所说的有德者是在某个领域符合中庸之道。最后，模仿道德理想并不是要拒斥道德规范，而是强调遵循道德规范必须是出于自愿地选择。此外，道德理想也涉及人类生活中的偶然性因素，正如公正的人有时也会打人，勇敢的人有时也会临阵脱逃，然而他们仍然被称为公正的或勇敢的理由就在于，他们拥有公正的或勇敢的习性。

（三）人性与道德确证

伦理学既然是哲学的一个分支，那么它就必然要为自己的信念和推理提供理由。从道德论证的角度来看，对某个判断或原则的合理确证，只需要援引该领域的推理标准就可以完成，这就是所谓的"内部确证"。另外，这些可以证明具体道德判断或原则的标准仍然需要更高一层的原则，而最终肯定其他一切原则的终极道德原则也需要被确证为正确的。因为这种确证方式要求给出一个已经被确认为真的道德标准之外的证明，所以也被称为"外部确证"。[1] 而且，通常向伦理学提出"外部确证"的问题就是"人为什么应该是道德的"？对于德性伦理学而言，回应外部确证的最佳方案就是诉诸道德与人性之间的关联。因为人性论不仅以其多样化的视角为道德生活进行辩护，而且又可以为道德生活奠定形而上的根基。

根据其对道德生活的理解，德性伦理学所面临的外部确证就是回答"人为什么应该合乎德性的生活"。作为一个完整的问题，"应该合乎德性"的前提是"是否能够合乎德性"。实际上，在亚里士多德伦理学中，人有可能合乎德性生活构成了整个伦理论证的起点。亚里士多德认为，在生物学的层面上，人的天性蕴涵着三重向度：营养、感觉和理性。并

---

[1] 参见彼彻姆：《哲学的伦理学》，中国社会科学出版社 1990 年版，第 453—455 页。

且，正是由于理性这一独特的功能使人有别于其他物种。① 作为人的独特功能，理性以其认知、思维的能力帮助人辨别道德与非道德、善与恶。然而，合乎理性并不等于合乎德性，因为理性既能指导人们做道德上正确的事情，也有可能导致某种利己主义的结果。因此，在肯定理性是理解德性、幸福的必要条件的同时，亚里士多德又通过长笛手与长笛能手之间的差别表达了更为重要的观点，即合乎德性的生活所展现的是整个人的优秀、美好，而理性功能只不过是其中的一个主要方面。②

既然合乎德性的生活意味着整个人的优秀、美好，那么这一目的所包含的内容就成为选择德性生活的充足理由。在亚里士多德看来，整个人的优秀、美好是指可以享有好的人类生活，或者是一种自足的生活方式。但好的人类生活所谓的自足，"不是就单一的自身而言，并不是孤独地生活，而是既有父母，也有妻子，并且和朋友们，同邦人生活在一起，因为，人在本性上是政治的"③。古希腊语中的"政治"是指城邦的全部生活，包括非正式的社会关系以及法律、制度。④"政治"所代表的社会性是人的本性的另一维度，而且，实现这一本性正是人类生活的目的。为了通达这一目的，德性就成为了人的必然选择：公正的德性在分配财富、政治权利、惩罚违法行为和商品交换等方面能够做到公平地对待他人；友爱的德性可以凭借互利、互乐、互爱等方式产生和谐的人际关系。

在社会、政治领域，合乎德性的生活由于具有利他性的特征而被广泛认可。然而，利他性却为个体行为者的道德思考和生活带来了难题。如果一个人根据什么有利于自己选择行为方式，那么他可以同意他人乃

---

① 参见苗力田主编：《亚里士多德全集》第八卷，中国人民大学出版社 1992 年版，第14 页。
② 同上。
③ 同上书，第 13 页。
④ 参见玛莎·纳斯鲍姆：《善的脆弱性》，译林出版社 2007 年版，第 477 页。

至整个社会都合乎道德，但无法说服自己遵循道德所提出的要求。对于个体行为者采取道德生活的理由，亚里士多德给出了一个颇为合理的解释："事实上善良的人，总是为了朋友，为了母邦而尽心尽力；必要时甚至不惜自己的生命。他鄙弃金钱、荣誉，总之那些人们竞相争夺的东西，为自己他只求得高尚。"① 与金钱、荣誉相比，成为一个高尚的人是对利他性个体行为者的最高奖赏。这不仅是由于道德有可能利人利己，而且通过完全舍己为人的方式使自己成为一个真正意义上的人。因为对亚里士多德而言，"人一旦趋于完善就是最优良的动物，而一旦脱离了法律和公正就会堕落成最恶劣的动物。……所以，一旦他毫无德性，那么他就会成为最邪恶残暴的动物，就会充满无尽的淫欲和贪婪"② 。也就是说，个人选择合乎德性的行为是由于人的本性使然，而且以利他性的方式就能够使人与其他动物区别开来，从而确证人自身的存在价值。

在阅读亚里士多德的伦理学著作时，我们发现他经常探讨人所独有的功能、人的天性、人的本性等问题。对于这种现象，当代研究者们表现出了两种不同的看法：第一种是从诠释亚里士多德伦理学的角度指出，理性功能是亚里士多德德性论和幸福论的基础。③ 或者说，只有在区别人的天性与人的本性这个前提下，我们才可能理解好的人类生活与德性的基本内容。第二种则是放弃了亚里士多德的形而上的生物学，承接其社会目的论以便重新解释德性的性质，由此将获得实践的内在利益视为分析德性的起点。④ 无论是解读经典文本，还是重建德性理论，都在某种程度上忽略了人性思想在亚里士多德伦理学中的真正地位。我们有理由认为，人的理性功能使思考、拥有好的人类生活成为可能；也可以说，获得群体的共同利益是人选择德性的理由。但在回应个体行为者

---

① 苗力田主编：《亚里士多德全集》第八卷，中国人民大学出版社1992年版，第204页。
② 苗力田主编：《亚里士多德全集》第九卷，中国人民大学出版社1994年版，第7页。
③ 参见余纪元：《德性之镜》，中国人民大学出版社2009年版，第58页。
④ 参见阿拉斯代尔·麦金太尔：《追寻美德》，译林出版社2006年版，第249页。

为什么最终会遵循道德的要求时，依据人的社会性能够为这种论证提供有利的辩护。

人性论不是某种可有可无的点缀，相反却是任何一种伦理学理论所不能回避的核心议题。不仅亚里士多德将人性论当作讨论伦理问题的基本结构，即伦理学作为一门科学，是为了使人们理解如何从"偶然所是的人"转化到"实现其本质而可能所是的人"，而且影响现代伦理学的哲学家们也是从描述人性的某一特征或某些特征，如激情、理性或抉择，来为道德的合理性进行论证。① 不过，与亚里士多德不同的是，现代哲学家们在思考伦理问题时拒斥任何目的论的人性思想，从而导致把"是"能不能推论出"应该"视为逻辑真理。这同时也表明无法从非道德的角度为个体行为者的道德选择提供理由，结果只能凭借情感主义来确证道德信念。虽然麦金太尔通过回归亚里士多德主义传统，并且为其增添了社会历史的维度，有力地批评了现代道德哲学中所存在的缺陷，但抛弃了生物学目的论之后，他仍然忽视了道德确证中的个体性向度。对此，我们只有消解亚里士多德人性论中的等级观念，才有可能在自由、平等的地平线上重新展开伦理思考。

从其思想背景来看，德性伦理学在当代的复兴与质疑以行为为中心的道德义务规范理论有关。而且，通过回归亚里士多德主义传统或苏格兰情感主义传统，当代德性伦理学家澄清、解决了一些困扰道德生活的理论难题。正如迈克尔·斯洛特所说的那样，只有理论化的德性伦理学才能向人们解释自己的基本结构和主要特征，同时也能够回应道德义务规范理论的挑战。但如果仅仅"把 aretaic 术语作为基础"、强调内在品质或动机而不是规则或行为的后果当作德性伦理学的标志②，那么这其实可以算作是对德性理论的说明，却并没有揭示出德性伦理学的完整结

---

① 参见阿拉斯代尔·麦金太尔：《追寻美德》，译林出版社 2006 年版，第 66—67 页。
② 参见休·拉福莱特主编：《伦理学理论》，中国人民大学出版社 2008 年版，第 378 页。

构。因为德性伦理学作为一种以行为者为中心的理论，是依据探讨有助于实现好的人类生活所必需的品质及其人性论基础来展开思考的。所以，只有在好的人类生活或幸福、德性以及人性论等要素相互关联的语境中，德性伦理学的图景才有可能被描绘出来，并且最终将在当代伦理学理论中占有一席之地。

三、玄德与圣人体道
——论《老子》圣人观的哲学意蕴

圣人观是中国古代哲学的基本问题之一，从春秋战国时代开始，诸子百家就对这个问题展开了探索和沉思。在目前遗留下来的文献当中，《老子》①一书是最早对圣人观进行系统阐释的文本。从词源学上来看，《说文》曰："圣，通也"，即于事理无所不通。在此基础之上，段玉裁又指出"圣"的另一层含义："凡一事精通亦得谓之圣。"②就是说，"圣"既可以指人因通达存在的普遍原理而具有最高的智慧，同时也意味着人由于精通存在的某一领域所获得的专门知识。在《老子》一书中，文本的作者就对"圣"的这两层含义进行了明确的区分：当它用来形容人的品格时，即在"圣人"一词中，是指一种与道同一的最高德性；当它用作名词时，如在"绝圣弃智"中，"圣"的意思是"才之善也"③，即一种特殊的才能。对于作为理想人格的"圣人"，《老子》推崇备至；而对

---

① 关于《老子》的作者及成书年代，历来众说纷纭。对此，本文作者所持的观点是，《老子》一书是老子学派的作品，成书不晚于战国中期。本文所引《老子》以王弼本为底本，并兼采诸家之长。

② （清）段玉裁：《说文解字注》，上海古籍出版社1981年版，第59页。

③ 参见楼宇烈：《王弼集校释》，中华书局1981年版，第46页。

那种通过掌握特殊的知识、技能来牟取私利的行径，它却加以贬斥。《老子》的这种圣人观是以它对圣人之所以可能的理解为前提的。它认为，圣人作为真实的存在不仅能通过"古之善为道者"来证实，而且也是为世界作为整体之内在结构所决定。经过考察和分析圣人的内在规定性，《老子》认为，圣人之所以能成为圣人是由于具有与道为一的"玄德"。并且，它提出获得"玄德"的根本途径和方法是"为道"而不是"为学"。因为人只有凭借对道的认同、体会和践行才会真正拥有自然无为的德性，相反，"为学"只会助长人的贪欲，从而最终导致"不道"现象的产生。概言之，通过梳理和辨析《老子》的圣人观，我们会发现其中蕴涵着一种不同于西方传统哲学的致思路向。但它会启发我们去追问人生的意义和理想，并且，其在这条道路上留下的标记也必将使我们受益匪浅。

（一）圣人有玄德

在《老子》的思想体系中，"德"是天地万物得以存在的依据，是"道"的功用的体现，它与"道"在本质上是同一的。《老子》认为，自然无为、生而不有、为而不恃、长而不宰、柔弱、不争、居下、取后、慈、俭、朴等品格都体现了"道"的精神实质。其中，自然无为更是《老子》一书的核心观念，是"道"的本质规定性，其他的特性都不过是这个观念的具体表现形式。[①] 在《老子》看来，能与道同体而具有"玄德"之人便是圣人。对于使圣人得以成为圣人的"玄德"，《老子》是通过抨击现实"不道"的统治者，考察"古之善为道者"，以及分析人在宇宙中的地位来加以证实和说明。

首先，《老子》提出，人类社会的纷争、动乱和灾难是统治者的"有为"所造成的恶果。因此，只有按照"无为"原则来统治君主才可以消

---

① 参见陈鼓应：《老子注译及评介》，中华书局 2003 年版，第 13 页。

除种种社会问题。针对人类社会中的诸多矛盾,《老子》指出:"天下多忌讳,而民弥贫;民多利器,国家滋昏;人多伎巧,奇物滋起;法令滋彰,贼盗多有。"(第五十七章)也就是说,人民生活的贫困和社会的动荡不安,是由于天下忌讳太多、技术至上和法令过于严明所造成的。但是,其根本原因却在于"以其上食税之多","以其上之有为","以其上求生之厚"。(第七十五章)《老子》痛斥诸如此类的统治者为"盗夸",即强盗头子,认为他们的行径是不合乎道的。与"不道"的统治者相反,圣人是"处无为之事,行不言之教,万物作焉而不为始,生而不有,为而不恃,功成而弗居"(第二章)。圣人遵循"无为"原则,即不是通过法令来控制百姓,而是按照他们的本性以辅助其生长、发育。并且,他这样做的目的并非是为了将他们据为己有,更不想建立不朽的功名和显赫的社会地位。在圣人所统治的社会里,"我无为而民自化,我好静而民自正,我无事而民自富,我无欲而民自朴"(第五十七章)。人民会因为圣人的无为之治而回归淳朴、自足的生存状态。概言之,"无为"作为一种方法论原则,既是圣人成为圣人的前提条件,也是其自身德性的规定性之一。当然,在《老子》看来,这种无为之治的理想君主——圣人不仅仅是一种理论上的预设,而且是在人类历史中确有其人、其事。

《老子》认为,上古时代的君主,无论是修身还是治国都能与自然无为原则同一。在个人德行修养方面,"古之善为士者,微妙玄通,深不可识。夫唯不可识,故强为之容。豫兮若冬涉川,犹兮若畏四邻,俨兮其若容,涣兮若冰之将释,敦兮其若朴,旷兮其若谷,混兮其若浊"(第十五章)。"古之善为士者"也就是"得道之君也"[1]。圣人行为谨慎,待人恭敬而不妄自尊大,而且这一切都是因任自然,没有丝毫的矫饰。此外,他品行质朴、境界高远但又能合同世俗。圣人之所以会拥有高深莫测的德性,是由于他能完全依照自然原则来行为处世。关于这一

---

① 王卡点校:《老子道德经河上公章句》,中华书局 1993 年版,第 57 页。

点，《老子》是以反问的方式指出："孰能浊以静之徐清，孰能安以久动之徐生？保此道者不欲盈，夫唯不欲盈，故能蔽不新成。"（第十五章）由浊、安至清、动体现了自然之道，所以，得道的圣人也会由于"不欲盈"、"蔽"（即未完成、开放的态度）而拥有无限可能的自由人格。圣人不仅能独善其身，而且还可以范导芸芸众生回归质朴无伪的本真状态。与世俗的统治者不同，"古之善为道者，非以明民，将以愚之"（第六十五章）。作为"得道之君"的上古圣人，并非引导百姓去追求心智机巧，而是使他们按照本真之性生存。《老子》进一步提出，"民之难治，以其智多。以智治国，国之贼；不以智治国，国之福。知此两者亦稽式。常知稽式，是谓玄德。玄德深矣，远矣。与物反矣，然后乃至大顺"（第六十五章）。真正能给社会带来福祉的圣人，不是通过知识技术的控制，而是深知只有遵循自然原则才能使他们返回本真的生存状态。因此，《老子》所谓的上古圣人，既能拥有与道同体的至高境界，而且也可以利用自己的人格修养来造福苍生。这种对自然原则的践行和领会也就构成了"玄德"的内在规定性。

在《老子》看来，"玄德"作为圣人的本质规定性，不仅仅是一种契合人性的美好愿望，而且有本体论的依据。从形而上的层面来看，"道大、天大、地大、王亦大。域中有四大，而王居其一焉。人法地，地法天，天法道，道法自然"（第二十五章）。也就是说，《老子》认为，道、天、地和王四者是存在作为一个整体的基本结构，共同构造了世界之在与人之在的统一。所谓"域"是指"无称不可得而名"[①] 者，即超越了具体经验之维的本体世界。并且，人、地、天和道所组成的逐级递进序列是存在本身的秩序，其所服从的法则就是"自然"。《老子》所说的"自然"并不是指自然界，而是具有自己如此、本来如此、通常如此和势必如此几层意义，亦即包含了自发性、原初性、延续性和可预见性

---

① 　楼宇烈：《王弼集校释》，中华书局 1981 年版，第 64 页。

四个方面。① 作为存在普遍法则的"自然",并不是要具体的规定存在者应该如何,而是出自其本真之性的召唤。所谓"法自然者,在方而法方,在圆法圆,于自然无所违也"②。此外,"自然"不仅是个体存在者的存在依据,而且也是存在者之间共在得以可能的最终根据。因此,"自然"既有自己如此、本来如此、通常如此和势必如此几层意义,也具有使他人或其他存在者"自然"的意思。

　　总之,对《老子》而言,圣人作为真实的存在是毋庸置疑的事实。它所关心的只是圣人之所以可能的条件是什么。通过与现实的"有为"君主的对比,《老子》认为,理想的君主应该用"无为"原则来使他和百姓得以"自然",从而使他们共同按照其本真之性生存。所以,在《老子》看来,圣人之所以能成为圣人是由于他具有了与道同一的"玄德"。并且,"玄德"的基本规定性是自然无为,也就是不干涉天地万物,使他们(包括圣人自身)可以自然而然地生长、发育,这也正是存在本身之秩序的显现。

(二) 为道日损

　　《老子》不仅指出圣人之所以可能的条件是拥有"玄德",而且对于圣人是如何获得"玄德"的方式、途径也展开了探索和沉思。圣人之所以会有"玄德",并非是通过精通存在的某一个方面,即关于对象性的知识,也就是与"智"含义相同的"圣"。相反,他是凭借对存在统一原理的认同、洞察和践行,最终实现与之同一而具有"玄德"。《老子》认为,通达圣人之境界的方法与获得对象性的知识,这二者之间有本质上的差异,即为道和为学的原则有所不同。《老子》第四十八章指出:"为

---

① 参见刘笑敢:《老子之自然与无为概念新诠》,《中国社会科学》1996 年第 6 期。
② 楼宇烈:《王弼集校释》,中华书局 1981 年版,第 65 页。

道日损，为学日益。"也就是说，"为学"的目的是不断积累关于对象性的知识，但这却使人的本性逐渐地被遮蔽；与之相反，"为道"的宗旨是使人获得自然无为的最高境界，即追求本真的生存状态。因此，在《老子》看来，人只有通过消解知识、技能和贪欲，才可以最终因为具有"玄德"而成为圣人。

　　首先，《老子》认为，人对"道"的态度是其能否实现与道同体的前提之一。在人类社会当中，"上士闻道，勤而行之；中士闻道，若存若亡；下士闻道，大笑之，不笑不足为道"（第四十一章）。"上士"完全认同"道"所具有的价值和意义，所以当他"闻道"（即听到，可以引申为初次接触或遭遇了"道"）时，便自觉地将它确定为自己行为的法则。"中士"则随其所处之境遇而不能将"道"一以贯之。至于"下士"，他用来评价一切事物的标准只是自己的感官欲望是否得到满足。因此，在"下士"的眼里，完美的"道"竟然与人的感性需要无关，这纯属荒谬。人们对"道"的态度之所以有差异是由于各自的动机和目的有所不同。《老子》指出："上德不德，是以有德；下德不失其德，是以无德。上德无为而无以为，下德为之而有以为。"（第三十八章）"上德"是指那些为"德"而"德"的人，他的"德"是出于自然无为；"下德"之人则是以"德"为工具和手段，只是为了实现其功利性的目的。由于人们对"道"所持的态度有所不同，这就决定了他是否能与"道"同一。"故从事于道者，道者同于道，德者同于德，失者同于失。同于道者，道亦乐得之；同于德者，德亦乐得之；同于失者，失亦乐得之。"（第二十三章）也就是说，只有那些认同"道"，并以"道"为理想的人才最终与"道"同一；以体现了"道"的功用的"德"为自己行为准则的人，只能达到"德"的境界；而对于那些轻视"道"的人，"道"也会远离他们。

　　在《老子》一书中，圣人作为体道之人，不仅自觉地认同自然无为原则，而且身体力行来提升自己的人生境界。无为不是一个清晰的单独的概念，而是一系列集合式的簇概念。它包括或代表了一系列与通常观念不同的处世方法和态度，其表现特点则是"实有似无"。① 也就是说，无为是通过无欲、无争、无事等一系列与常识相反的行为和态度来实现自然理想的方法论原则。具体地讲，就是要"塞其兑，闭其门，终身不勤。开其兑，济其事，终身不救。见小曰明，守弱曰强。用其光，复归其明，无遗身殃"（第二十五章）。王弼曰："兑，事欲之所由生。门，事欲之所由从也。"② 人只有杜绝了感官欲望才能使自己摆脱外部事物的束缚，否则，只会逐物不返、遗忘本性。《老子》认为，当人排除了感官欲望的干扰之后，就会对天地万物一体的"道"有所体悟。《老子》指出："致虚极，守静笃，万物并作，吾以观复。夫物芸芸，各复归其根。归根曰静，静曰复命。复命曰常，知常曰明。不知常，妄作，凶。知常容，容乃公，公乃王，王乃天，天乃道，道乃久。没身不殆。"（第十六章）人只有真正达到极度的虚静状态，才会对万物最终的目的、归宿和本源有所领悟。"知常"是一种对存在统一原理的理解，即智慧。"不知常"，"则邪入乎其分，则物离其真"，也就是沉溺于分化的世界之中，遗忘了人生的意义为何。"知常"会使人的心胸宽广、行为公允，从而成为人类社会的理想君主。由于遵循无为原则是实现自然状态的必然途径，所以《老子》才会不厌其烦地用无欲、不争、无事、好静等体现无为原则的术语，来强调其对于实现圣人之德的重要性。

与玄德对个人修养的意义相比，《老子》更加注重其对社会问题的影响。也就是说，人只有将自然无为原则在社会当中实现、推广，才会成为真正拥有玄德之人，即真实而具体的圣人。圣人之所以要泛爱万物，是由其本质规定性——玄德所决定。道（即万物一体、存在本身）作为圣人之所以是圣人的形上学依据，具有"长之，育之，亭之，毒之，

---

① 参见刘笑敢：《老子之自然与无为概念新诠》，《中国社会科学》1996 年第 6 期。

② 楼宇烈：《王弼集校释》，中华书局 1981 年版，第 139 页。

养之，覆之。生而不有，为而不恃，长而不宰"的玄德。（第五十一章）所以，与道为一的圣人也应该"常善救人"、"常善救物"。在对待他人的态度方面，"圣人无常心，以百姓之心为心。善者，吾善之；不善者，吾亦善之，德善。信者，吾信之；不信者，吾亦信之，德信"（第四十九章）。也就是说，圣人能破除个人的好恶，使百姓可以"各因其用"，即令他们按照自己的本性而生存，这才是圣人之"善"。在治理天下方面，"朴散则为器，圣人用之，则为官长，故大制不割"（第二十八章）。面对分化的世界，圣人也能顺万物自然之性，使其不被支离、割裂，整个社会将会呈现出和谐、安定的局面。圣人在为人类社会所作出的贡献同时也成就了他的玄德。《老子》认为："修之于身，其德乃真；修之于家，其德乃余；修之于乡，其德乃长；修之于国，其德乃丰，修之于天下，其德乃普。"（第五十四章）人的德性，会因为其对社会所承担的责任的不断增大而获得提升，即人具有最高的"德"要经历一个过程。

概言之，《老子》认为，成为圣人的基本前提是要认同作为存在统一原理的"道"，也就是"上士"、"上德"才具有成为圣人的可能性。在此基础之上，他们必须自觉自愿地将"道"具体化为自己的行为准则，通过践行无欲、不争、无事、好静等体现无为原则的规范来不断提升自身的人生境界。但是，圣人如果仅能达到个人的自然无为，他就只是潜在的圣人。真正的圣人是那些"受国之垢"、"受国不祥"的理想君主。只有他们才会把"道"的无私养育万物的"玄德"在人世间完全实现出来，也正因为如此，圣人将由于自身的"玄德"而与道为一。

（三）《老子》圣人观的哲学意蕴

《老子》所推崇的圣人，是只有"道"才能对其加以完全规定的理想人格，"不单纯是具体的、而且是个体的理念，即作为一种个别之物，唯有通过理念才能规定或才被完全规定之物的理念"①。虽然圣人缺乏客观实在性，却可以用来"评估和测量不完备的东西的程度和缺陷"②。因此，《老子》的圣人观乃是，从形而上的层面来为人性的完满以及人类社会的理想状态如何可能所做的理论探索。通过对圣人是否可能与道为一，以及如何与道为一的沉思，《老子》的圣人观也向我们展示了一种以世界之在与人之在的原始关联为支点的哲学形态。

首先，《老子》的圣人观以天地万物与人的内在关联为其本体论依据，但将这种原始的统一规定为虚静、柔弱、不争的状态。《老子》认为，圣人因具有"玄德"而与道为一，也就暗示了人与天地万物共同隶属于作为世界整体的存在。《老子》第三十九章指出："天得一以清，地得一以宁，神得一以灵，谷得一以盈，万物得一以生，侯王得一以为天下贞。"这里的"一"就是"道"，它是天地万物（包括人在内）得以存在和发挥功能的根源。因此，从"道"的角度来看，天地万物是一个统一的整体。对于天地万物（包括人在内）之本源和本体的"道"的本质规定性，《老子》第四十章提出："反者，道之动；弱者，道之用。"也就是说，"道"的运行是不断地向自身的回归，即返回虚静的本然状态。具体看，它的功用在万物身上就表现为柔弱、不争。因此，与道为一的圣人也应该遵循无欲、不争、无事、好静等体现无为原则的行为准则。广而言之，《老子》认为："五色令人目盲，五音令人耳聋，五味令人口爽，驰骋畋猎令人心发狂，难得之货令人行妨。"（第十二章）亦即追求感官欲望的满足只会伤害人的本性，所以人应该自觉地拒斥物欲的诱惑，将生存需要降低到最低限度。《老子》这种贬低感性需要合理性的态度，乃是忽视了人的本性的多样性。

《老子》对世界之在与人之在的理解，同时也奠定了圣人如何成为

---

① 康德：《纯粹理性批判》，邓晓芒译，杨祖陶校，人民出版社 2004 年版，第 456 页。
② 同上书，第 457 页。

圣人的方法论基础。《老子》认为，人"为道"的前提条件是要自觉"道"与自身的内在统一性，否则，将会由于南辕北辙而导致事与愿违。并且，人存在与世界整体的"道"之间的原始关联，只有通过人践行自然无为原则而拥有"玄德"，才能将这种潜在的关系变为现实。在《老子》看来，"大道废，有仁义；智慧出，有大伪；六亲不和，有孝慈；国家昏乱有忠臣"（第十八章）。仁义、大伪、孝慈、忠臣都是人类陷入困境的标志，而这一切却是由于"有为"所造成的恶果。因此，人类如果要回归理想的生存状态，就必须消解仁义礼法的束缚和知识技术的逼迫。从正面来讲，人们得依靠与道为一的圣人，在他范导之下最终进入"小国寡民"社会。总之，《老子》以其睿智已经注意到，存在的统一性和"为道"的过程性对于实现人的本真生存状态的必要性。但是，它把"为学"（知识、技能的积累）和"为道"（获得"玄德"的过程）加以对立、割裂。其实，"在广义的认识过程中，以所知为对象的知识与形而上的智慧彼此互动，经验世界的理解和性与天道的领悟相辅相成，人既不断敞开真实的存在（具体的存在），也逐渐地提升自身的存在境遇"①。

　　通过考察、分析圣人之所以成为圣人的形上学根据和方法论规定，《老子》也阐明了自己对人生意义的理解。《老子》第六十二章指出："道者万物之奥，善人之宝，不善人之所保。……故立天子，置三公，虽有拱璧以先驷马，不如坐进此道。""道"作为天地万物得以生存的最终依据，不仅是"善人"成其善的法宝，而且也为"不善人"保全性命提供了理由。因此，人世间的显赫地位和穷奢极欲，都不如"坐进此道"更为有价值。从终极的意义上来看，"道生之，德畜之，物形之，势成之。是以万物莫不尊道而贵德。道之尊，德之贵，夫莫之命而常自然"（第五十一章）。对此，王弼的注解是："道者，物之所由也；德者，物之所

---

① 杨国荣：《存在之维》，人民出版社2005年版，第121页。

得也。由之乃得，故不得不尊；失之则害，故不得不贵也。"①"道"在万物生化的过程中，已经内化为万物之"德"，即其得以存在的本质规定性。因此，万物（包括人在内）尊贵道和德，其实就是对自身存在的尊贵。也就是说，《老子》已经洞察了这样一个事实，即"在人那里，内在性与价值往往合而为一：人自身即是目的，而非实现其他目的的手段；人的价值，也主要体现在人自身走向完善和完美"②。但与此同时，我们也应该注意到，在《老子》一书中，每个人由于体现"道"的程度有所不同而使其人生的意义也有所不同。亦即只有圣人才能完全与道为一，达到至善、至美的最高境界；而"民"即使是在"小国寡民"社会里，也只是由于凭借圣人才进入理想的生存状态。

总之，《老子》的圣人观，是针对春秋战国时期诸侯争霸、民生困苦的社会状况而提出的解决方案。它认为，既然奉行"有为"的统治者必然会造成深重的灾难，那么只有遵循"无为"的圣人才能给人类带来希望。圣人之所以能成为圣人是因为，他认同"道"，并且通过"为道"而最终获得了与道为一的"玄德"。这种圣人观向我们展示了一种，以世界存在与人存在的原始关联为本体论依据，经过践行与人的本性相一致的在世原则才会实现人生之价值和意义的哲学形态。但是，《老子》的圣人观也因其忽视或否认人的感性存在的合理性、否认知识技术对人类社会的正面影响、"百姓"获得"自然"的自主性，而使其理论带有片面性和抽象性。然而正如康德所言，在哲学的发展史上，"即便有些包含在事先未经深思而认可了的目的中的事情不得不作为徒劳而加以放弃，这就已经是对理性作出的贡献了"③。

---

① 楼宇烈：《王弼集校释》，中华书局 1981 年版，第 137 页。
② 杨国荣：《存在之维》，人民出版社 2005 年版，第 76 页。
③ 康德：《纯粹理性批判》，邓晓芒译，杨祖陶校，人民出版社 2004 年版，"第二版序言"。

四、寓言化的孔子形象与庄子哲学主题

　　在《庄子》众多的寓言人物之中，孔子不仅是出现次数最多的一个，而且其许多重要的思想，如性与天道、心斋、坐忘、穷通等都是借孔子之口来提出。① 之所以选用孔子作为主要的寓言人物，是由"寓言"这种表达方式的特性和孔子在当时的影响力所决定的。庄子自称其言论"寓言十九"，司马迁指出："其著书十余万言，大抵率寓言。"司马贞对司马迁这句话的注解是："大抵犹言大略也。其书十余万言，率皆立主客，使之相对语，故云'偶言'，又音寓，寓，寄也。"② 即所谓的寓言就是指，借用他人（除真实的历史人物之外，还包括神化人物和拟人化的动植物）之口来阐发自己思想的语言表达形式。庄子之所以青睐寓言，主要出于以下两个方面的考虑：其一是由于"以天下为沉浊，不可与庄语"③；其二是因为"亲父不为其子媒。亲父誉之，不若非其父者也。非吾之罪也，人之罪也"④。也就是说，在庄子看来，他所面对的众人大多沉溺于世俗观念之中而逐物不返，所以他只能用世俗所能接受的方式来唤醒众人。在庄子的眼中，孔子及其所开创的儒家由于以因循、改良礼乐传统为己任，所以就成为世俗观念的集大成者。然而，《庄子》一书中的孔子却并非仅仅是一个"天戮之民"，同时也是一位能自觉反省

---

① 本文所谓的庄子是指归于这一名称之下的那个学派，其活跃于战国中晚期，以庄周为精神领袖，以回归人的本性为宗旨。这一学派的著作总集便是流传至今的《庄子》。据统计，《庄子》一书中，有二十一篇、四十四章涉及孔子。因此，从古至今，有学者如韩愈、康有为、章太炎、郭沫若、钟泰等认为《庄子》应属于儒家。但如果我们能明确《庄子》一书的价值取向和写作风格，那么这种观点就将会不攻自破。

② 司马迁：《史记》，中华书局 1991 年版，第 2144 页。

③ 郭庆藩撰，王孝鱼点校：《庄子集释》，中华书局 1961 年版，第 1098 页。

④ 同上书，第 948 页。

其生存困境的修道者，并且最终通过视域转换而成为得道者。从形式上来看，未闻道的孔子是庄子批判的对象，修道的孔子则积极地与道家人物如老聃、大公任、子桑户展开对话和交流，而得道的孔子则是以传道解惑者的形象出现。但孔子的这三重形象作为整体则展现了庄子哲学的宗旨：人只有摆脱了世俗观念的束缚，凭借心斋、坐忘的工夫实现与道为一，才会按照符合自己本性的方式生存，而且这也是解决社会问题的根本途径。

（一）未闻道的孔子

春秋战国时期的中国，礼乐文化由于其趋于形式化而为世人所诟病，但新的价值体系又尚未确立。所以整个社会处于"天下大乱，贤圣不明，道德不一。天下多得一察焉以自好"①。诸子百家都试图从各自的立场为摆脱社会危机提供一套可行性方案。就其对当时的影响而言，儒墨两家是当之无愧的"显学"。以孔子为代表的儒家虽然清楚地看到礼乐被形式化的弊端，但是仍希望从伦理道德方面为其奠定基础。对于孔子的这种致思取向，庄子指出其并未把握问题的实质。在庄子看来，世俗化的礼乐观念只会使人沉溺于生死、是非、物我等分化、对立的生存状态之中，并因遗忘其本性而陷入相对、虚无的深渊。因此，固执仁义、礼乐和心智机巧的孔子有如梦中说梦，不知性、天道为何物。与这种人性论和治世思想相应的方法论也是难以通达性、天道的微妙。然而，即使是未闻道的孔子也对得道者充满了敬重之情，这就为其随后的视域转换提供了可能性。

庄子认为，导致孔子之所以不曾闻道的根本原因是他从日常人伦的层面来理解人的本性。《天道》篇中，"藏书于周室"的孔子对老聃讲："仁

---

① （清）郭庆藩撰，王孝鱼点校：《庄子集释》，中华书局 1961 年版，第 1069 页。

义"是人的本性，其体现在用公正无私的态度去调和万物的行为之中。①
从《论语》中关于孔子的记载来看，他只是提出"性相近，习相远"，并
未明确表达自己对人性的看法。但他把"礼乐"奠定在"仁"的基础之
上，"义"是指行为符合仁与礼乐。显然，对于儒家创始人的孔子而言，
仁义比礼乐更为根本。因此，庄子提出孔子以"仁义"为人的本性，这
种评论并不是空穴来风式的无稽之谈。在《论语》中，孔子是从两个方
面来规定"仁"的："仁者，爱人"；"克己复礼为仁"。即"仁"作为理念，
其基本的含义是：以人为目的本身，通过用"礼"来规范人的言行，最
终恢复社会的秩序。但是，从老聃的立场来看，天地万物自身就具有自
己的运行法则，而仁义、礼乐只会破坏这种原有的秩序。

　　局限于仁义、礼乐的孔子，既然不能知晓人的本性，就更不会懂得
天道的奥妙。因为，在庄子的思想体系中，性与天道是同一的："道者，
德之钦也；生者，德之光也；性者，生之质也。"② 在庄子看来，人是大
道流行的一部分，而这种绵延不绝的变化体现在物的身上就是"德"，
在人则是"性"。并且，人性并非是整齐划一、凝固不变的。因此，作
为天地万物一体的大化流行之具体显现的人性，其基本的特征就是开放
性和个体的独特性。同时，性与天道也不是对象化的存在，而是作为整
体且生生不息、变化不已的世界本身。但是，未闻道的孔子却用"仁义"
来解释人性。庄子认为，未闻道的孔子既抹杀了人的个体性，也会加剧
是非之争。这种遗忘其本性的生存方式不仅令人成为了固执己见的"一
曲之士"，而且更会使人背离大道。用庄子的话来讲，就是有如泉涸之
鱼，虽然"相嘘以湿，相濡以沫"，但"不如相忘于江湖"。

　　既然寓言化的孔子不能领会庄子的性与天道，那么他求道的方法和
途径也必然与正确方式相去甚远。在《天运》篇中，未闻道的孔子对老

---

① 参见（清）郭庆藩撰，王孝鱼点校：《庄子集释》，中华书局 1961 年版，第 478 页。
② 参见上书，第 810 页。

子讲述了自己求道的经历：求之于数度、求之于阴阳。老子指出，孔子在求道的方法上犯了两个原则性的错误：首先，孔子将道当作与人的本性相分离的对象性存在；其次，孔子颠倒了道与求道方法的主次关系。[①]此外，孔子向老子讲述了自己的求道之术："夫子问于老聃曰：'有人治道若相放，可不可，然不然。辩者有言曰：离坚白，若县宇。若是则可谓圣人乎？'老聃曰：'是胥易技系，劳形怵心者也。执留之狗成思，猿狙之便自山林来。'"[②]孔子认为，通过效仿明辨是非之人，并达到如公孙龙之流的程度，也许就可以成为得道之圣人了。但老聃却指出，辩者的这种做法只会使人像胥、易那样为技术所束缚。求道的关键在于化解人自身与天地万物之间的紧张、对立，破除经验性观念的遮蔽和局限，从而使自己的本性在天人合一止境中得以开现。当人融入天地一体的大化流行之中时，他就实现了与道为一的理想。

　　未闻道的孔子之所以会固执上述的道论和求道之术，其根源就在于他希望凭借仁义礼乐的教化来解救天下苍生。在《渔父》中，子贡答客曰："孔氏者，性服忠信，身行仁义，饰礼乐，选人伦，上以忠于世主，下以化于齐民，将以利天下。此孔氏之所治也。"[③]也就是说，孔子面对"天下无道"的时代，依然希望通过推行忠信、仁义和礼乐，使整个社会恢复"君君、臣臣、父父、子子"的社会秩序。但是，在庄子看来，理想的社会只能在"至德之世"实现，其特征是："同与禽兽居，族与万物并。恶乎知君子小人哉！"[④]在其中，人与天地万物合而为一，等级区分化为乌有。人由于摆脱了心智机巧的蒙蔽，故可以按照符合自己的本性的方式生存。虽然未闻道的孔子在价值取向上与庄子存在巨大的差异，然而其对于代表庄子哲学的隐者却充满了敬重之

---

① 参见（清）郭庆藩撰，王孝鱼点校：《庄子集释》，中华书局 1961 年版，第 517 页。
② 同上书，第 427 页。
③ 同上书，第 1025 页。
④ 同上书，第 336 页。

情。① 当子贡质疑孟子反、子琴张临尸而歌时，孔子回答道："彼游方之外者也，而丘游方之内者也。外内不相及，而丘使女吊之，丘则陋矣！"② 并且他还对子贡讲："丘，天之戮民也。虽然，吾与汝共之。"③即寓言化的孔子知道自己是未得道的"天之戮民"，但他还是以与道为一为自己的人生理想。

总之，在庄子看来，导致孔子未闻性与天道的原因是由于他执迷于世俗的观念。然而，庄子并未因此而断言孔子最终不能得道。尽管孔子因遗忘而热衷于明辨是非和心智机巧，但是他这样做的目的却是为了"使天下无失其朴"。也就是说，未闻道的孔子与庄子一样，也是在沉思和探索人的理想生存状态，只不过他在性与天道的理解、求道之术及价值取向等方面同庄子有所不同。因此，通过视域的转换，也就是改变整个看待世界的方式，④ 孔子是可以达到庄子所谓的与道为一的境界。

（二）进行视域转换的孔子

在与老聃的对话中，虽然未闻道的孔子其实已经被告知了性与天道的实质及求道之术，然而，庄子在那些章节中却并未讲明孔子得道。一种较为合理的解释是：由于孔子只是把老聃的论述当作一种知识来对待，并没有将其内化为自己的德性，因此他还是未将道分离化为自己的德性。对于寓言化的孔子而言，博学好问的他不是不清楚道家的学说，而是因为他没有切实地体会和践行其中的真义。在《庄子》中，"围于

---

① 《论语》中的孔子服膺楚狂接舆的高论，赞赏颜回、曾皙的淡泊名利。这说明他本人也还是非常推崇隐者的生活方式的。
② （清）郭庆藩撰，王孝鱼点校：《庄子集释》，中华书局 1961 年版，第 267 页。
③ 同上书，第 271 页。
④ 参见上书，第 3 页。

陈蔡之间"是促使孔子转化其思想的重大事件。① 在这个生死存亡之际，孔子不仅反思既往的在世方式，而且经过与大公任、子桑户等人的对话和交流，他逐渐摆脱世俗观念的遮蔽、束缚，并最终开启了"以道观之"的新视域。

庄子认为，当人的生命面临死亡的威胁时就必定会作出相应的调整和选择。事实上，受困于陈蔡之间的孔子也确实开始反思自己的在世方式。对于"孔子围于陈蔡之间，七日不火食"的生存困境，大公任指出，致使孔子陷入生存危机的根源就在于他自己的处世方式。孔子以其博学、贤能而获取功名，但同时也引发了与他人之间的紧张关系。对于大公任的教诲，孔子欣然接受，并将之付诸实践。但"辞其交游，去其弟子，逃于大泽，衣裘褐，食杼栗"，只不过是一种形象化的描述，其真实的含义正如郭象所云："取于弃人间之好也。"② 热衷于功名、心智机巧的人不仅会招来杀身之祸，并且也使主体间的关系奠定在功利性的基础之上。这种非本真的人际关系将随时势的变迁而分合。对于孔子的疑惑，子桑户先用林回出逃的故事来为其讲明本真的人际关系。林回所以不辞劳苦地"负赤子而趋"，是因为他知道，只有从天性出发的关系才会经得起艰难困苦的考验，而依据利害来交往则不然。先前的孔子与他人交往是出于功利性的考虑，所以在"穷祸患害"的逼迫下，这种非本真的关系就立即土崩瓦解了。在改变了既往的交往方式之后，虽然没有师道的威严和礼仪形式，但孔子的徒友却能对他以诚相待。

在《庄子》中，孔子借以转化视域的方法可以归结为两个方面：其一是心斋、坐忘；其二是看破时命。心斋、坐忘都是通过孔子与颜回的对话来展开的：心斋、坐忘都是消解个体之"成心"的方法，前者强调由内而外，后者则是由外而内。郭象对"心斋"的解释是："遗耳目，

---

① 据《史记·孔子世家》，孔子围于陈蔡发生在鲁哀公四年，此时的孔子大约六十岁左右。

② （清）郭庆藩撰，王孝鱼点校：《庄子集释》，中华书局 1961 年版，第 684 页。

去心意，而符气性之自得，此虚以待物者也。"①这就是说，只有去除人的感官、意志的干扰，才使其本性的开显成为可能。除主体自身的因素以外，世俗观念也是遮蔽本性的一大障碍，而"坐忘"正是针对它的工夫。所谓"坐忘"是指，在消解仁义礼乐的基础之上，也要由此而将整个的世俗观念加以摒弃。这种状态如成玄英所云："既同于大道，则无是非好恶；冥于变化，故不执滞守常也。"②即人以其本真之性融入天地一体的大化流行之中，也就是与道合而为一。

在庄子看来，人的本真在世不仅要做到主体间以诚相待、个体身心要达到平衡，而且也得坦然地面对时代所赋予的生存环境。在被围困于匡、穷于陈蔡之间等事件中，孔子向其弟子讲述了自己对于时、命的态度：孔子曰："……知穷之有命，知通之有时，临大难而不惧者，圣人之勇也。由处矣，吾命有所制矣。"③通过孔子的言论，庄子指出，人的理想是否能实现受制于命运的安排和其所处的时代背景。四时交替、日月代明、天下治乱等都是无法改变的，所以人会很容易安于这种秩序。但对于人而言，虽然有远大的理想，却必须面对现实的处境。正如燕子，它尽管不愿被人所侵害，但又不得不栖诸人间。然而，从天地一体的角度来看，人事的变迁和自然界的变化一样都为天道所支配。因此，求道者要懂得"命非己制，故无所用其心也"（郭象）④的道理，并且应该以"知不可奈何而安之若命"的态度来处世。

庄子所说的视域转换是整个生存状态的改变，不仅要转化以往对待生命、他人的态度，用心斋、坐忘、通达时命等方法提升自己的人生境界，而且要具有新的价值取向。在《让王》中，子路、子贡认为，孔子经历了数次磨难之后依然乐在其中，这是没有羞耻之心的表现。但孔子

---

① （清）郭庆藩撰，王孝鱼点校：《庄子集释》，中华书局 1961 年版，第 147 页。
② 同上书，第 285 页。
③ 同上书，第 596 页。
④ 同上书，第 597 页。

则回答道，君子所谓的穷通并非是为世俗之人所认可，而是在于是否领悟了大道。[①]"穷于陈蔡之间"，他临危不惧，坚守自己的理想和追求，这足以证明自己的德性。因此，由于"志于道"，所以孔子对诸多坎坷的遭遇并不介怀。尽管此处的孔子仍然固执"仁义之道"，然而这种以"以穷通为寒暑之序"的气象则表明，他已经超越了世俗之乐的褊狭，将通达天道作为自己的价值理想。

概言之，结合现实世界中的孔子之生平事迹，庄子提出了人为何要转换视域和如何转换的思想。庄子认为，沉溺于世俗的纷争不仅会给人带来杀身之祸，而且也使人际间的交往完全出于功利性的考虑。面对这种非本真在世方式的胁迫，人所能做的就是转换以往的思考和行为方式。对于个体而言，既要摆脱情感、欲望的干扰，同时也得明白自己所处时代的基本特征。只有通过消解"成心"、通达时命和志于天道，人才可能因融入天地一体的大化流行而使天性得以彰显。

（三）得道的孔子

得道之后的孔子，不再是道家人物所批判的对象，同时也不会为社会人生问题所困扰，而是以传道授业解惑者的形象出现在我们面前。与道为一的孔子指出，随顺万物和保持内心的虚静无为是人的天性的本质规定性。性与天道尽管是"非物"，但并不存在于虚无缥缈的彼岸世界。因此，人如果希望保有天性，就必须调和、平衡内外和物我之间的关系，并且要自觉地超越知性思维的有限性。对于得道的圣人来说，不仅可以使自己的心性纯正，而且也能感化他人。至此，得道与回归天性的全部价值和意义才得以显现，这也正是庄子哲学能够感人至深的根源之所在。

---

① 参见（清）郭庆藩撰，王孝鱼点校：《庄子集释》，中华书局1961年版，第982页。

　　庄子认为，历史上的孔子在其晚年实现了视域转换，并与道为一。庄子谓惠子曰："孔子行年六十而六十化。始时所是，卒而非之。未知今之所谓是之非五十九非也。"①庄子在与惠子的对话中指出，孔子在其一生中不断地提升自己的生存境界，这正是他所以能够得道的前提。庄子的这种说法是符合历史事实的，因为孔子曾自述道："吾十有五而志于学，三十而立，四十而不惑，五十而知天命，六十而耳顺，七十而从心所欲不逾矩。"②惠子认为，这是由于孔子励志勤服、博学好问所致。但在庄子看来，晚年的孔子改变了以往热衷功名、心智机巧的处世方式，领悟到了天道与人性的原始关联。他进而批判律法、义利、好恶、是非仅能服人之口，提出只有回归天道才会由于天性的光辉而使天下之人心悦诚服。在此处，庄子肯定了孔子于其晚年已经实现与道为一的境界，并使其天性在天地一体的大化流行中得以彰显。与道为一之后，人并非将自我完全消解。孔子指出，在随顺万物的同时，人也必须坚守自己虚静的本性。否则，内外皆化的人便会成为随波逐流的混世者，与执迷于世俗的相对主义者和虚无主义者同流合污。③

　　在得道的孔子看来，大道既然是天地一体的大化流行，那么它就不是一个实体性的存在。因此，人就不能像对待具体事物那样来领会、把握它。在《知北游》中，冉求对道的领会方式很具有代表性，因为对于习惯于知性思考方式的人来说，"生天生地"的大道必定存在于"有天地"之前。得道的孔子对此的回答是："可。古犹今也。"即用答非所问的方式解构了这个问题。正如郭象所云："言天地常存，乃无未有之时。"④他的论证是，古今、始终、生死都是相对而言的，从天地一体的

① （清）郭庆藩撰，王孝鱼点校：《庄子集释》，中华书局 1961 年版，第 952 页。
② 杨伯峻：《论语译注》，中华书局 1980 年版，第 12 页。
③ 长期以来，庄子哲学被当作中国古代哲学史上相对主义的代言人。但近来已有学者对此提出质疑，参见爱莲心：《向往心灵转化的庄子》，江苏人民出版社 2004 年版。
④ （清）郭庆藩撰，王孝鱼点校：《庄子集释》，中华书局 1961 年版，第 762 页。

角度来看，它们无所谓区分的。这个天地一体的存在并不是一个具体的事物，而是作为整体的天地万物本身，且这个整体又处于生生不已的变化之中。因此，圣人并非由于获得了彼岸的什么东西而得道，其根本的原因就在于他以泛爱万物的博大胸怀融入这个整体性的变化之中。

在否认了知性思维可以把握整体性的大道之后，得道的孔子提出自己的求道之术。在向颜回讲解不将不迎的境界时，他指出："圣人处物不伤物。不伤物者，物亦不能伤也。唯无所伤者，为能与人相将迎。……无知无能者，固人之所不免也。夫务免乎人之所不免者，岂不亦悲哉！至言去言，至为去为。齐知之，所知则浅矣！"① 也就是说，圣人因为不以功利之心来对待万物，所以他们能与之和顺相处，从而融入变化不已的世界整体之中。与之相反，世俗之人执著于喜怒哀乐的分化、对立，其身心简直成为外物的居所。从人自身来看，造成这种悲剧的根源就在于知性的思考方式。由于知性是以区分为前提，因此它只能处理现象界的事物。然而，正如康德所言，本体虽然不能为思辨理性所认识，但却是实践理性的思考对象。得道的孔子认为，人必须放弃用知性和功利性的方式来把握性与天道，应该凭借价值理性的引导和回归天性而与之合而为一。

从价值论的角度来看，得道的孔子认为，人之所以要追求性与天道是因为，与之合而为一不仅能从根本上化解诸多社会问题，而且也可以使个人摆脱生存困境。但对庄子或得道的孔子而言，人生问题的解决显得更为原初和根本。在与常季探讨兀者王骀的精神境界及其社会影响时，孔子指出："夫子，圣人也，丘也直后而未往耳！丘将以为师，而匡不若丘者乎！奚假鲁国，丘将引天下而与从之。"② 也就是说，由于王骀是得道的圣人，所以只有他才可以引领天下之人回归其天性。这是因

① （清）郭庆藩撰，王孝鱼点校：《庄子集释》，中华书局 1961 年版，第 765 页。
② 同上书，第 188 页。

为："人莫鉴于流水而鉴于止水。唯止能止众止。受命于地，唯松柏独也正，在冬青青；受命于天，唯尧舜独也正，在万物之首。幸能正生，以正众生。"① 正如静止的水可以用来端正自己的仪容那样，人也会从得道者身上感受到天性的召唤。但是，对于圣人来说，他首先使自己与天地合一、随顺万物而不失其本性，至于能感化天下，那只是其无心所为。得道的孔子在同鲁哀公评论哀骀它时指出，所谓圣人的境界就是要做到"才全而德不形"。在这种生存状态中，人由于融入了天地一体的大化流行，因此就不仅化解了与其他存在者之间的紧张和对立，同时也具有范导世俗之人回归天性的功效。

至此，《庄子》 书中的孔子形象就以完整的形态展现在我们面前：未闻道的孔子由于以仁义为人的天性，用明辨是非、心智机巧来解决人生社会问题，这是庄子所要批评的对象；沉溺于世俗功利之中的孔子，无法化解非本真的生存状态所造成的种种困境，因此必然会转换其既往的在世方式；经过视域转换之后的孔子则完全成了庄子哲学的代言人，即不仅通达了性与天道的微妙，而且也明白回归性与天道的方法、途径及其对人生社会的价值和意义。尽管孔子是《庄子》中众多寓言故事的主角，但我们并不能由此而断定它就是儒家的作品。从《庄子》对孔子生平事迹和思想的熟悉程度来看，它与孔子或儒家的关系应该颇为密切。然而，就处于战国中晚期的诸子百家来说，其思想都是在与别的派别进行交锋和对话的过程中形成的，所以必然会涉及对方的观点。此外，《庄子》中的孔子与历史上的孔子也并非完全一致，如提倡心斋、坐忘，大谈性与天道等言论都是《论语》、《史记》中所没有的记载。而且，尤其是进行视域转换的孔子和得道的孔子，其言行都与历史上的孔子大相径庭。此外，庄子对之所以采用寓言这种形式及其效果都有清楚的认识。因此，无论是从时代背景、思想内容，还是写作风格来看，我

---

① （清）郭庆藩撰，王孝鱼点校：《庄子集释》，中华书局 1961 年版，第 193 页。

们都不应该将《庄子》划归儒家。对于《庄子》中的孔子形象，一种较为合理的解释是，庄子只不过是借助寓言化的孔子来阐发自己哲学主张，即唯有回归性与天道才会使个人、社会进入理想的生存状态。这同希望用仁义礼乐的教化而恢复社会秩序的儒家有着质的差异。我们可以说，正是由于庄子哲学主张不同于儒家的价值取向，并以其对人性的深刻洞察、超凡脱俗的气质和奇诡的文风，才会成为滋养中国思想文化的源头活水。

主要参考文献

一、中文书目

1. 爱莲心：《向往心灵转化的庄子》，江苏人民出版社 2004 年版。

2. 班固：《汉书》，中华书局 2000 年版。

3. 包尔生：《伦理学体系》，中国社会科学出版社 1988 年版。

4. 鲍吾刚：《中国人的幸福观》，江苏人民出版社 2004 年版。

5. 本杰明·史华慈：《古代中国的思想世界》，程纲译，江苏人民出版社 2004 年版。

6. 彼彻姆：《哲学的伦理学》，雷克勤等译，中国社会科学出版社 1990 年版。

7. 柏拉图：《理想国》，郭斌和、张竹朋译，商务印书馆 1986 年版。

8. 陈伯君：《阮籍集校注》，中华书局 2006 年版。

9. 陈宏天等主编：《昭明文选译注》第二册，吉林文史出版社 1988 年版。

10. 陈寿：《三国志》，中华书局 2006 年版。

11. 陈寅恪：《金明馆丛稿初编》，上海古籍出版社 1980 年版。

12. 戴明扬：《嵇康集校注》，人民文学出版社 1962 年版。

13. 杜威：《评价理论》，冯平、余泽娜等译，上海译文出版社 2007 年版。

14. 范晔：《后汉书》，中华书局 1973 年版。

15. 方立天：《魏晋南北朝佛教论丛》，中华书局 1982 年版。

16. 方立天：《佛教哲学》，中国人民出版社 1986 年版。

17. 房玄龄撰：《晋书》，中华书局 1974 年版。

18. 冯契：《中国古代哲学的逻辑发展》，上海人民出版社 1983 年版。

19. 冯友兰：《中国哲学史新编》中卷，人民出版社 2003 年版。

20. 福井康顺等监修：《道教》，上海古籍出版社 1992 年版。

21. 弗兰克纳：《伦理学》，关键译，生活·读书·新知三联书店 1987 年版。

22. 傅勤家：《中国道教史》，上海书店 1990 年版。

23. 高晨阳：《阮籍评传》，南京大学出版社 2006 年版。

24. 郭朋：《汉魏两晋南北朝佛教》，齐鲁书社 1986 年版。

25. 郭庆藩：《庄子集释》，中华书局 1961 年版。

26. 海德格尔：《林中路》，孙周兴译，上海译文出版社 2004 年版。

27. 海德格尔：《尼采》，孙周兴译，商务印书馆 2002 年版。

28. 何晏：《论语集解》，文渊阁《四库全书》第 195 册，上海古籍出版社 2003 年版。

29. 胡孚琛：《魏晋神仙道教》，人民出版社 1989 年版。

30. 金春峰：《汉代思想史》，中国社会科学出版社 1997 年版。

31. 康德：《道德形而上学原理》，苗力田译，上海人民出版社 2002 年版。

32. 康德：《历史理性批判文集》，何兆武译，商务印书馆 2007 年版。

33. 康德：《实践理性批判》，韩水法译，商务印书馆 2001 年版。

34. 康中乾：《有无之辨》，人民出版社 2004 年版。

35. 克尔凯郭尔：《恐惧与颤栗》，一谌等译，华夏出版社 1999 年版。

36. 赖永海：《中国佛性论》，上海人民出版社 1988 年版。

37. 李秋零主编：《康德全集》，中国人民大学出版社 2007 年版。

38. 李养正：《道教概说》，中华书局 1989 年版。

39. 李泽厚、刘纲纪：《中国美学史·魏晋南北朝编》，安徽文艺出版社 1999 年版。

40. 刘大杰：《魏晋思想论》，上海古籍出版社 1998 年版。

41. 刘精诚：《中国道教史》，（台北）文津出版社民国 82（1993 年）年版。

42. 刘劭：《四部丛刊初编·人物志》上卷，上海书店 1989 年版。

43. 刘小枫主编：《墙上的书写：尼采与基督教》，华夏出版社 2004 年版。

44. 刘小枫主编：《20 世纪西方宗教哲学文选》，上海三联书店 1991 年版。

45. 刘义庆撰，刘孝标注：《世说新语》，中华书局 1954 年版。

46. 楼宇烈：《王弼集校释》，中华书局 1980 年版。

47. 卢国龙：《道教哲学》，华夏出版社 1997 年版。

48. 吕澂:《中国佛学源流略讲》,中华书局 2002 年版。

49. 鲁迅:《鲁迅全集》第三卷,人民文学出版社 1973 年版。

50. 路易斯·P. 波伊曼:《宗教哲学》,黄端成译,中国人民大学出版社 2006 年版。

51. 罗秉祥、万俊人编:《宗教与道德之关系》,清华大学出版社 2003 年版。

52. 罗尔斯:《道德哲学史讲义》,张国清译,上海三联书店 2003 年版。

53. 马利亚苏塞·达瓦马尼:《宗教现象学》,高秉江译,人民出版社 2006 年版。

54. 麦金太尔:《伦理学简史》,龚群译,商务印书馆 2003 年版。

55. 麦金太尔:《三种对立的道德探究观:百科全书派、谱系学和传统》,万俊人、唐文明、彭海燕等译,中国社会科学出版社 1999 年版。

56. 麦金太尔:《谁之正义? 何种合理性?》,万俊人、吴海针、王今一译,当代中国出版社 1996 年版。

57. 麦金太尔:《追寻美德》,宋继杰译,译林出版社 2006 年版。

58. 麦克·彼得森等:《理性与宗教信念》,孙毅、游斌译,中国人民大学出版社 2005 年版。

59. 苗力田主编:《亚里士多德全集》第八卷,中国人民大学出版社 1992 年版。

60. 摩尔:《伦理学原理》,长河译,上海人民出版社 2003 年版。

61. 牟宗三:《才性与玄理》,广西师范大学出版社 2006 年版。

62. 尼采:《论道德的谱系》,周红译,生活·读书·新知三联书店 1992 年版。

63. 倪德卫:《儒家之道:中国哲学之探讨》,江苏人民出版社 2006 年版。

64. 卿希泰:《中国道教史》,四川人民出版社 1996 年版。

65. 任继愈:《汉唐佛教思想论集》,人民出版社 1981 年版。

66. 任继愈主编:《中国道教史》,中国社会科学出版社 2001 年版。

67. 任继愈主编:《中国佛教史》,中国社会科学出版社 1981 年版。

68. 容肇祖:《魏晋的自然主义》,东方出版社 1996 年版。

69. 萨达提沙:《佛教伦理学》,上海译文出版社 2007 年版。

70. 释慧皎撰:《高僧传》,汤用彤校注,汤一玄整理,中华书局 1992 年版。

71. 石峻主编:《中国佛教思想资料选编》,中华书局 1981 年版。

72. 苏珊·李·安德森:《克尔凯郭尔》,瞿旭彤译,中华书局 2004 年版。

73. 苏舆:《春秋繁露义证》,中华书局 1996 年版。

74. 唐长孺:《魏晋南北朝史论丛》,生活·读书·新知三联书店 1978 年版。

75. 汤一介:《郭象与魏晋玄学》,湖北人民出版社 1983 年版。

76. 汤用彤:《汤用彤全集》,河北人民出版社 2000 年版。

77. 童强：《嵇康评传》，南京大学出版社 2006 年版。

78. 洼德忠：《道教史》，萧坤华译，上海译文出版社 1987 年版。

79. 万俊人主编：《20 世纪西方伦理学经典》，中国人民大学出版社 2004 年版。

80. 王葆玹：《正始玄学》，齐鲁书社 1987 年版。

81. W.C. 史密斯：《宗教的意义与终结》，董江阳译，中国人民大学出版社 2005 年版。

82. 王海明：《伦理学原理》，北京大学出版社 2006 年版。

83. 王利器：《颜氏家训集解》，中华书局 2002 年版。

84. 王明：《抱朴子内篇校释》，中华书局 1980 年版。

85. 王明：《太平经合校》，中华书局 1997 年版。

86. 王先谦：《荀子集解》，中华书局 1988 年版。

87. 王晓毅：《郭象评传》，南京大学出版社 2006 年版。

88. 王晓毅：《王弼评传》，南京大学出版社 2006 年版。

89. 王仲荦：《魏晋南北朝史》，上海人民出版社 1998 年版。

90. 下出积与：《道教》，评论社 1971 年版。

91. 熊十力：《佛家名相通释》，中国大百科全书出版社 1985 年版。

92. 徐复观：《两汉思想史》第二卷，华东师范大学出版社 2001 年版。

93. 徐复观：《中国人性论史·先秦篇》，上海三联书店 2002 年版。

94. 徐复观：《中国艺术精神》，华东师范大学出版社 2001 年版。

95. 许地山：《道教史》，上海古籍出版社 1999 年版。

96. 许理和：《佛教征服中国》，江苏人民出版社 2005 年版。

97. 许抗生：《关于玄学哲学基本特征的再研讨》，《中国哲学史》2000 年第 1 期。

98. 许抗生：《三国两晋玄佛道简论》，齐鲁书社 1991 年版。

99. 许建良：《魏晋玄学伦理思想研究》，人民出版社 2003 年版。

100. 徐向东主编：《美德伦理与道德要求》，江苏人民出版社 2007 年版。

101. 许慎：《说文解字》，中华书局 1996 年版。

102. 杨伯峻：《列子集释》，中华书局 1979 年版。

103. 杨伯峻：《论语译注》，中华书局 1980 年版。

104. 杨伯峻：《孟子译注》，中华书局 2005 年版。

105. 杨国荣：《存在之维》，人民出版社 2005 年版。

106. 杨国荣：《伦理与存在——道德哲学研究》，上海人民出版社 2002 年版。

107. 杨国荣：《善的历程》，上海人民出版社 2006 年版。

108. 杨国荣：《庄子的思想世界》，北京大学出版社 2006 年版。

109. 杨明照：《抱朴子外篇校笺》（上），中华书局 2004 年版。

110. 杨明照：《抱朴子外篇校笺》（下），中华书局 1997 年版。

111. 以赛亚·柏林：《自由论》，胡传胜译，译林出版社 2005 年版。

112. 余敦康：《魏晋玄学史》，北京大学出版社 2004 年版。

113. 约翰·穆勒：《功用主义》，唐钺译，商务印书馆 1936 年版。

114. 张万起、刘尚慈：《世说新语译注》，中华书局 2003 年版。

115. 中国社会科学院哲学研究所中国哲学研究室编：《中国哲学史资料选编》（两汉之部），中华书局 1982 年版。

116. 中国社会科学院哲学研究所中国哲学研究室编：《中国哲学史资料选辑》（先秦之部下），中华书局 1980 年版。

117. 周辅成主编：《西方伦理学名著选辑》，商务印书馆 1987 年版。

118. 周叔迦：《周叔迦佛学论著集》，中华书局 1991 年版。

119. 周振甫·《文心雕龙今译》，中华书局 2005 年版。

二、英文书目

Alasdair MacIntyre: *After Virtue: a study in moral theory*, Beijing: China Social Sciences Publishing House, 1999.

Alasdair MacIntyre: *A Short History of Ethics*, New York, Macmillan, 1966.

Bryan W. Van Norden: *Virtue ethics and consequentialism in early Chinese philosophy*, Cambridge University Press, 2007.

Edith Hamilton and Huntington Cairns: *The collected dialogues of Plato: including the letters*, Princeton University Press, 1980.

Jens Timmermann: *Kants' Groundwork of the metaphysics of morals: a commentary*, Cambridge University Press, 2007.

Lewis White Beck: *Critique of Practical reason*, University of Chicago Press, 1976.

Michael Pakaluk: *Aristotle's Nicomachean ethics: an introduction*, Cambridge University Press, 2005.

Michael Peterson: *Reason and Religious Belief*, Third Edition, Oxford University Press, 2003.

索　引

人　名

关键词

后　记

　　五年前，已近而立之年的我依然没有筹划好自己的生活目标。一日，独自伫立于西安古城墙的西南角，只觉"前不见古人，后不见来者，念天地之悠悠，独怆然而涕下"。想必斯人亦与我同心、同感！自古文学之士多情，而多情如我者，大概也只能以学术为业了吧！

　　君子百行，唯不可俗，俗则不可医矣。然身处俗世又岂能不俗？想要参透其中之玄机者，必须具备过人的品性。平心而论，我出生、成长于古时以"百狄杂居"著称的陕北，由于地处中华文化的边缘而少了许多礼乐的教化。但我却为家乡之淳朴、勇武的民风自豪不已，并用"先进于礼乐，野人也"自勉。野人之所以野，是因为他们能够丝毫不掩饰其真实的情感、意愿，可以直面生存境遇所加于自己的一切。也正是这种勇往直前的禀性促使我走南闯北、不甘于平庸。

　　勇气固然会使人生充满活力、激情，但人的生活只有在智慧之光的指引下，才不会在茂密的俗世丛林中迷失方向，从而通达善的国度。对此，我深有体会。遥想年少轻狂的我曾经做过许多自认为是"不俗"的事情，然而事后又往往会面对良知的拷问。良知为何物？又为何要苛责于我？过去只是听说王阳明用"致良知"教人，却不曾静下心来阅读其著述文章，其中的原因之一就是觉得他讲得玄而又玄，不能为我所用。

不过，当我看了《心学之思》以后，便决定收回先前的成见，并且希望能够亲临杨国荣老师的门下，以便近距离地聆听德音。其后的考试、录取之顺利出乎我的意料，而杨老师的谦和、儒雅更令我钦佩不已。入学伊始，杨老师开设的《老子》研讨班不仅唤起了我重读老庄的热情，同时也被以老庄为师的魏晋玄学所打动。特别是身处天下多事之秋的名士们，当他们面对苦难的人生之时，既没有逃避，也没有媚俗，而是凭借其超凡的勇气、毅力来对抗违背人性的名利纷争。然而，名士们的批判精神却不止于此，其真正感人之处恰恰在于回归真实、统一的存在所展现出的价值理想，即只有出自天性的自主性、统一性方能确保内心的和谐与人我之间的和睦，从而试图为人的存在价值、尊严提供辩护。毋庸讳言，玄学在价值取消、道德实践等方面确实存在着缺陷，但这却无法掩盖其超凡脱俗、追求卓越的风度！对象的敞开同时也是自我的去蔽，在同玄学对话的过程中，其对人性、人生意义的沉思又开启我的爱智之旅。

本书写作、修改几乎可以被称为考验意志品质、理智判断的战场，几番交锋之后，我逐渐体会到了爱智者的艰辛。幸好有杨老师的鼓励和悉心指导以及哲学系诸多师友的相助，这才使我不至于偃旗息鼓、落荒而逃。其实，爱智本来就不是一个人的探险历程，它需要有直面艰辛的勇气、洞察真相的智慧，同时更要有一颗悲天悯人、与人为善的仁爱之心！古人云："诚者，天之道；诚之者，人之道"。极高明而道中庸的境界并非是某个人的私有财产，而是只有在成己成物的过程中方能显示出的真实无妄的诉求。就个人而言，有意义的人生既不是随俗，也不是逆俗，关键就在于是否能够坚持向善的理想：高山仰止，景行行止。虽不能至，然心向往之！

沉思的生活是作为一个爱智者所能过的最好的生活，但又往往给自己的父母、妻儿平添了许多生活压力。百无一用是书生，我拿什么来回赠家人呢？感激之情，无以言表。也许这本小书可以代我向他们表达自己的敬意！

责任编辑：段海宝
封面设计：畅想传奇
版式设计：汪　莹

图书在版编目（CIP）数据

魏晋玄学道德哲学研究／尚建飞　著．－北京：人民出版社，2013
　（内蒙古哲学社会科学丛书）
ISBN 978－7－01－012002－7

I.①魏…　II.①尚…　III.①玄学－研究－中国－魏晋南北朝时代
　②伦理学－研究－中国－魏晋南北朝时代　IV.① B235.05
　② B82-092

中国版本图书馆 CIP 数据核字（2013）第 084431 号

魏晋玄学道德哲学研究
WEIJIN XUANXUE DAODE ZHEXUE YANJIU

尚建飞　著

人民出版社 出版发行
（100706　北京市东城区隆福寺街 99 号）

北京中科印刷有限公司印刷　新华书店经销

2013 年 12 月第 1 版　2013 年 12 月北京第 1 次印刷
开本：710 毫米 ×1000 毫米 1/16　印张：15.75
字数：210 千字　印数：0,001－2,000 册

ISBN 978－7－01－012002－7　定价：35.00 元

邮购地址 100706　北京市东城区隆福寺街 99 号
人民东方图书销售中心　电话：（010）65250042　65289539

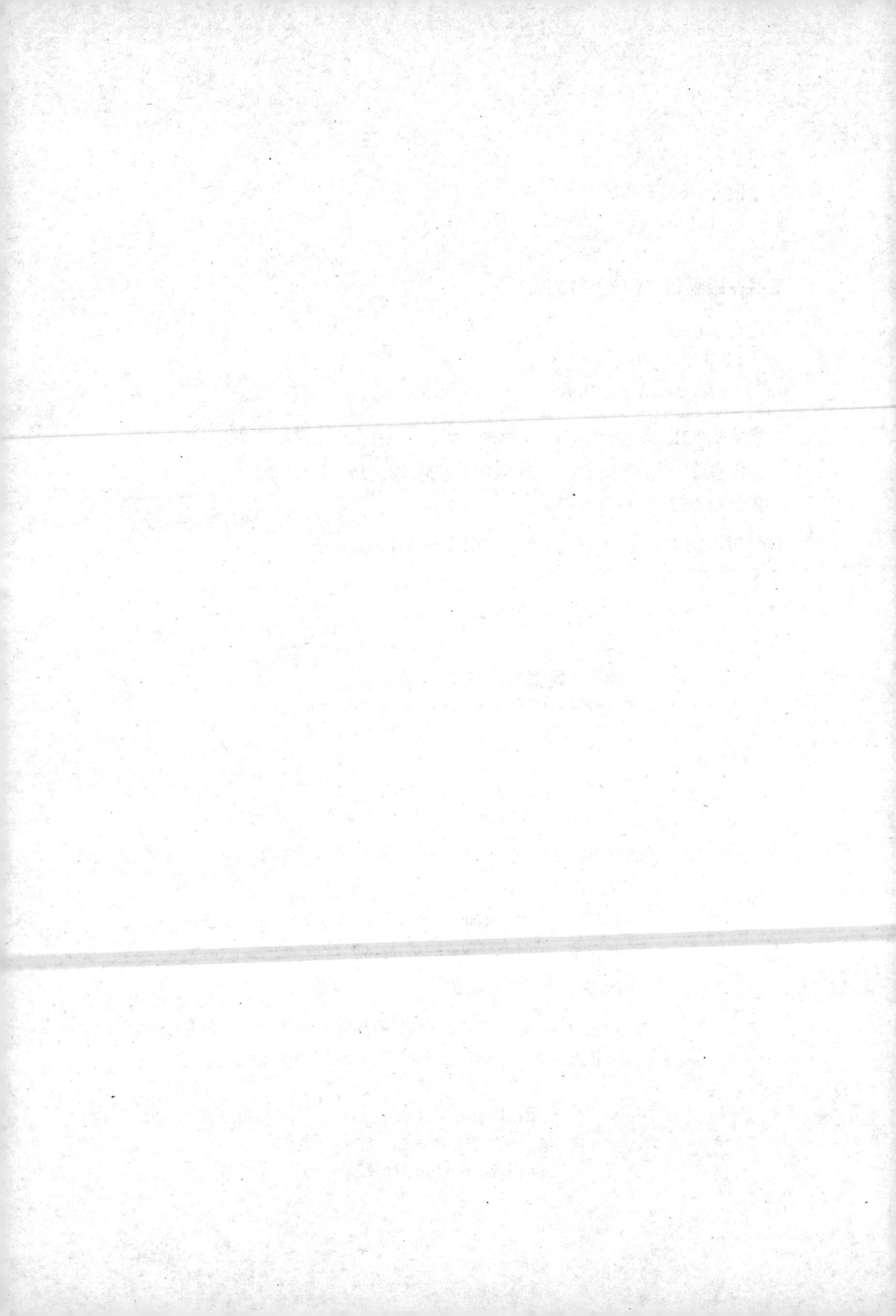